The Restaurant & Bar English/Spanish Spanish/English Dictionary

diccionario inglés/español español/inglés para restaurantes y cantinas

The Restaurant & Bar English/Spanish Spanish/English Dictionary

diccionario inglés/español español/inglés para restaurantes y cantinas

Maria Belknap

WILEY

JOHN WILEY & SONS, INC.

Copyright © 2007 by Maria Belknap. All rights reserved

Published by John Wiley & Sons, Inc., Hoboken, New Jersey
Published simultaneously in Canada

For general information on our other products and services or for technical support, please contact our Customer Care Department within the United States at (800) 762-2974, outside the United States at (317) 572-3993 or fax (317) 572-4002.

Wiley also publishes its books in a variety of electronic formats. Some content that appears in print may not be available in electronic books. For more information about Wiley products, visit our web site at www.wiley.com.

Library of Congress Cataloging-in-Publication Data:

Belknap, Maria.
     The restaurant & bar English/Spanish Spanish/English dictionary / by Maria Belknap.
         p. cm.
     ISBN-13: 978-0471-71182-7
     ISBN-10: 0-471-71182-9 (pbk.)
     1. Restaurants—Dictionaries—Spanish.   2. Bars (Drinking establishments)—Dictionaries—Spanish.   3. English language—Dictionaries—Spanish.   4. Spanish language—Dictionaries—English.
I. Title: Restaurant and bar English/Spanish Spanish/English dictionary.   II. Title.
     TX905.B45 2006
     647.9401′4—dc22

                                                                    2005032308

Printed in the United States of America

10   9   8   7   6   5   4   3   2   1

In memory of Corry, whose unyielding spirit shall always remind me to savor the flavor in every dish, the sweetness in every conversation, the spice in every encounter, and the zest in every journey.

Table of Contents
índice de materias

Part I English–Spanish Dictionary
diccionario inglés/español   1

Acknowledgments

Mil gracias de todo mi corazón, to all the Hispanics/Latinos who helped me develop a *simpático* heart and soul and who taught me the language of both. And to Dr. Walter de la Brosse, for keeping me on course; Don Armando Costales for stepping in—a yeoman's effort—at the eleventh hour to add the final polish to this tome; and lastly, to Nigar Hale, my editor at Wiley, a true visionary who championed this dictionary when others looked away.

About the Author

Maria Belknap cut her entrepreneurial teeth opening her first restaurant when she was 24. Since then she has owned and operated a number of full-service and fast food operations in the Los Angeles area.

Currently dividing her time between her ranch in Central Oregon and Los Angeles, where she lives with her dog Dylan, Maria writes for the adventure travel and equine markets as well as television and film.

Her other full-length works include the *Horseman's English/Spanish Dictionary, Horseman's English/Spanish Poster II, Horseman's German/English Dictionary, The Ultimate Horseman's English/Spanish Dictionary, Horse Sense, 365 of Wisdom,* and *Tales of a Beverly Hills Bitch, A Canine Story.*

How to Use This Dictionary
cómo usar este diccionario

The Restaurant & Bar English/Spanish Spanish/English Dictionary is an equivalency dictionary designed to meet the specific translation needs of those involved in the bar, restaurant, and hospitality industries. This dictionary tells you what the others do not. It contains more than 8,000 of the most frequently used industry-specific words, phrases, and idiomatic expressions organized into 8 user-friendly chapters—Human Resources, Business Operations, Dining & Bar Areas, The Kitchen, Food, Beverages, Maintenance & Transportation, and Basic Vocabulary and 62 subchapters. The easy-to-follow **Guide to Spanish Pronunciation** enables the reader to use *The Restaurant & Bar English/Spanish Spanish/English Dictionary* without preparation, linguistic training, or time-consuming classes.

Although *The Restaurant & Bar English/Spanish Spanish/English Dictionary* concentrates on general Latin American Spanish, slang, spanglish, and 26 regional variations are also included. Countries of origin, spanglish, and slang references are parenthetically noted following each entry, that is, Argentina (Arg), Chile (Ch), spanglish (spl), slang (sl), and so on. Please refer to the **Abbreviations Used in this Dictionary** for a complete list of acronyms.

Within each section, word and phrase entries are listed alphabetically by letter (A, B, C) rather than word—that is, equal, equality, equal opportunity. An exception to this format occurs in the following sections: **Numbers, Fractions & Percentages, Days of the Week, Months of the Year,** and **Seasons,** in which case the format is progressive (1, 2, 3). In the English/Spanish text, a noun will always precede the verb—for example, bruise (the) is followed by bruise (to). This format is not applicable to the Spanish/English section.

Verbs are listed in the infinitive format, that is, not conjugated. In many cases, a sample sentence using the conjugated verb will follow.

In addition to individual word entries, a number of phrases and complete sentences are also included. The verbs in each sentence are conjugated into the formal you—for example, the *Ud.* format instead of the more personal *tú.* With due respect to the women of the world, adjectives, in both number and gender, are presented in the masculine singular form. To understand number and gender use, please refer to the **Spanish Pronunciation Guide** and **Adjectives—Number and Gender.**

Abbreviations Used in This Dictionary
abreviaciones utilizadas en este diccionario

adj	adjective
AmL	Latin America
AmS	South America
AmC	Central America
Andes	Andean Region (Chile, Bolivia, Peru, Ecuador & Colombia)
Arg	Argentina
Bol	Bolivia
Ch	Chile
Col	Colombia
colloq	colloquial
CR	Costa Rica
CS	Southern Cone (Argentina, Chile, Paraguay & Colombia)
Cu	Cuba
DR	Dominican Republic
Ec	Ecuador
ElS	El Salvador
fam	familiar
Gua	Guatemala
Hon	Honduras
ltr	letter
Mex	Mexico
Nic	Nicaragua
Pan	Panama
Par	Paraguay
Per	Peru
PR	Puerto Rico
RPI	River Plate Area (Argentina & Uruguay)
sl	slang
Sp	Spain
spl	spanglish
Ur	Uruguay
Ven	Venezuela

Spanish Pronunciation Guide
guía de pronunciación en español

This guide provides an overview of the practical rules for pronouncing Spanish words. With more than 266 million mother-tongue speakers worldwide,[1] Spanish has many regional variations in sound pronunciation, particularly the consonants. Although some regional variations are included, the focus of this dictionary is on general Latin American Spanish. English sounds are used as a basis for pronunciation.

Spanish and English languages share the same basic 28-letter alphabet, except Spanish has 3 additional letters—*ch*, *ll*, and *ñ*. The written combination *rr* represents a distinct sound in Spanish and is never divided when a word is broken into syllables. The sounds created by pronunciation of the following letters differ between English and Spanish, some starkly, others in varying degrees of subtlety. Two general pronunciation rules apply:

1. The Spanish vowels represented by *e*, *i*, *o*, and *u* can be compared to the English vowel sounds in w**a**it, fl**ee**t, g**o**at, and b**oo**t, respectively, except the Spanish sounds are held for a shorter duration.
2. Spanish consonants *p*, *t*, and hard *c* (as in the word **cape**) are not aspirated (aspirated sounds end with a puff of air), whereas their English equivalents are, except when preceded by a consonant (**pin** vs. **spin**). For the English speaker, this lack of aspiration sometimes results in the sounds of *p*, *t*, and hard *c* sounding quite similar to those of *b*, *g*, and hard *g*; this can, of course, lead to comprehension difficulties.

Following is a complete list of the letters of the Spanish alphabet (including *rr* and *w*). The Spanish sound for each letter is parenthetically noted and followed by examples of the sound in both English and Spanish.

Consonants and Vowels

Ltr		Sound	As In	Sample Word
a	(ah)	father	*animal* (ah-nih-mahl)	*rápido* (rah-pee-doh)
b	(beh)	boy	*botella* (boh-te-yah)	*boca* (boh-cah)

"B" and "V" are pronounced alike in Spanish; however, after a pause in speech, or at the beginning of a sentence, and after the letters "M" or "N," they are pronounced like the "B" in "book."

[1] Grimes, Barbara F. 1992, *Ethnologue: Languages of the World*, 12th ed. (Dallas: Summer Institute of Linguistics), p. 485.

c	(seh)	cell (before e or i)	*cepillo* (seh-pee-yoh)	*cien* (see-en)
		cape (before a, o, or u)	*casa* (kah-sah)	*cursa* (kurh-sah)
		planks (cs together)	*lección* (lehk-see-own)	*acceso* (ahk-seh-so)
ch	(cheh)	**ch**air	*charcutería* (char-koo-ter-eea)	*rancho* (rahn-cho)
d	(doh)	**d**oor (before *n* after *l*)	*defecto* (deh-fect-toh)	*rebelde* (reh-bell-deh)
	(theh)	**th**ere (between 2 vowels, preceded by an *r* and followed by a vowel, or at the end of a word)	*criador* (cree-ah-thor)	*penalidad* (pehn-ah-lee-thahd)
e	(eh)	f**e**d	*elefante* (eh-leh-fahn-teh)	*leche* (leh-cheh)
f	(efeh)	**f**ather	*foco* (foh-koh)	*fiesta* (fee-ehs-tah)
g	(heh)	**h**at (before e or i)	*alergia* (ah-lehr-he-ah)	*gitano* (hee-tah-noh)
		good (before a, o, or u)	*gas* (gahs)	*galope* (gah-lohpeh)
h	(acheh)	silent	*huevo* (oo-eh-voh)	*hueso* (oo-eh-soh)
i	(ee)	fl**ee**t	*ir* (ee-ahr)	*idea* (ee-deh-ah)
j	(jotah)	**h**at	*jardín* (hahr-theen)	*jabón* (hah-bohn)
k	(ka)	**k**ick	*keroseno* (care-oh-seen-oh)	*kilo* (key-loh)
l	(ehleh)	**l**ine	*luna* (loo-nah)	*limpia* (leem-peeh-ah)
ll	(eyeh)	**y**ellow	*llevar* (yeh-var)	*caballo* (cah-bah-yoh)
m	(emeh)	**m**other	*mujer* (moo-hair)	*máquina* (mah-qee-nah)
n	(eneh)	**n**ice	*noche* (noh-cheh)	*nariz* (nah-rees)
ñ	(enyeh)	can**y**on	*niña* (neeh-nya)	*ñato* (nyah-toh)
o	(oh)	g**o**at	*noventa* (noh-ven-tah)	*océano* (oh-ceh-ah-noh)
p	(peh)	**p**ark	*peligroso* (peh-lee-gro-soh)	*espuma* (es-poo-mah)
q	(kuh)	**k**ite	*quemar* (keh-mahr)	*queso* (keh-soh)
		Is always followed by "**u**" and in turn by either "**e**" or "**i**." The "**u**" is always silent. When followed by "**u**," sounds like the English "**k**."		
r	(eh-reh)	**r**ight	*cara* (kah-rah)	*primero* (pree-meh-roh)
		A single "**r**" at the beginning of a word is strongly trilled.		

rr	(eh-rreh)	no equivalent Double "**rr**" is always strongly trilled.	*carro* (kah-rroh)	*radio* (rrah-dee-oh)
s	(eh-seh)	sister **z**ebra (Before *b, d,* *g, m, n*)	*pista* (pees-tah) *rasgar* (raz-gahr)	*silla* (see-yah) *desde* (dez-deh)
t	(te)	**t**oy	*tiempo* (teeh-em- poh)	*tortilla* (tohr-tee- yah)
u	(oo)	b**oo**t	*usted* (oo-stehd)	*sucio* (sooh-see-oh)
v	(veh)	**v**oice	*vino* (vee-noh)	*evasión* (ee-vah- see-ohn)

Although the "**B**" and "**V**" are pronounced alike in Spanish, it is perfectly correct to use the English pronunciation for both letters.

w	(doh-bleh veh)	"**W**" is generally used in words of non-Spanish origin. However, some proper names written in English with "**W**" are pronounced in Spanish as "**V**," i.e., Wilma = Vilma.

x	(eh-kees)	e**x**it **h**eart **s**ock	*éxito* (eg-see-toh) *Xavier* (ha-vee-air) *xenofilia* (seh-no- feelia)	*éxodo* (eg-soh-doh) *xilografía* (see-lo- grafia)
y	(ee-griega)	**y**es ordinar**y**	*yogur* (yoo-gur) *y* (ee)	*ayudar* (ah-yoo- thahr) *Uruguay* (oo-roo- goo-ah-ee)
z	(seh-tah)	**s**on	*zapallo* (sah-pah- yoh)	*zorro* (soh-rroh)

The letter "**Z**" is pronounced in Latin America as an "**s**" and in Spain as the "**z**" in thousand.

Diphthongs and Vowel Combinations

Diphthongs are a complex topic, and what constitutes a Spanish diphthong is subject to controversy. One common interpretation defines the diphthongs as a weak vowel—*i* (or *y*) or *u*—combined with another weak vowel or with a strong vowel—*a, e, o*—to form a single syllable. The *i* (or *y*) approximates the English "*y*" (as in **y**es) sound; the *u* approximates the English "*w*" (as in **w**ord) sound. In the case of *iu* and *ui*, either the first or second sound takes precedence (the *ui* can sound like English "*w*" + Spanish "*i*" or the Spanish "*u*" + the English "*y*").

ai,ay: hay (eye)	*au: auto* (ah-oo-toh)
ei, ey: veinte (vee-en-teh)	*eu: deuda* (deh-oo-dah)
ou, oy: voy (vo-ee)	*iu: ciudad* (see-oo-dahd)
ui, uy: cuidar (see-ooh-dar)	*ou: use is rare*
ia: emergencia (eh-mehr-hen-see-ah)	*ua: cuarto* (coo-ahr-toh)
ie: cubierto (coo-be-erh-toh)	*ue: bueno* (boo-eh-noh)
io: ejercicio (ehr-hair-see-see-oh)	*uo: cuota* (coo-oh-tah)

Spanish vowels are not only combined within words. The language abounds with words that begin or end with vowels. When a word ending with a vowel is followed by a word starting with a vowel, two transformations can occur.

1. If the ending vowel and the beginning vowel (or the second vowel if the word begins with *h*) are the same, the vowel is only pronounced once, e.g., *a + hacer* (ah-ser).
2. If the ending vowel and beginning vowel are different, they are often run together, e.g., *la + imaginación* is pronounced like *laimaginación,* a unit of five syllables joined by the combination *ai.*

Stress

Familiarity with a few rules makes determining what syllable of a Spanish word receives primary stress quite straightforward (stressed syllables are shown in *italics*).

1. If a word ends in a letter other than *n*, *s*, or a vowel and does not have a written accent mark, the last syllable is stressed: e.g., *usted* (us-*ted*) or *trabajar* (tra-ba-*jar*).
2. If a word ends in *n*, *s*, or a vowel and does not have an accent mark, the next-to-last syllable is stressed: e.g., *caballo* (ca-*ba*-llo) or *dice* (*di*-ce).
3. If a word has an accent mark, the accented syllable carries the stress: e.g., *está* (es-*tá*), *fósforo* (*fós*-fo-ro), or *kilómetro* (ki-*ló*-me-tro).
4. A number of words have a redundant accent mark, which differentiates several homonyms (*de/dé, el/él, mas/más, mi/mí, se/sé, si/sí, solo/sólo, te/té,* and *tu/ tú*; certain words from their corresponding question words, e.g., *donde/¿dónde?*; and demonstrative adjectives from their corresponding demonstrative pronouns, e.g., *este/éste.*

Beyond this introduction to word pronunciation, one enters the realm of combining words at the sentence level, at which point pronunciation is inextricably linked to syntax and meaning.

Adjectives—Number and Gender

Most adjectives agree in number and gender with the nouns they modify (*una silla colorada,* unos caballos *colorados*). Other adjectives, such as those ending in *–e* or *–ista* (*silvestre* or *altruista*) and comparative adjectives ending in *–or (mejor)* change only in reference to number (*cochambres, altruistas, mejores*).

Adjectives whose feminine singular form ends in *a* will generally change to *–o* to form the masculine (*pequeña → pequeño*) when defining a masculine noun. Masculine adjectives ending in *–án, -ón,* or *–dor* usually add an *–a* to form the feminine (*holgazán → holgazana; llorón → llorona; trabajador → trabajadora*).

Adjectives are pluralized in much the same fashion as nouns:

The plurals of adjectives ending in an unstressed vowel or an accented *é* are formed by adding an *–s* (*una silla blanca → unas sillas blancas; un caballo color café → unos caballos colores cafés*).

Adjectives ending in a consonant or stressed vowel other than *é* are commonly pluralized by adding an *–es* (*una sartén → dos sartenes; una botella especial → unas botellas especiales*).

Adjectives ending in *z* become plural by changing the *–z* to *–c* and adding *–es* (*una vez → dos veces*).

English–Spanish Dictionary
diccionario inglés/español

Emergency Numbers
números de emergencias

In case of an accident, call me at _____.	. . . . En caso de accidente, llámeme a _____.
In case of emergency, call _____.	. . . . En caso de emergencia, llame _____.
In case of fire, call _____.	. . . . En caso de incendio, llame _____.
In an emergency, call _____.	. . . . En caso de emergencia, llame _____.
	En emergencia, llame _____.

Emergency & Legal
emergencia y legal

accident	accidente
There has been an accident.	Hubo un accidente.
ambulance	ambulancia
Call an ambulance!	¡Llame una ambulancia!
arrest (to)	arrestar
Have you ever been arrested?	¿Ha sido arrestado alguna vez?
arrest warrant	orden de detención
break in (to)	entrar en, meterse
A thief broke into the office.	Un ladrón entró en la oficina.
burst into flames (to)	estallar en llamas
crime (the)	delito
crime (to commit)	cometer un delito
criminal record	antecedentes penales, historia criminal
Do you have a criminal record?	¿Tiene Ud. antecedentes penales?
Do you have a record?	¿Tiene antecedentes penales?
danger	peligro
dangerous	peligroso
disaster	desastre
earthquake	temblor, terremoto, remezón (Col), sacudida (Col), sismo (Col)
In case of an earthquake, leave the building immediately.	En caso de un temblor, salga del edificio inmediatamente.
We are having an earthquake.	Hay un temblor.
emergency	emergencia, urgencia
emergency candles	lumbres para emergencia, velas para emergencia
emergency exit	salida de emergencia
emergency first aid (to give)	dar primeros auxilios
emergency lights	luces de emergencia, balizas (Arg), faros de emergencia (Ec)
emergency numbers	números de emergencia
emergency personnel	personal de emergencia
emergency procedures	trámites de emergencia, medidas de emergencia
emergency protocol	normas de emergencia
emergency room	sala de emergencia, sala de urgencias
evacuate (to)	evacuar, desocupar
evacuation	evacuación
evacuation route	ruta de evacuación
extinguish (to)	extinguir, sofocar
fire (the)	fuego, incendió
There is a fire.	Hay un fuego.
There is a kitchen fire.	Hay fuego en la cocina.
fire (to catch)	incendiarse
The kitchen caught on fire.	La cocina se incendió.
fire department	departamento de bomberos
fire detector	detector de fuego

fire extinguisher

extintor

fire drill	simulacro de incendio
fire escape	escalera de incendios
fire exit	salida de incendios
fire extinguisher	extintor, extintor de incendios, extinguidor (Ch)
firefighter, fireman	bombero
fire hydrant	boca de incendios, boca de riego, toma de agua, hidrante de incendios (AmC, Col), grifo (Ch)
fireplace	chimenea, hogar
fireplug	boca de incendios, hidrante de incendios (AmC, Col), grifo (Ch)
fireproof	ignífugo, incombustible, a prueba de fuego
fireproof (to be)	ignifugar, hacer incombustible
fire-resistant	incombustible, ignífugo
fire station	cuartel de bomberos, estación de bomberos
fire truck	camión de bomberos, coche de bomberos, autobomba (RPl)
gas leak	escape de gas
There is a gas leak.	Hay un escape de gas.
gun	pistola, arma
The man has a gun.	El hombre tiene una pistola.
illegal	ilegal
law	ley
Have you ever been in trouble with the law?	¿Ha tenido algún problema con la ley?
prohibited by law	prohibido por la ley
punishable by law	castigado por la ley, punible por la ley
legal	legal, jurídico
paramedic	paramédico
police	policía, chota (sl)
policed	arreglado
police detective	agente, detective, detective policial, investigador (Sp)
police dog	perro policía
policeman	policía
police officer	policía, carabinero (Ch), agente de policía (Col, Sp), oficial de policía (Ven)

police station . . . . cuartel de policía, comisaría, estación de
                                              policía, destacamento policial (DR)
policewoman . . . . mujer policía
punish (to) . . . . castigar
punishable . . . . castigado, punible
  Theft is punishable by law. . . . . El hurto es castigado por la ley.
punishment . . . . castigo
rob (to) . . . . robar
  We are being robbed. . . . . Nos están robando.
robber . . . . ladrón
robbery . . . . robo
safety . . . . seguridad
safety and health on the job . . . . seguridad y salud en el trabajo
safety first . . . . seguridad primero, seguridad ante todo
safety precautions . . . . medidas de seguridad, medidas de
                                              precaución
safety procedures . . . . medidas de emergencias
safety tips . . . . consejos de seguridad
smoke alarm . . . . detector de humo
steal (to) . . . . robar
stretcher . . . . camilla
take (to) . . . . tomar, llevar
  Do not take anything without first asking   No tome algo ajeno sin primero pedir
    permission. . . . .   permiso.
theft . . . . hurto
  Theft is punishable by law. . . . . El hurto es castigado por la ley.
thief . . . . ladrón
waiting room . . . . sala de espera
Watch your step. . . . . Fíjese donde pisa. Cuidado por donde
                                              camina.

ache (to) .... doler
   I ache all over. .... Me duele todo el cuerpo.
adhesive bandaid .... esparadrapo, curita
antacid .... antiácido
antibiotic .... antibiótico
antiseptic .... antiséptico
apply (to) .... colocar
   Apply cold to the area. .... Coloque frío al área.
   Apply heat to the area. .... Coloque calor al área.
   Apply pressure to stop the bleeding. ...... Presione para parar la sangre.
aspirin .... aspirina
asthma .... asma
asthma attack .... ataque de asma
bandage (the) .... venda
bandage (to) .... vendar
band aid .... esparadrapo, venda adhesiva, cura
                                   adhesiva, curita
bleed (to) .... sangrar
   heavy bleeding .... pérdida de sangre
   He is bleeding. .... Él está sangrando.
blister (the) .... ampolla
bone .... hueso
   broken bone .... hueso fracturado, hueso quebrado
break (to) .... fracturar
breath .... aliento, respiración
breath (to be short of) .... estar corto de resuello, respirar con
                                   dificultad
breath (to grasp for) .... jadear
breath (to hold one's) .... aguantar la respiración
breathe (to) .... respirar, aspirar
bring to (to revive) .... revivir
   We revived him with artificial respiration. .. Lo revivimos con respiración artificial.
bronchitis .... bronquitis
bruise (the) .... cardenal, contusión, moretón (Arg, Bol,
                                   Ch, Mex, Pan), morado (Col, Cu),
                                   morete (CR), hematoma (DR),
                                   magulladura (ElS, Gua, Hon, Ven),
                                   moratón (Sp)
bruise (to) .... contusionar, machucar
burn (the) .... quemadura
   second-degree burn .... quemadura de segundo grado
   third-degree burn .... quemadura de tercer grado
burn (to) .... quemar
cast .... yeso, armadura de yeso
chest pain .... dolor de pecho, dolor en el pecho
   I have chest pain. .... Tengo dolor en el pecho.

chill (the) .... escalofrío
clinic .... clínico
  free clinic .... clínica gratis
cold (to be, person) .... tener frío
cold pack .... bolsa fría
come to (to) .... volver en sí
  He seemed dazed when he came to. .... Parecía confundido cuando volvió en sí.
constipated .... constipado, estreñido
contagious .... contagioso
  Are you contagious? .... ¿Puede Ud. contagiar a otros?
cough (the) .... tos
cough (to) .... toser
  Please cover your mouth when you
    cough. .... Por favor, tape su boca cuando tose.
cough drop .... pastilla para la tos
CPR .... respiración artificial, resucitación
                                              cardiopulmonar
crutches .... muletas
cut (the) .... cortada
cut (to) .... cortarse, cortar
  I cut my finger. .... Me corté el dedo.
  I cut my finger off. .... Me corté el dedo completamente.
dandruff .... caspa
diarrhea .... diarrea
disability .... discapacidad, invalidez
disabled .... minusválido
disease .... enfermedad
disinfectant .... desinfectante
dizzy .... mareado
dizzy (to be or feel) .... estar mareado
  I feel dizzy. .... Estoy mareado.
dizzy spell .... mareo
  I had a dizzy spell. .... Me dio un mareo.
doctor .... doctor, médico
  Do you need a doctor? .... ¿Ud. necesita un doctor?
  Go to the doctor. .... Vaya al doctor.
  I need to see a doctor. .... Necesito ver a un médico.
doctor's office .... consultorio médico, oficina del doctor,
                                oficina del médico
drops .... gotas
drowsiness .... somnolencia, sopor, modorra
  A feeling of drowsiness came over him. ... Lo invadió el sopor.
drowsy .... somnoliento, adormilado
  He was growing drowsy. .... Se estaba adormilando. Se estaba
                                amodorrando.
drug (medication) .... medicamento, medicina, fármaco
drug (the) .... droga
  I don't do drugs. .... Yo no me drogo.
drug (to) .... drogar
drug abuse .... toxicomanía, abuso de drogas
drug addiction .... drogadicción, narcomanía (Col), adicción
                                a las drogas (PR)
drug habit .... drogadicción, narcomanía (Col), adicción
                                a las drogas (PR)
drug store .... farmacia, botica, droguería (Col)

drug test . . . . prueba antidrogas, prueba de drogas
                                                                      (Mex, PR, Cu)
drug user . . . . consumidor de drogas, usuario de drogas
earache . . . . dolor de oído
eye drops . . . . gotas para los ojos
faint . . . . desmayo
faint (to) . . . . desmayarse
    She fainted. . . . .   Se desmayó.
faint (to feel) . . . . estar mareado
    I feel faint. . . . .   Estoy mareado.
feel (to) . . . . sentir
    How are you feeling? . . . .   ¿Cómo se siente?
    How do you feel? . . . .   ¿Cómo se siente?
fever (the) . . . . fiebre
    My fever broke. . . . .   Me bajó la fiebre.
fever (to have) . . . . tener fiebre
    Do you have a fever? . . . .   ¿Tiene fiebre?
    I have a fever. . . . .   Tengo fiebre.
first aid (the) . . . . primeros auxilios
    emergency first aid . . . .   ayuda de primeros auxilios
first aid (to give) . . . . administrar primeros auxilios
first aid box . . . . botiquín, caja de primeros auxilios
first aid kit . . . . botiquín, caja de primeros auxilios
flu . . . . resfriado
food poisoning . . . . envenenamiento
fracture (the) . . . . fractura
fracture (to) . . . . fracturar
frog in your throat (to have) . . . . tener carraspera
handicap . . . . minusválido, discapacitado, inválido,
                                                                      incapacitado
handicapped . . . . minusválido, discapacitado
headache (the) . . . . dolor de cabeza
headache (to have) . . . . tener dolor de cabeza
    I have a headache.   Me duele la cabeza.
health . . . . salud
    for your health and your clients . . . .   por su salud y de sus clientes
hemorrhage (to) . . . . sufrir una hemorragia
hospital . . . . hospital
    Go to the hospital.   Vaya al hospital.
hot (to be, person) . . . . tener calor
hurt (to) . . . . doler
    It doesn't hurt. . . . .   No me duele nada.

first aid kit

botiquín

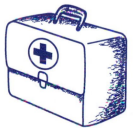

It still hurts a little.	Todavía me duele un poquito.
My feet hurt.	Me duelen los pies.
What hurts?	¿Qué le duele?
Where does it hurt?	¿Dónde le duele?
hydrogen peroxide	agua oxigenada
ice (to)	tratar con hielo, poner hielo
ice bag	bolsa de hielo
ice pack	bolsa de hielo
illness	enfermedad
indigestion	indigestión
infection	infección
injure (to)	herir, lastimar, lesionar
injured	herido, lastimado, lesionado
Are you hurt?	¿Está Ud. herido? ¿Está Ud. lastimado?
injury (the)	herido
job injury	herida por el trabajo, lesión por el trabajo, herida en el trabajo
itch (to)	picar
It itches me.	Me pica.
internal	interno
internal bleeding	hemorragia interna
internal use	para uso interno
not for internal use	no para uso interno
iodine	yodo
lozenge	pastilla
malnutrition	malnutrición
medical	médico
medical condition	condición médica
medical information	información médica
medical problems	problemas médicos
medicine	medicina
migraine	migraña, jaqueca
nausea	náuseas
nosebleed (the)	hemorragia nasal
nosebleed (to have)	tener hemorragia nasal
okay (to be)	estar bien
Are you okay?	¿Está Ud. bien?
ointment	ungüento
Ouch!	¡Ay!
overdose	sobredosis
Ow!	¡Huy!
pain	dolor
Are you in much pain?	¿Tiene mucho dolor?
intense pain	fuerte dolor
mild pain	dolor poco fuerte
no pain	sin dolor
severe pain	dolor muy fuerte
without pain	sin dolor
pain free	sin dolor
patient	paciente
pills	píldoras, pastillas
poison	veneno
poisonous	venenoso

prescribe (to, medicine) . . . . prescribir
prescription . . . . prescripción
pulse . . . . pulso
rash . . . . erupción, jiote (Mex)
remedy . . . . remedio
resuscitate (to) . . . . resucitar
resuscitation . . . . resucitación
   mouth-to-mouth resuscitation . . . .   resucitación boca a boca
revive (to) . . . . resucitar
   We revived him with artificial respiration. . .   Lo resucitamos con respiración artificial.
sedative . . . . sedante, calmante
shot (the) . . . . inyección
shot (to give) . . . . poner una inyección, inyectar
sick . . . . enfermo
sick (to be) . . . . estar enfermo
   Are you sick? . . . .   ¿Está enfermo?
sick (to feel) . . . . estar mareado, tener náuseas
sleeping pill . . . . somnífero
sneeze . . . . estornudo
sore . . . . dolorido, adolorido
sore (eye) . . . . irritado
sore (lips) . . . . reseco
sore throat . . . . dolor de garganta
   I have a sore throat. . . . .   Me duele la garganta.
sprain . . . . torcedura
stitches . . . . puntadas
   This cut needs stitches. . . . .   Esta cortada necesita puntadas.
stomachache . . . . dolor de estómago
   I have a stomachache. . . . .   Me duele el estómago.
stress . . . . estrés
substance abuse . . . . abuso de sustancias
sunburn . . . . quemadura de sol
sunburned . . . . quemado por el sol
swollen . . . . hinchado
symptoms . . . . síntomas
temperature . . . . temperatura
   What is your temperature? . . . .   ¿Cuál es su temperatura?
thermometer . . . . termómetro
tongue . . . . lengua
tongue (to stick out your) . . . . sacar la lengua
toothache . . . . dolor de muela, dolor de diente
   I have a toothache. . . . .   Tengo dolor de muela. Me duele una
                        muela.
ulcer . . . . úlcera
unconscious . . . . inconsciente
vomit (the) . . . . vómito
vomit (to) . . . . vomitar
   Did you vomit? . . . .   ¿Vomitó?
   He is vomiting. . . . .   Él está vomitando.
warm (to be, person) . . . . tener calentura, estar caliente
weak . . . . débil
wheelchair . . . . silla de ruedas

workman's comp .... indemnización a los trabajadores
workman's compensation .... compensación de los trabajadores,
                                         compensación de obrero
wound (the) .... herida
  Clean the wound. .... Limpie la herida.
wound (to) .... herir, lesionar
wounded .... herido, lastimado

4

Human Resources
recursos humanos

Job Titles
títulos de ocupaciones

accountant	contador, contable (Sp)
account executive	director de cuentas, directivo de cuentas
apprentice	aprendiz
architect	arquitecto
artist	artista
attorney	abogado
baker	hornero, panadero
bar-back	asistente de cantinero
barkeep	cantinero, barman (Arg, Col, Ec, ElS, Gua, Hon), bartender (Cu, DR)
barkeeper	cantinero, barman (Arg, Col, Ec, ElS, Gua, Hon), bartender (Cu, DR)
barmaid	cantinera
barman	cantinero, barman (Arg, Col, Ec, ElS, Gua, Hon), bartender (Cu, DR)
bartender	cantinero, barman (Arg, Col, Ec, ElS, Gua, Hon), bartender (Cu, DR)
bartendress	cantinera
bellboy	botones
bookkeeper	contador, tendedor de libros (Cu), contable (Sp)
boss	jefe, patrón (Col)
bouncer	guarda, sacabullas (Mex, fam), gorila
brewer	cervecero
busboy	ayudante de camarero, ayudante de mesero
bus driver	conductor de autobús, chofer, chofer de colectivo (Arg)
buser	ayudante de camarero, limpiador, persona que limpia
busperson	ayudante de camarero, limpiador, persona que limpia
butcher	carnicero
butler	mayordomo
carpenter	carpintero
cashier	cajero
caterer	proveedor de comida
chef	chef, cocinero, jefe de cocina (Col, Per)
corporate chef	chef corporativo
executive chef	chef ejecutivo
pastry chef	chef de pasteles, pastelero, repostero
personal chef	chef personal
private chef	chef privado, cocinero privado
sauce chef	chef de salsas
short-order chef	cocinero de platos rápidos

sous chef	chef secundario, asistente de chef
station chef	chef de estaciones de cocina
cigarette girl	mujer que vende cigarrillos
cleaning crew	grupo de limpiadores, cuadrilla de limpiadores
cleaning lady	limpiadora
cleaning man	limpiador
comptroller	controlador, contralor (DR), interventor (Ven)
concierge	conserje, portero
confectioner	pastelero, confitero
contractor	contratista
cook	cocinero
He's a good cook.	Él cocina muy bien. Es muy buen cocinero.
pastry cook	pastelero, repostero
Too many cooks spoil the broth.	Muchas manos en un plato hacen mucho garabato.
crew member	obrero
customer	cliente
delivery boy	muchacho de servicio a domicilio, trabajador de servicio a domicilio
delivery person	persona de los envíos, persona de los repartos
delivery truck driver	conductor del carro de repartos
diner	comensal
disc jockey	disc jockey, DJ, pinchadiscos (Sp)
dishwasher	lavaplatos
DJ	disc jockey, pinchadiscos (Sp)
doorman	portero
driver	chofer, conductor, camionero (spl)
electrician	electricista
employee	empleado
employer	empleador
executive	director, ejecutivo
exterminator	exterminador, fumigador
fireman	bombero
garbage collector	basurero, recogedor de basura (Ven, Col)
garbage man	basurero
gardener	jardinero
general manager	gerente general
grocer	tendero, vendedor, almacenero (Arg, Ur), comerciante, abarrotero (Ecu, Mex)
handyman	ganapán
hat check (person)	persona que guarda los sombreros
host	anfitrión, capitán de meseros
hostess	anfitriona
interpreter	intérprete
interviewer	entrevistador
janitor	conserje, hombre de la limpieza, limpiador, portero (Col), barrendero (Cu)
knife sharpener	afilador

laborer . . . . trabajador
   day laborer . . . . jornalero
locksmith . . . . cerrajero
maintenance man . . . . hombre de mantenimiento
maintenance person . . . . persona de mantenimiento
maître d' . . . . jefe de comedor, jefe de restaurante
manager . . . . director, gerente, administrador, jefe
   area manager . . . . director de área, director regional
   bar manager . . . . administrador de barra
   district manager . . . . director regional, director de zona
   kitchen manager . . . . director de cocina
   national manager . . . . director nacional
   office manager . . . . director de oficina, administrador,
                              gerente, gerente de oficina (Cu, Mex,
                              PR, Ven)
   regional manager . . . . director regional
   restaurant manager . . . . administrador del restaurante
manager on duty . . . . director de turno, gerente de turno
mechanic . . . . mecánico
napkin folder (the person) . . . . doblador de servilletas
owner . . . . dueño
painter . . . . pintor
pastry cook . . . . pastelero, repostero
picnicker . . . . excursionista
plumber . . . . plomero, fontanero
prep . . . . preparador
receptionist . . . . recepcionista
restaurateur . . . . restaurador, dueño de restaurante
salesgirl . . . . vendedora
salesman . . . . vendedor
salesperson . . . . vendedor
saucier . . . . cocinero de salsas
secretary . . . . secretario
security (person) . . . . guardián de seguridad, guarda
security guard . . . . guardián de seguridad, guarda
server . . . . servidor
sommelier . . . . sumiller, sommelier, en cargado de servir
                              los vinos, supervisor de vinos
staff . . . . empleados
   kitchen staff . . . . empleados de la cocina
stockboy . . . . muchacho de almacén, joven de carretón,
                              dependiente
supervisor . . . . supervisor
temp (the) . . . . empleado temporal, temporal (Bol),
                              trabajador eventual (Mex)
truck driver . . . . camionero
valet (people) . . . . valet, botones, camarero
valet (cars) . . . . ayudante
waiter . . . . camarero, mesero (Mex, DR, Gua, Hon,
                              PR), mozo (Ur, Arg, Col, CR), mesonero
                              (Ven), garzón (Ch)
   head waiter . . . . jefe de camareros, encargado
waitress . . . . camarera, mesera (Mex, DR, Gua, Hon,
                              PR), moza (Ur, Arg, Col, CR)

wholesaler .... mayorista, almacenista
wine captain .... capitán de vinos
wine merchant .... mercader de vinos, vinatero
wine specialist .... catador
wine steward .... administrador de vinos, sumiller
wine taster .... catador de vinos
wine waiter .... sumiller, sommelier
worker .... trabajador
  co-worker .... compañero de trabajo

Interviewing, Employing & Terminating
entrevista, empleo y despido

accept applications (to) .... aceptar solicitudes
address (the) .... dirección, domicilio
  change of address .... cambio de domicilio
  Give me your address. .... Deme su dirección.
  home address .... domicilio
  Please notify us if you change your   Por favor, notifíquenos si cambia de
    address or telephone number. ....   dirección o de número de teléfono.
  What is your address? .... ¿Cuál es su dirección?
age (the) .... años, edad
  How old are you? .... ¿Cuántos años tiene? ¿Cuál es su edad?
age (to be of) .... ser mayor de edad
alien .... extranjero
  illegal alien .... inmigrante ilegal
  resident alien .... extranjero residente
applicant .... candidato, aspirante, solicitante
application (the) .... solicitud
  employment application .... solicitud de empleo
  job application .... solicitud de trabajo, solicitud de empleo
  Please complete this application. .... Por favor, complete Ud. esta solicitud.
  Please fill out the application. .... Por favor, complete Ud. la solicitud.
application (to submit a) .... presentar una solicitud
  There were more than 100 applicants for   Se presentaron más de cien aspirantes
    the job. ....   para el trabajo.
application form .... solicitud
apply for a job (to) .... solicitar un trabajo, presentarse para un trabajo, aplicar a un trabajo (Ven), postular para un trabajo (CS)
  I am writing to apply for the job of ___. .. Me dirijo a Uds. para solicitar el puesto de ___.
  It's a good job. Why don't you apply? .... Es un buen trabajo. ¿Por qué no lo solicita?
  Please apply in writing. .... Por favor, solicite el trabajo por escrito.
  Thank you for applying for this job. ...... Gracias por presentarse para este trabajo.
  Why are you applying for this job? .... ¿Por qué está solicitando a este trabajo?
apprentice (the) .... aprendiz
apprentice (to) .... colocar(se) de aprendiz

birth certificate

acta de nacimiento

birth certificate . . . . acta de nacimiento
citizen . . . . ciudadano
   Are you a citizen? . . . . ¿Es Ud. ciudadano de los Estado
                                             Unidos?
   Are you an American citizen? . . . . ¿Es Ud. ciudadano norteamericano?
   Are you a U.S. citizen? . . . . ¿Es Ud. ciudadano de los Estados
                                             Unidos?
citizenship . . . . ciudadanía
complaints . . . . quejas
credentials . . . . credenciales
date of birth . . . . fecha de nacimiento
   What is your date of birth? . . . . ¿Cuál es su fecha de nacimiento?
deport (to) . . . . deportar
deportation . . . . deportación
deported (to be) . . . . ser deportado
diploma . . . . diploma, título
   Do you have a college diploma? . . . . ¿Tiene Ud. un diploma universitario?
   Do you have a high school diploma? . . . . . . ¿Tiene Ud. un diploma de la
                                             secundaria?
discharge (to, fire) . . . . despedir, perforar su carta (sl)
disciplinary action . . . . acción disciplinaria
discrimination . . . . discriminación
duty . . . . turno
duty (to be on) . . . . estar de servicio, estar de turno
duty (to report for) . . . . acudir al trabajo
education . . . . educación
educational background . . . . antecedentes académicos
   What is your education level? . . . . ¿Cuál es su nivel de educación?
employ (to) . . . . emplear
   Are you currently employed? . . . . ¿Está empleado ahora?
employee . . . . empleado
   full-time employee . . . . empleado a completo, empleado a
                                             horario completo
   part-time employee . . . . empleado por parte de la jornada,
                                             empleado a tiempo parcial (Cu, Per,
                                           Sp), empleado de medio tiempo (Mex)
   seasonal employee . . . . empleado de temporada
   temporary employee . . . . temporero, empleado temporal, temporal
                                             (Bol), trabajador eventual (Mex)
employee appraisal . . . . evaluación de empleados
employee handbook . . . . manual de empleados

17

employee manual	manual de empleados, libro de empleados
employee training	capacitación de empleados
employee turnover	relevo de empleados, rotación de empleados
employer	patrón, empleador
employment	empleo
equal employment	igualdad de empleo
last place of employment	último lugar de empleo
employment agency	agencia de empleo
employment history	hoja de servicio, expendiente profesional
Tell me about your employment history.	Hábleme de su experiencia profesional.
equal	igual
equality	igualdad
equal opportunity	igualdad de derechos
equal opportunity employer	empresa con igualdad de derechos
experience (to have)	tener experiencia
Do you have busboy experience?	¿Tiene Ud. experiencia como ayudante de mesero?
Do you have cooking experience?	¿Tiene Ud. experiencia como cocinero?
Do you have experience?	¿Tiene Ud. experiencia?
Do you have restaurant experience?	¿Tiene Ud. experiencia en restaurantes?
How much experience do you have?	¿Cuántos años de experiencia tiene?
fire (to)	despedir, echar, darle aire (sl)
She was fired.	La echaron. La despidieron.
You are fired!	¡Está despedido! ¡Queda despedido!
form	formulario, solicitud, forma (Mex)
Sign and date the form here.	Firme y feche la solicitud aquí.
form (to fill out a)	rellenar una solicitud
green card	tarjeta de residencia permanente
Do you have a green card?	¿Tiene Ud. una tarjeta de residencia permanente?
help (staff)	personal
help (the)	empleados, personal
help needed, help wanted	se necesita personal
hire (to)	emplear, contratar
now hiring	estamos contratando personal
hired (to be)	estar contratado
We are hiring for the position of ___.	Estamos contratando personal para la posición de ___.
You are hired.	Está contratado.
hiring	contratación
hiring policies	póliza de contratación, normas de contratación
honest	honrado
human relations (resources)	recursos humanos
human relations (the department)	departamento de recursos humanos
human resources	recursos humanos
human resources department	departamento de recursos humanos
identification card	tarjeta de identificación, cédula, carnet
immigrant	inmigrante
illegal immigrant	inmigrante ilegal, mojado (Mex)
legal immigrant	inmigrante legal
immigrate (to)	inmigrar

Immigration and Naturalization Service	oficina de inmigración, la migra (Mex, sl)
immigration office	oficina de inmigración
immigration officer	oficial de inmigración
immigration papers	papeles de inmigración
Do you have papers?	¿Tiene Ud. papeles de inmigración?
in charge (to be)	estar a cargo, estar al frente de
The chef is in charge of the kitchen.	El chef está a cargo de la cocina.
insubordination	insubordinación
interview (the)	entrevista
final interview	entrevista final
first interview	entrevista previa
second interview	segunda entrevista
Your interview is __ at __.	Su entrevista es __ a __.
interview (to)	entrevistar
I will interview you on __.	Yo lo voy a entrevistar a __.
Thank you for interviewing with us.	Gracias por entrevistarse con nosotros.
You will be interviewed on __.	Ud. será entrevistado a __.
interviewee	entrevistado, encuestado
interviewer	entrevistador, encuestador
in writing	por escrito
Can I have it in writing?	¿Me lo puede dar por escrito?
in writing (to put)	poner por escrito
job	trabajo, tarea, empleo, puesto
full-time job	empleo de tiempo completo
good job	buen trabajo
halfway through the job	en medio del trabajo
inadequate job	trabajo deficiente
part-time job	empleo por parte de la jornada, empleo a tiempo parcial (Cu, Per, Sp), empleo a medio tiempo (Mex)
permanent job	empleo permanente, puesto fijo
poor job	mal trabajo, trabajo malo
She has a good job in the company.	Ella tiene un buen trabajo en la empresa.
She lost her job.	Ella se ha quedado sin trabajo.
temporary job	empleo temporal
This is a full-time job.	Es un empleo a tiempo completo.
This is a part-time job.	Es un empleo a tiempo parcial.
We don't have any full-time jobs now.	No tenemos empleos a tiempo completo ahora.
Why did you leave your last job?	¿Por qué dejó su último empleo?
job description	descripción del puesto
job experience	experiencia en esta clase de trabajo
jobless	desempleado, sin trabajo, en paro (Sp), cesante (Ch)
job opening	cargo vacante, posibilidad de empleo, fuente de empleo
I'm sorry, we don't have any openings.	Lo siento, no tenemos vacantes.
job performance	desempeño en el trabajo
job skills	habilidades de trabajos, destrezas de trabajos, experiencia de trabajos
job title	título de trabajo, nombre de la posición, cargo
job training	adiestramiento para el trabajo

on-the-job training	adiestramiento en el empleo, formación en el empleo, formación práctica
We provide job training.	ofrecemos adiestramiento para el trabajo.
know (to, someone)	conocer
know (to, something)	saber
Do you know how to read and write?	¿Sabe leer y escribir?
Do you know how to speak English?	¿Sabe hablar inglés?
I don't know.	No sé. No lo sabía.
know one's stuff (to)	ser experto
He knows his stuff.	Él es un experto.
in person	en persona
language	lengua, lenguaje, idioma
first language	primer idioma, lengua madre, lengua materna
mother language	lengua madre, lengua materna
native language	primer idioma, lengua madre, lengua materna
second language	segundo idioma
What languages do you speak?	¿Qué idiomas habla?
lay off (to)	despedir, dejar cesante
We laid off ten employees.	Despedimos a diez empleados.
learn (to)	aprender
Do you learn quickly?	¿Aprende Ud. pronto?
I am learning Spanish.	Estoy aprendiendo español.
I want to learn.......................	Quiero aprender.
leave (the absence)	ausencia
leave without pay	permiso sin pago
sick leave	permiso de convalecencia, permiso por enfermedad (Arg, Bol, Gua, Hon), días de enfermedad (Cu)
vacation leave	permiso de vacaciones
let go (to fire)	despedir, dejar cesante, darle aire (sl)
letter	carta
application letter	solicitud de empleo, ingreso de empleo
business letter	carta comercial
recommendation letter	carta de recomendación
resignation letter	carta de renuncia
letter of recommendation	carta de recomendación
Do you have a letter of recommendation? ..	¿Tiene Ud. una carta de recomendación?
letter of reference	carta de recomendación
live (to)	vivir
How long have you lived in the United States?	¿Cuánto tiempo tiene Ud. en los Estados Unidos?
Where do you live?	¿Dónde vive?
meal	comida
You get one free meal per shift.	Recibe una comida gratis por turno.
You may purchase extra meals at a discount.	Puede comprar otras comidas con un descuento.
manage (to)	administrar, gestionar
management	manejo, administración
manpower	mano de obra, recursos humanos, potencial humano

manual	manual
employee manual	manual de empleados
instruction manual	manual de instrucciones
policy manual	manual de normas
staff manual	manual de empleados
training manual	manual de instrucción, manual de adiestramiento, manual de capacitación
marital status	estado civil
married	casado
Are you married?	¿Está casado?
meet the standards (to)	estar al nivel deseado
His work doesn't meet the standards.	Su trabajo no está al nivel deseado.
middle initial	letra inicial de su segundo nombre
minimum wage	salario mínimo
Minimum Wage is ___.	El salario mínimo es ___.
This is a Minimum Wage job.	Este trabajo paga el salario mínimo.
moral	moral
name	nombre
father's last name	apellido paterno
first name	primer nombre
full name	nombre completo, nombre y apellido
last name	apellido
maiden name	apellido de soltera
mother's maiden name	apellido materno
My name is ___.	Mi nombre es ___. Me llamo ___.
nickname	apodo, sobrenombre
What is your name?	¿Cómo se llama Ud.?
nationality	nacionalidad
What is your nationality?	¿Cuál es su nacionalidad?
notice (the)	aviso, notificación
notice to employees	aviso a los empleados
notice to employers	aviso a los empleadores
24-hour notice	notificación con veinticuatro horas
You are on notice.	Ud. está avisado.
notice (to give)	dar noticia
notice (to serve)	hacer saber, notificar
papers (the)	papeles
Return the papers when you complete them.	Devuelva los papeles cuando termine de llenarlos.
papers (to have, immigration)	tener papeles, tener mica
performance	desempeño
performance appraisal	evaluación del desempeño en el trabajo
personal	personal
for personal reasons	por razones personales
personal information	información personal, datos personales
personnel	personal, empleados
personnel department	departamento de personal
personnel file	archivo de personal
place of birth	lugar de nacimiento
policy	normas
employment policies	normas de empleo
hiring policies	normas de contratación

termination policies	normas de terminación
position	cargo, puesto, empleo
busboy position	cargo de ayudante de camarero, cargo de ayudante de mesero
entry-level position	cargo de nivel básico
kitchen position	cargo de la cocina
I'm sorry, but the position has been filled.	Lo siento, pero la vacante ha sido cubierta.
maintenance position	cargo de mantenimiento
management position	cargo de administración
staff position	cargo de empleados
The position is filled.	La vacante ha sido cubierta.
waiter position	cargo de mesero, cargo de camarero
What position are you looking for?	¿Qué cargo le interesa?
probationary period	período de prueba
professional test	prueba profesional
promote (to)	promover
We promote from within.	Damos prioridad a los empleados de la empresa de las oportunidades de ascenso.
promotion	promoción
proof of identity	comprobante de identidad
question	pregunta
Do you have any questions?	¿Tiene Ud. preguntas?
quit (to)	renunciar
Why are you quitting?	¿Por qué está renunciando?
recommend (to)	recomendar
She recommended me for the job.	Ella me recomendó para el trabajo.
recruiting	reclutamiento
references	referencias, recomendaciones
Can we check your references?	¿Podemos verificar cualquiera de estas referencias?
Do you have work references?	¿Tiene Ud. referencias de trabajo?
letter of reference	carta de recomendación
references (to have good)	tener buenas referencias
relationship	relación
resident	residente
Are you a legal U.S. resident?	¿Es residente legal de los Estados Unidos?
illegal resident	residente ilegal
legal resident	residente legal
resign (to)	renunciar
resignation	renuncia
verbal resignation	renuncia verbal
written resignation	renuncia por escrito
resume	currículum vitae, CV, hoja de vida
Do you have a resume?	¿Tiene un currículum vitae?
retire (to)	jubilarse, retirarse
retirement (the period)	jubilación
early retirement	jubilación anticipada
retirement age	edad para jubilarse
retirement plan	plan de jubilación, proyecto de jubilación
review (the)	evaluación
annual review	evaluación anual

performance review	evaluación de función, revisión de representación
semiannual review	evaluación semi-anual
review (to)	examinar, analizar
review period	período de prueba
ninety-day review period	noventa días de período de prueba
thirty-day review period	treinta días de período de prueba
rights	derechos
employee rights	derechos de empleado
legal rights	derechos legales
personal rights	derechos personales
your rights	sus derechos
rules	reglas, normas
rules and regulations	reglas y reglamentos
screening	selección
selection process	proceso de selección
sign (to)	firmar
signature	firma
I need your signature here.	Firme Ud. aquí por favor.
single	soltero
Are you single or married?	¿Es soltero o está casado?
sign on (to)	contratar
sit (to)	sentarse
Please take a chair.	Por favor, siéntese.
skills	habilidades
job skills	habilidades de trabajo
social security	seguro social
social security number	número del seguro social
I need your social security number.	Necesito el número de su seguro social.
What is your social security number?	¿Cuál es su número del seguro social?
speak (to)	hablar
Do you speak English?	¿Habla inglés?
suggestion box	buzón de sugerencias
supervise (to)	supervisar
supervision	supervisión
supervisor	supervisor
temp (the)	empleado temporal, temporal (Bol), trabajador eventual (Mex)
temp (to)	trabajar a tiempo parcial
terminate (to)	despedir, echar
You are terminated.	Ud. está despedido.
test (the, aptitude)	prueba, examen

suggestion box
_____

buzón de sugerencias

Suggestion Box

competency test .... prueba de competencia
professional test .... prueba de aptitud
test (to take) .... hacer una prueba
train employees (to) .... entrenar empleados
trainee .... aprendiz
trainer .... entrenador
training .... capacitación, formación
  employee training .... capacitación de empleados
  management training .... capacitación de administración,
                                            formación de gestión
  on-site training .... capacitación en sitio
  on-the-job training .... capacitación en el trabajo, formación
                                            profesional en el empleo
  paid training .... capacitación con pago
  Training will be given to all staff. .... Todo el personal recibirá capacitación.
training manual .... manual de capacitación, manual de
                                            instrucción
valuable .... valioso
  You are a valuable employee. .... Ud. es un empleado valioso.
wage earner .... asalariado
warning (the) .... aviso, amonestación
  final warning .... último aviso
  first warning .... primer aviso
  second warning .... segundo aviso
  This is your first warning. .... Éste es su primer aviso.
  This is your last warning. .... Éste es su último aviso.
  verbal warning .... aviso verbal
  written warning .... aviso por escrito
warning (to give) .... dar aviso
Where are you from? .... ¿De dónde es Ud.?
work (the) .... trabajo
  When can you begin work? .... ¿Cuándo puede empezar el trabajo?
work (to) .... trabajar
  Can you work evenings? .... ¿Puede trabajar por las noches?
  Can you work weekends? .... ¿Puede trabajar los fines de semanas?
  Where did you work before? .... ¿Dónde trabajó anteriormente?
work experience .... experiencia de trabajo
work history .... historia de trabajo, historia de empleos
work in sales (to) .... trabajar en ventas
work permit .... carta de trabajo
  Do you have a work permit? .... ¿Tiene Ud. una carta de trabajo?
workstation .... puesto de trabajo
You will hear from us in ___ days. .... Le avisaré dentro de ___ días.
zip code .... zona postal, código postal
  What is your zip code? .... ¿Cuál es su zona postal?

Scheduling
programando

appointment (the) .... cita
  appointment time .... hora para la cita
  What time is your appointment? .... ¿A qué hora es su cita?
  You have an appointment at ___. .... Tiene una cita a ___.

Your appointment is here. . . . .   Su cita es aquí.

appointment (to make with) . . . .   concertar una cita con

He made an appointment with the
manager. . . . .   Concertó una cita con el gerente.

arrive (to) . . . .   llegar

You must arrive early. . . . .   Ud. debe llegar temprano.

break (the) . . . .   descanso

breakfast break . . . .   descanso para el desayuno

coffee break . . . .   descanso para el café

dinner break . . . .   descanso para la cena, descanso para
la comida

lunch break . . . .   descanso para el almuerzo

You get a break every ___ hours. . . . .   Ud. tiene un descanso cada ___ horas.

You get a 15-minute break every 3 hours. . .   Tiene un descanso de quince minutos
cada tres horas.

Your break is at ___.   Su descanso es a las ___.

break (to take a) . . . .   tomarse un descanso

Your break is at 10 everyday. . . . .   Su descanso es a las diez todos los
días.

break time . . . .   tiempo para descansar

clock in (to) . . . .   marcar su tarjeta en el reloj registrador
cuando llegue, marcar el reloj
registrador

Clock in after you are in uniform. . . . .   Marque su tarjeta en el reloj registrador
después de ponerse el uniforme.

Clock in at the beginning of your shift. . . .   Debe marcar su tarjeta en el reloj
registrador cuando empiece su turno.

clock out (to) . . . .   marcar su tarjeta en el reloj registrador
cuando salga, marcar el reloj registrador

You must clock out at the end of your   Debe marcar su tarjeta en el reloj
shift. . . . .   registrador al terminar su turno.

day off (the) . . . .   día de descanso, día libre

Your day off is ___.   Su día de descanso es ___.

day off (to have) . . . .   tener un día libre, tener un día de
descanso

day off (to take) . . . .   tomarse un día de descanso

finish (to) . . . .   terminar

When will you finish? . . . .   ¿Cuándo termina?

full-time (work) . . . .   de jornada completa, de horario
completo, a tiempo completo (Mex,
Col, DR, Ven)

holiday . . . .   día de fiesta, día de vacaciones (Mex), día
feriado

legal holiday . . . .   festivo oficial, feriado oficial

paid holiday . . . .   días de fiesta remunerados, días de
fiesta pagados

unpaid holiday . . . .   días de fiesta no remunerados, días de
fiesta no pagados

You get ___ paid holidays per year. . . . . . .   Ud. recibe ___ días de fiesta
remunerados cada año.

hours . . . .   horas

office hours . . . .   horas de oficina

work hours	horas de trabajo
Your hours are ___.	Sus horas son ___.
Your work hours are ___.	Sus horas de trabajo son ___.
late	tarde, tardío, atrasado
Don't be late.	No llegue tarde.
late (to arrive)	llegar tarde
I am sorry I am late.	Siento haber llegado tarde.
If you arrive late again, I will have to let you go.	Si llega tarde otra vez, tendré que despedirle.
You cannot come late.	No puede llegar tarde.
late (to be)	llegar tarde
You are late.	Ud. llegó tarde.
You are ___ minutes late.	Ud. llegó ___ minutos tarde.
leave (to)	salir
Ask them to leave.	Pídales que se vayan.
May I leave early?	¿Puedo salir temprano?
Please leave the premises.	Por favor, salga del establecimiento. Por favor, retírese del establecimiento.
off (to be not working)	haber salido, haberse marchado
Are they off yet?	¿Han salido?
overtime (hours)	horas extras
Overtime must be authorized by your supervisor.	Las horas extras deben estar autorizadas por su supervisor.
Would you work overtime if necessary?	¿Trabajaría horas extras si fuera necesario?
overworked	recargado de trabajo, agotado por el exceso de trabajo
part-time	tiempo parcial, por parte de la jornada, a tiempo parcial (Cu, Per, Sp), a medio tiempo (Mex)
punctual	puntual
I am always on time.	Siempre llego a tiempo.
I am very punctual.	Soy muy puntual.
punctuality	puntualidad
schedule (the)	horario
behind schedule	atrasado, con retraso
break schedule	horario de descanso
on schedule	según lo previsto
The schedules should overlap.	Los horarios deben superimponerse.
time schedule	horario
weekly schedule	horario semanal
work schedule	horario de trabajo
schedule (to)	hacer una cita, planear
Please schedule an appointment.	Por favor, haga una cita.
shift	turno
afternoon shift	turno de la tarde
breakfast shift	turno de desayuno
day shift	turno de día
dinner shift	turno de la cena
eight-hour shift	turno de ocho horas
evening shift	turno de la noche
late shift	turno nocturno, turno de la noche
lunch shift	turno del almuerzo

morning shift	turno de la mañana
night shift	turno de la noche
swing shift	turno por parte del día y parte de la noche
Your shift begins at ___.	Su turno empieza a las ___.
sick days	días de permiso por enfermedad
You get ___ paid sick days per year.	Recibe ___ días de permiso por enfermedad con pagados cada año.
sick leave	licencia por enfermedad, permiso por enfermedad (Arg, Bol, Gua, Hon), días de enfermedad (Cu)
tardiness	tardanza
tardy	tarde
I'm going to be late.	Voy a llegar tarde.
time card	tarjeta de tiempo
Punch your time card.	Ponche Ud. su tarjeta. Perfore Ud. su tarjeta.
time clock	reloj
time off (to take)	tomar tiempo libre
vacation (the)	vacación
paid vacation	vacación con pago
two weeks of vacation	dos semanas de vacaciones
vacation without pay	vacación sin pago
vacation (to take)	irse de vacaciones
vacation days	días de vacaciones, días libres
work (the)	trabajo
full-time work	trabajo a tiempo completo
He's out of work.	Se ha quedado sin trabajo.
If you cannot come to work, please call 24 hours ahead of time.	Si no puede venir trabajo, llame con veinticuatro horas de anticipación. Si no puede venir al trabajo, llame 24 horas antes.
I need work.	Necesito trabajo.
part-time work	trabajo a tiempo parcial (Cu, Per, Sp), trabajo a medio tiempo (Mex), trabajo por parte de la jornada
Please call the office if you cannot come to work.	Por favor, llame a la oficina si no puede venir al trabajo.
Report to work 5 minutes before your shift.	Preséntese cinco minutos antes de su turno.
seasonal work	trabajo temporada, empleo de temporada
temporary work	trabajo temporal
What time do I start work?	¿A qué hora comienza el trabajo?
When do I work?	¿Cuándo trabajo?
You finish work at ___.	Termina el trabajo a las ___.
work (to)	trabajar
Are you working today?	¿Está trabajando hoy?
Call me if you cannot work.	Llámeme si no puede trabajar.
Can you work holidays and weekends?	¿Puede trabajar los días festivos y fines de semana?
When can you start work?	¿Cuándo puede comenzar a trabajar?
When do I start work?	¿Cuándo empiezo el trabajo?
Where have you worked before?	¿Dónde ha trabajado anteriormente?

Why aren't you working?	¿Por qué no está trabajando?
Will you work overtime?	¿Trabajaría horas extras?
You do good work.	Ud. trabaja bien.
You have to work faster.	Hay que trabajar más rápido.
You start work at ___.	Empieza a trabajar a las ___.
You will work from ___ to ___.	Ud. trabajará de ___ a ___.
work (to get down to)	ponerse a trabajar
He got down to work.	Se puso a trabajar.
workday	día hábil, día de trabajo, día laborable (Col, DR, Sp)
working day	jornada de trabajo, día laboral

Payroll
sistema da sueldos

advance (the)	pago por adelantado, anticipo
advance (to)	pagar por adelantado, adelantarse, anticiparse
They advanced me next month's salary.	Me adelantaron el sueldo del próximo mes.
benefits	beneficios
employee benefits	beneficios de empleo
fringe benefits	incentivos, beneficios adicionales, beneficios complementarios, prestaciones complementarias (ElS, Gua)
medical benefits	beneficios médicos
This position has benefits.	Esta posición ofrece beneficios.
What benefits do you offer?	¿Qué beneficios ofrece?
Your benefits include ___.	Sus beneficios incluyen ___.
bonus	prima, bonificación, bono
annual bonus	prima anual
monthly bonus	prima mensual
moving bonus	prima móvil
performance bonus	prima basada en el rendimiento, prima basada en el desempeño del trabajo
retention bonus	prima para retención del empleado
check (the)	cheque
commission	comisión
sales commission	comisión de venta
commission schedule	horario de la comisión
compensation	compensación
deferred compensation	compensación diferida
cost (the)	costo
labor cost	costo laboral
cut in pay (the)	corte de pago, reducción de sueldo
cut in pay (to take)	recibir un corte de pago
cut pay (to)	reducir el sueldo, cortar el pago
deduct (to)	deducir, substraer
I will deduct the loss from your pay.	Yo le deduzco las pérdidas de su salario.
deductions	deducciones

How many deductions are you claiming? .. ¿Cuántas deducciones está
declarando?
dependents .... dependientes
How many dependents do you have? ...... ¿Cuántos dependientes tiene?
discount .... descuento
Your discount is ___. .... Su descuento es ___.
earn (to) .... ganar
earn a living (to) .... ganarse la vida
earnings .... ingresos, ganancias
gratuity .... propina
income .... ingresos
   gross income .... ingresos brutos
   net income .... ingresos netos
increase (the wage) .... aumento de sueldo
   annual increase .... aumento anual
   cost-of-living increase .... aumento por costo de vida
   merit increase .... aumento por mérito
   performance increase .... aumento basado en el rendimiento,
aumento en función de los resultados
increase (to give a raise) .... aumentar el sueldo
jobless .... desempleado
minimum wage .... salario mínimo
   Federal Minimum Wage .... salario mínimo Federal
   Minimum Wage is ___. .... El salario mínimo es ___.
   This is a Minimum Wage job. .... Este trabajo paga el salario mínimo.
money (the) .... dinero, plata, luz marmaja, peso, feria,
pisto (Mex)
He's earning good money now. .... Ahora está ganando un buen sueldo.
Está ganando bien.
What's the money like where you work? ... ¿Qué tal pagan donde trabaja?
money (to make good) .... ganar buen sueldo
overtime (hours) .... horas extras, horas sobretiempo
   Overtime is paid at time and a half. .... Las horas extras se pagan tiempo y
medio de la tasa regular por horas
de sobretiempo.
overtime (pay) .... pago extra
paid parking .... estacionamiento pagado
pay (the) .... dinero, pago, sueldo, lana
   annual pay .... pago anual, pago por año
   daily pay .... pago diario, pago por día
   double pay .... pago doble
   half pay .... medio sueldo
   hourly pay .... pago por hora, pago cada hora
   monthly pay .... sueldo por mes, pago mensual
   severance pay .... indemnización por despido
   take-home pay .... sueldo neto

money
---
dinero

Taxes will be deducted from your pay.	Los impuestos serán deducidos de su pago.
weekly pay	sueldo por semana, pago semanal
Your pay is ___.	Su pago es ___.
pay (to)	pagar
How much do you pay?	¿Cuánto paga Ud.?
How much do you pay per day?	¿Cuánto paga Ud. por día?
How much do you pay per hour?	¿Cuánto paga Ud. por hora?
I will pay you ___.	Yo le voy a pagar ___. Le pagaré ___.
You will be paid by check.	Se le pagará en cheque.
You will be paid every ___.	Se le pagará cada ___.
You will be paid in cash.	Se le pagará en efectivo.
You will be paid ___ per hour.	Se le pagará ___ por hora.
paycheck	cheque de pago, cheque de sueldo, cheque salarial
payday	día de pago
Payday is ___.	El día de pago es ___.
pay early (to)	pagar por adelantado
payee	beneficiario
payer	pagador
payment	pago
payment in full	saldo de cuenta, pago total
pay plus meals	pago más alimentación, pago más comida
pay raise, pay increase	aumento de sueldo, aumento salarial, incremento salarial, mejora salarial
payroll	sistema de pagos, nómina
pension	pensiones
pension plan	plan de pensiones
per diem	viático
raise (the)	aumento de sueldo
raise (to)	aumentar el sueldo
repay (to)	reembolsar, pagar
retirement	jubilación
retirement plan	proyecto de jubilación, plan de jubilación
salary	sueldo, salario, honorarios, remuneración, compensación, paga (Col)
annual salary	sueldo anual
fixed salary	sueldo fijo
He earns a paltry salary.	Gana un sueldo ratón. (colloq)
monthly salary	sueldo mensual
salary increase	aumento salarial, incremento salarial, mejora salarial, aumento de sueldo
What salary do you expect?	¿Qué salario espera obtener?
What was your salary at each job?	¿Cuál fue salario en los empleos anteriores?
time (the)	tiempo
double time	doble pago por hora
double time per hour	doble pago por hora
half time	medio pago por hora
time and a half	pago de tiempo y medio por hora
tip (the)	propina

tip (to) .... dar una propina, propinar (Mex)
tip jar .... jarra de propinas
tip out (the) .... porcentaje de las propinas
tip out (to) .... dar una propina
travel allowance .... viático
unemployed .... desempleado
unemployment .... desempleo
   unemployment insurance .... seguro de desempleo
wage .... salarial, salario, pago, sueldo
wage freeze .... congelación de salarios, congelación
                               salarial
wage increase .... aumento salarial, incremento salarial,
                               mejora salarial, aumento de sueldo
worth .... valor

Employee Dress
ropa de los empleados

apron .... delantal, mandil
   plastic apron .... delantal de plástico
   rubber apron .... delantal de goma
   waist apron .... delantal de cintura
blouse .... blusa
   white blouse .... blusa blanca
casual clothes .... ropa informal, ropa casual
change clothes (to) .... cambiarse de ropa
   Change your clothes. .... Cámbiese de ropa.
chef's coat .... chaqueta de primer cocinero, casaca de
                              primer cocinero
chef's hat .... gorro de primer cocinero
chef's pants .... pantalones de primer cocinero
chef's shirt .... camisa de primer cocinero
dress (the) .... vestido, pollera (CR, Ur), traje de mujer
                              (PR)
dress (to) .... vestirse, ponerse la ropa
dress up (to) .... vestirse de etiqueta, vestirse elegante (Ch,
                              Col), engalanarse (PR), vestirse formal
                              (DR)
dinner jacket .... esmoquin
earring .... arete, aro (Arg)
gloves .... guantes
   disposable gloves .... guantes desechables

chef's hat

gorro de primer cocinero

hair net .... redecilla
   You must wear a hair net if you work in   Debe usar una redecilla si trabaja en la
     the kitchen. ....   cocina.
jewelry .... joyas
   no jewelry ....   no joyas
name tag (cloth) .... etiqueta, identificadora
name tag (metal) .... placa con el nombre
pants .... pantalones
pantyhose .... media pantalón, pantimedias (Mex, Ur),
                     medias de nylon (PR)
sandals .... sandalias
shirt .... camisa
   dress shirt ....   camisa formal, camisa de vestir
   long-sleeve shirt ....   camisa de manga larga, remera de
                     manga larga (Arg)
   short-sleeve shirt ....   camisa de manga corta, remera de
                     manga corta (Arg)
   white shirt ....   camisa blanca
shoes .... zapatos
   flat shoes ....   zapatos bajos, zapatos sin tacón
   tennis shoes ....   zapatos de tenis
tie .... corbata
   bow tie ....   corbatín, corbata mariposa, palomita,
                     moñita (Arg), corbata de gato (Bol),
                     corbatín (Col), pajarita (Sp, Cu),
                     corbata de lacito (DR), corbata de
                     moñito (Mex), corbata de gatito (Pan),
                     corbata michi (Per), lazo (PR), corbata
                     de lazo (Ur, Ven), corbata de humita
                     (Ch)
uniform .... uniforme
   I will provide your uniform. ....   Le damos el uniforme. Le proveemos el
                     uniforme.
   The cost of your uniform will be deducted   El costo de su uniforme será deducido
     from your pay. ....   de su pago.
   You must buy your uniform. ....   Debe comprarse el uniforme de trabajo.
   You must clean your own uniform. ....   Debe lavar su uniforme de trabajo.
   Your uniform will cost ___. ....   Su uniforme le costará ___.
wear (to) .... usar, llevar
   You cannot wear ___. ....   No puede usar ___.

Employee Hygiene
higiene de los empleados

bad breath .... mal aliento, mala respiración
   You have bad breath. ....   Tiene mal aliento.
brush teeth (to) .... cepillarse los dientes
   Brush your teeth before coming to work. ..   Cepille sus dientes antes de venir al
                     trabajo.
dandruff .... caspa
deodorant .... desodorante
mouthwash .... lavado bucal, enjuague bucal
personal hygiene .... higiene personal

shave (to) .... afeitarse, rasurarse
    Please shave before coming to work. ......   Por favor, aféitese antes de venir al
                                        trabajo.
shower (to) .... bañarse, ducharse
    Please shower before coming to work. .....   Por favor, báñese antes de venir al
                                          trabajo.
    Take a shower and use deodorant   Báñese y use desodorante todos los
      everyday. ....   días.
soap .... jabón
wash (to) .... lavarse
    Wash your hands. ....   Lávese las manos.
    Wash your hands after using the   Lávese las manos después de utilizar el
      bathroom. ....   baño.
    Wash your hands with soap after using the   Lávese las manos con jabón después
      toilet. ....   de usar el baño.

5

Business Operations
operaciones comerciales

Types of Businesses
clases de negocios

bakery	panadería, pastelería (Ch, Col), repostería (PR)
bake shop	pastelería
ballroom	sala de baile
banquet hall	sala de banquete
bar	barra, cantina, coctelería, bar (Arg), taberna (Col)
bar–restaurant	brasserie
bistro	restaurante pequeño, bistro
brewery	cervecería
butcher shop	carnicería
cabaret	café concierto, café cantante, sala de fiestas, cabaret, discoteca, boliche (Arg)
café	café, café económico
cafeteria	cafetería, restaurante autoservicio
canteen	cantina
cheese shop	quesería
chocolate shop	dulcería
cigar shop	cigarrería, tabaquería
club	club
after-hours club	club tarde, club a horas extraordinarias
dance club	club de baile, discoteca
dinner club	club de cena
music club	club con música
private club	club privado
supper club	club de cena especial
underground club	club clandestino
coffee bar	café, cafetería
coffee shop	café
coffeehouse	café, cafetería
confectioner's shop	repostería
cooking course	curso de cocina
cooking school	escuela de cocina
creperie, pancake house	restaurante de crépes
culinary school	escuela culinaria
deli	charcutería, rotisería (CS), salsamentaría, salchichonería (Mex)
delicatessen	charcutería, rotisería (CS), salsamentaría, salchichonería (Mex)
diner	café, cafetería
dining car	coche comedor, vagón-restaurante (Col), coche restaurante (Sp), coche-comedor
disco	discoteca
fruit stand	puesto de frutas, frutería (PR)
grill	grill, parrilla

grocer's shop . . . . mantequería

grocery . . . . supermercado (Sp), super (Mex), mantequería, bodega (Cu), colmado (PR), almacén (Ur), mercado (Col), tienda (Gua), tienda de comestibles

grocery store . . . . tienda de abarrotes, abarrotería, bodega (PR), mantequería

hamburger joint . . . . hamburguesería

ice cream parlor . . . . heladería, nevería (Mex)

juice bar . . . . barra de jugo, bar de jugo

liquor store . . . . tienda de bebidas alcohólicas, licorería (Bol, Col), bodega (Pan)

luncheonette . . . . lonchería

market . . . . mercado, supermercado (Sp), super (Mex), bodega (Cu), colmado (PR), almacén (Ur), tienda (Gua), tienda de comestibles, tienda de abarrotes, abarrotería

    gourmet market . . . . mercado gourmet, mercado gastrónomo

    specialty market . . . . mercado de especialidades

    supermarket . . . . supermercado, super (Mex), bodega (Cu), colmado (PR), almacén (Ur), tienda (Gua), tienda de comestibles, tienda de abarrotes, abarrotería

nightclub . . . . cabaret, discoteca, boliche (Arg)

noodle house . . . . restaurante de fideos, restaurante de tallarines

oyster bar . . . . ostrería

pancake house . . . . crepería, restaurante de crépes

pastry shop . . . . pastelería

pizza parlor . . . . pizzería

pizzeria . . . . pizzería

pub . . . . cervecería

restaurant . . . . restaurante

    Argentinian restaurant . . . . restaurante argentino

    beer and wine restaurant . . . . restaurante con cerveza y vino

    Chinese restaurant . . . . restaurante chino

    drive-in restaurant . . . . restaurante autoservicio, restaurante accesible en automóvil, restaurante donde se sirve al cliente en el carro

    drive-through restaurant . . . . restaurante accesible en automóvil

    fast-food restaurant . . . . restaurante de comida rápida

    formal-dining restaurant . . . . restaurante de etiqueta, restaurante formal

    full-service restaurant . . . . restaurante con servicio completo

    hamburger restaurant . . . . restaurante hamburguesería

    health food restaurant . . . . restaurante de comidas saludables

    Indian restaurant . . . . restaurante hindú

    Italian restaurant . . . . restaurante italiano

    Japanese restaurant . . . . restaurante japonés

    Korean restaurant . . . . restaurante coreano

    Mexican restaurant . . . . restaurante mexicano

    Persian restaurant . . . . restaurante persa

theme restaurant	restaurante tema
vegetarian restaurant	restaurante vegetariano
restaurant car	coche-comedor, vagón restaurante
sandwich shop	café
snack bar	cafeteria
soda fountain	fuente de soda
soup kitchen	olla popular, olla común, comedor de beneficiencia
sports bar	barra desportivo
steak house	restaurante especializado en bistec, parrilla, churrasquería (AmS)
store	mercado, tienda
Would you go to the store for me?	¿Puede ir al mercado por mí?
sweetshop	dulcería, confitería
tavern	taberna
tearoom	salón de té, sala de té
tequila bar	barra de tequila
tobacco shop	tabaquería
vineyard	viñedo, viña
watering hole	barra, bar
wine bar	barra de vinos, bar de vinos
wineshop	bodega, taberna, tienda de vinos, vinatería (Mex, PR), vinería (Ur)
wine store	bodega, taberna, tienda de vinos, vinatería (Mex, PR), vinería (Ur)

Architecture
arquitectura

access	acceso
wheelchair access	acceso para sillas de ruedas
air conditioner	aire acondicionado, acondicionador de aire
The air conditioner is on.	El aire acondicionado está prendido.
Turn off the air conditioner.	Apague el aire acondicionado.
Turn up the air conditioner.	Suba la temperatura del el aire acondicionado.
air conditioning	aire acondicionado
Turn down the air conditioning.	Baje la temperatura del aire acondicionado.
area	zona, área
nonsmoking area	zona de no fumadores
smoking area	zona para fumadores
balcony	balcón
banister	baranda, barandilla (Sp)
bar (area)	barra, cantina, coctelería, taberna (Col)
bar (counter)	mostrador de barra
bathroom	baño, servicios
handicapped bathroom	baño para incapacitados, baño para discapacitados
blinds	persianas, cortinas (Col)
Clean the blinds.	Limpie las persianas.
Lower the blinds.	Baje las persianas.

Open the blinds.	Abra las persianas.
Raise the blinds.	Alce las persianas. Levante las persianas.
buffet	aparador, buffetera (Gua), mesa de buffet (Mex), chinero (PR)
carpet	alfombra
This carpet collects a lot of dust.	Esta alfombra recoge mucho polvo.
carpeting	alfombra
wall-to-wall carpeting	alfombras de pared a pared
ceiling	techo, cielo raso
cloakroom	guardarropa
closet (cloak)	clóset, placard (Arg), ropero (Bol, Ch, CR, Ur, Ecu), estante (Pan), armario (Sp)
coat check (the)	guardarropa
Where can I check my coat?	¿Dónde puedo guardar mi abrigo?
counter	mostrador, mesada (Arg), counter (PR)
curtains	cortinas
Close the curtains.	Cierre las cortinas.
Open the curtains.	Abra las cortinas.
deck	cubierta, terraza
desk	escritorio
front desk	recepción
door	puerta
back door	puerta trasera, puerta de atrás
emergency door	puerta de emergencia
fire door	puerta contra incendios, puerta contrafuegos, puerta de fuegos
French doors	puertas francesas
front door	puerta del frente
glass door	puerta de vidrio
screen door	puerta de malla, puerta con rejilla, puerta con anjeo
doorstep	umbral
downstairs	planta baja, abajo
drain (the)	desagüe
drain board (the)	escurridero
drain valve	válvula de desagüe
drawers	gavetas, cajones (Mex, Arg)
drinking fountain	fuente de agua potable, bebedero (AmC, Mex)
driveway	entrada para carros
duct	conducto
elevator	ascensor, elevador (Mex, PR, Cu, Pan)
employee cafeteria	cafetería de empleados
employee lounge	salón de empleados, comedor para los empleados
entrance	entrada
employee entrance	entrada de empleados
front entrance	entrada de frente, entrada principal
outside entrance	entrada de afuera
rear entrance	entrada por atrás, entrada trasera
service entrance	entrada de servicio
side entrance	puerta lateral, puerta de servicio, puerta de costado (Cu), puerta del lado (Mex)

emergency exit
<hr>
salida de emergencia

escalator . . . . escalera eléctrica, escalera mecánica, escalera automática (Col), escalera móvil
exit . . . . salida
   emergency exit . . . . salida de emergencia
   employee exit . . . . salida de empleados
   fire exit . . . . salida de incendios
fan . . . . ventilador
faucet . . . . grifo, chorro
fire door . . . . puerta de incendios, puerta contrafuegos, puerta de fuegos
fire escape . . . . escalera de incendios
fire exit . . . . salida de incendios
fire screen . . . . pantalla de chimenea, malla de fuego
floor . . . . piso, planta, suelo, pista
   Caution: wet floor. . . . . Cuidado: piso mojado.
   dance floor . . . . piso de baile
   first floor . . . . primer piso, primera planta, planta baja
   ground floor . . . . piso de abajo, planta baja, primer piso
   linoleum floor . . . . piso de plástico
   second floor . . . . segundo piso
   The floor is slippery. . . . . El piso está liso.
   The floor is wet. . . . . El piso está mojado. El piso está húmedo.
   tile floor . . . . piso de cerámica
   top floor . . . . piso superior, suelo superior
   wet floor . . . . piso mojado
   wood floor . . . . piso de madera
floor lamp . . . . lámpara de pie
floor tile . . . . azulejo, baldosa
garden . . . . jardín
gate . . . . portón
hall . . . . corredor, pasillo
hallway . . . . corredor, pasillo
hat check (the) . . . . guardarropa
heater . . . . calentador, calefactor
   hot water heater . . . . calentador para el agua
   Turn off the heater. Apague Ud. el calentador.
   Turn on the heater. Encienda Ud. el calentador.
hostess stand . . . . puesto de la anfitriona
inside . . . . adentro
kitchen . . . . cocina

kitchenette . . . . cocinita, cocineta (Mex), cocinilla (Col)
lavatory . . . . baño, servicios
loading dock . . . . plataforma de carga, muelle de carga
       (Col)
lobby . . . . lobby, vestíbulo, hall de entrada (Arg),
       recepción, pasillo (Col), loby (Pan)
locker . . . . armario, locker
lost-and-found (the area) . . . . sitio donde poner cosas perdidas y
       encontradas
lost-and-found (the items) . . . . objetos perdidos, cosas que han sido
       perdidas y luego encontradas
mailbox . . . . buzón
meeting place . . . . punto de reunión, lugar de reunión
mirror . . . . espejo
office . . . . oficina
order pick up (the place) . . . . un sitio donde recoger órdenes
outside . . . . afuera
pantry . . . . despensa, clóset de comidas
  butler's pantry . . . . despensa del mayordomo, despensa
       situada entre el comedor y la cocina
patio . . . . patio
playground . . . . patio de recreo, área de recreo
plumbing . . . . tubería
porch . . . . porche
public area . . . . área pública
receiving . . . . recibiendo
reception . . . . recepción
restaurant . . . . restaurante
restroom . . . . baño, sanitario, servicios
  public restroom . . . . baño público
roof . . . . techado, tejado, techo
room . . . . cuarto, habitación, pieza
  back room . . . . cuarto de atrás, cuarto del fondo
  dining room . . . . comedor
  dressing room . . . . camerino, vestidor
  front room . . . . cuarto de adelante
  lady's room . . . . baño para damas, baño para mujeres
  meeting room . . . . salón de eventos
  men's room . . . . baño para caballeros, baño para
       hombres
  powder room . . . . salón para señoras
  private dining room . . . . comedor privado, habitación privada
  private room . . . . cuarto privado
  smoking room . . . . cuarto para fumadores
  storage room . . . . bodega, almacenaje, depósito (Arg,
       Col), almacén (Bol, DR, PR)
  store room . . . . depósito
  VIP room . . . . cuarto de VIP
rug . . . . alfombra
shelves . . . . repisas, anaqueles
shutters . . . . postigos, persianas (Col, Ecu, Gua),
       contraventanas (Mex)
sink . . . . lavadero
  bathroom sink . . . . lavabo, lavamanos

kitchen sink	lavaplatos, fregadero
skylight	tragaluz
Clean the skylight.	Limpie el tragaluz.
station	estación
busboy station	estación de los ayudantes de camareros, estación de los ayudantes de los meseros
bus station	estación de los ayudantes de camareros, estación de los ayudantes de los meseros
waiter station	estación de los meseros
stairs	escalera
emergency stairs	escalera de emergencia
step (the)	escalón
steps	escalones
storage (location)	almacén, bodega
cold storage	almacén refrigerado, depósito refrigerado, frigorifico, bodega refrigerada
dry storage	almacén seco, bodega seca
terrace	terraza
thermostat	termostato
toilet (room)	baño, servicios, retrete
toilet (the bowl)	inodoro, escusado, sanitario (Mex, Col, Ven)
Where are the toilets?	¿Dónde están los baños?
towel rack	toallero
upstairs	arriba, planta de arriba, piso de arriba
urinal	urinario
wall	pared
water faucet	grifo, grifo de agua
water valve	válvula de agua
wheelchair ramp	rampa para silla de ruedas
window	ventana
Close the window.	Cierre la ventana. Cierre el cristal.
drive-through window	ventana para servicio en automóvil
service window	ventana de servicio
Wash the windows.	Lave las ventanas. Lave los cristales.
wine cellar	bodega
wine cooler	recipiente para mantener frío el vino

Finances
recursos financieros

Financial & Business Operations
operaciones financieras y de negocios

account	cuenta
bank account	cuenta del banco
business account	cuenta comercial
house account	cuenta de la casa
personal account	cuenta personal
savings account	cuenta de ahorros

accountancy	contabilidad
accountant	contador, contable (Sp)
accounting	contabilidad, teneduría de libros
accounting (reckoning)	cálculos, estimaciones
accounts	contaduría
add (to)	sumar
address (to, a letter, etc.)	dirigir
assets	activos, haberes
corporate assets	activo social
fixed assets	activos fijos, activo inmovilizado
joint asset	bien ganancial común, activos común
liquid assets	activos líquidos
personal assets	bienes personales
assets & liabilities	activo y pasivo, bienes y deudas (Mex)
attorney	abogado, apoderado
balance (accounting)	balance
balance (bank)	saldo
account balance	saldo de cuenta
credit balance	saldo acreedor
outstanding balance	saldo pendiente
balance the account (to)	echar la cuenta, cuadrar las cuentas
I balanced the accounts.	Eché las cuentas. Cuadré las cuentas.
balance the books (to)	cuadrar las cuentas, balancear las cuentas
bank (the)	banco
bank (to)	depositar
bankbook	libreta bancaria, libreta de ahorros
bank charges	gastos bancarios
bank draft	giro bancario
banker	banquero
bankrupt	en bancarrota
bankruptcy	bancarrota, ruina, quiebra
bank statement	estado de cuenta, declaración de las cuentas
Board of Health	Junta de Sanidad, Cuerpo de Sanidad (Mex), Ministerio de Salud, Departamento de Sanidad
books (to keep)	llevar libros
He keeps the books for the restaurant.	Lleva los libros del restaurante. Lleva la contabilidad del restaurante.
break even (to)	cubrir gastos, ni ganar ni perder
broke (to be)	estar sin blanca, estar sin recursos, estar sin un chavo (colloq)
I'm broke.	Estoy sin recursos. No tengo un chavo. (sl)
broke (to go)	arruinarse
business (the)	negocio, comercio
The business is losing money.	El negocio no les deja sino pérdidas.
The business is making a lot of money.	El negocio está produciendo grandes ganancias.
business (the, commerce)	negocios, comercio
business (to attend to)	aplicarse a los negocios
business (to conduct or carry on)	llevar los negocios, conducir los negocios
business (to do)	hacer negocios

business (to mean) .... hablar en serio
  I mean business. .... Hablo en serio.
businessman .... negociante, comerciante, hombre de
                                 negocios, empresario (Arg, Ch, CR),
                                 ejecutivo (Col), hombre profesional
                                 (Pan)
businesswoman .... mujer de negocios, empresaria (Arg, Ch,
                                 CR), ejecutiva (Col), mujer profesional
                                 (Pan)
calculate (to) .... calcular, computar
capital .... capital
  equity capital .... capital propio
  fixed capital .... capital fijo
capital expenditure .... gasto de capital
capital gains .... plusvalía, ganancia
capital gains tax .... impuesto sobre la plusvalía, impuesto
                                 sobre ganancia
capitalism .... capitalismo
cash (to) .... cobrar en efectivo, hacer en efectivo
  May I cash this check? .... ¿Es posible cobrar en efectivo este
                                 cheque?
  Will you cash my payroll check? .... ¿Podría cobrar en efectivo mi cheque
                                 de pago?
cash on delivery .... entrega contra reembolso, pago de
                                 efectivo contra entrega
change hands (to) .... cambiar de dueño
  The restaurant changed hands. .... El restaurante cambió de dueño.
check (the) .... cheque
  business check .... cheque del negocio
  cashier's check .... cheque de gerencia
  counter check .... cheque universal del banco, cheque
                                 revocado, talón bancario
  payroll check .... cheque de pago
  personal check .... cheque personal
  traveler's check .... cheque de viajero
chief executive officer .... jefe ejecutivo principal, presidente (Arg),
                                 oficial ejecutivo, gerente general (Ven)
COD .... entrega contra reembolso
common area charges .... costos de área común
company .... empresa
contract (the) .... contrato
  verbal contract .... contrato verbal
  written contract .... contrato por escrito
contract (to) .... contratar
contract negotiations .... negociaciones de contratos
cost .... costo, gasto
  direct cost .... costo directo, costo primario, costo
                                 principal
  food cost .... costo de comidas
  gross cost .... costo total
  indirect cost .... costo indirecto
  labor cost .... costo de empleados
  net cost .... costo neto
course of action .... línea de conducta, plan de acción

credit (the) .... crédito
   on credit .... a crédito, al fiado
   We buy on credit. .... Compramos a crédito.
credit (to) .... ingresar en cuenta
   Please credit $100 to my account. .... Por favor, deposite $100 en mi cuenta.
deposit (the) .... depósito
deposit (to, money) .... depositar, ingresar
   I would like to deposit this check in my   Deseo depositar este cheque en mi
   account. ....   cuenta.
divide (to) .... dividir
equity .... patrimonio neto, capital
expense .... gasto
   automobile expense .... gasto de automóvil
   labor expense .... gasto de empleados
   maintenance expense .... gasto de mantenimiento
   payroll expense .... gasto de nóminas
expenses .... gastos
   fixed expenses .... gastos fijos
   general expenses .... gastos generales
   operating expenses .... gastos de operaciones, gastos de
      explotación
   overhead expenses .... gastos generales, gastos fijos, gastos
      estructurales
   postage and handling expenses .... gastos de envío
   postage expense .... gastos de correo
   travel expenses .... gastos de viaje
expensive .... caro, costoso
fiduciary .... fiduciario
file .... archivo, fila
   I have it on file. .... Lo tengo archivado.
   on file .... archivado
finances .... recursos financieros
financial statement .... declaración económica
firm .... empresa
fiscal year .... año fiscal
fixed rate .... interés fijo
handshake .... apretón de manos
Health Department .... Junta de Sanidad, Departamento de
      Sanidad, Ministerio de Sanidad,
      Ministerio de Salud
income .... ingresos
   investment income .... rendimientos del capital mobiliario
   taxable income .... ingresos gravables

handshake
_____

apretón de manos

in the black . . . . con superávit, hacer provecho, hacer
                                                                                          dinero
   The company is operating in the black. . . . .   La compañía funciona con superávit.
insurance . . . .   seguro, aseguranza
   automobile insurance . . . .   seguro de automóvil
   comprehensive insurance . . . .   seguro completo, seguro contra todo
                                                                                          riesgo
   dental insurance . . . .   seguro dental
   disability insurance . . . .   seguro de discapacidad
   Do you have medical insurance? . . . .   ¿Tiene Ud. seguro médico?
   fire insurance . . . .   seguro de incendios, seguro de fuego,
                                                                                          seguro contra incendios
   liability insurance . . . .   seguro de responsabilidad civil
   life insurance . . . .   seguro de vida
   medical insurance . . . .   seguro médico, seguro de enfermedad
   unemployment insurance . . . .   seguro de desempleo
   uninsured motorist insurance . . . .   seguro de conductores sin seguro de
                                                                                          automóvil
   workman's compensation insurance . . . .   seguro de indemnización a los
                                                                                          trabajadores
insurance company . . . .   compañía de seguros
insurance coverage . . . .   cobertura de seguros
insurance policy . . . .   póliza de seguros
insure (to) . . . .   asegurar
insured . . . .   asegurado
insurer . . . .   compañía de seguros, asegurador
in the red . . . .   no hacer provecho, hacer menos dinero
                                                                                          que las cuestas
interest . . . .   interés
   compound interest . . . .   interés compuesto
   fixed interest . . . .   interés fijo
   simple interest . . . .   interés simple
   variable interest . . . .   interés variable
interest-free loans . . . .   préstamos sin interés
interest rate . . . .   taza de interés
inventory (the, count) . . . .   existencias
inventory (the, stock) . . . .   inventario
inventory (to take) . . . .   inventariar
inventory count . . . .   existencias
investment . . . .   inversión
   business investment . . . .   inversión de negocios
   capital investment . . . .   inversión de capital
   property investment . . . .   inversión de propiedad
investment bank . . . .   banco de negocios
investment income . . . .   rendimiento del capital mobiliario,
                                                                                          ingresos por inversiones
investor . . . .   inversionista
law . . . .   ley
   contract law . . . .   ley de contratos
   corporate law . . . .   ley corporativa
   immigration law . . . .   ley de inmigración
   international law . . . .   ley internacional
   tax law . . . .   ley de impuestos
lease (the) . . . .   contrato de arrendamiento

lease (to)	arrendar
lend a hand (to)	dar una mano, ayudar
letterhead	papel de escribir timbrado
license (the)	licencia, permiso
food and beverage license	licencia para vender alimentos y bebidas, licencia para vender comidas y bebidas
liquor license	licencia para vender bebidas alcohólicas
license (to)	autorizar
licensee	titular de un permiso, titular de una licencia
loan (the)	anticipo, empréstito, préstamo
interest-free loan	préstamo sin interés
loan (to)	prestar
mail (the)	correo
by return mail	por vuelta de correo
mail a letter (to)	mandar una carta por correo
Mail this letter for me.	Mande esta carta por mí. Écheme esta carta.
mailing list	lista de direcciones, planilla de direcciones
meeting (the)	junta
employee meeting	junta de empleados
managers' meeting	junta de los gerentes
staff meeting	junta de empleados
There will be a meeting at ___.	Hay una junta a ___.
meeting (to call)	convocar una junta
Please call a meeting.	Por favor, convoque una junta.
money order	giro postal
multiply (to)	multiplicar
operate (to, a business)	administrar, administrar un negocio
out of stock (to be)	agotar las existencias, tener las existencias agotadas
overdraft (the)	sobregiro, descubierto
overdraft (to have a)	tener la cuenta en descubierto, tener un sobregiro
overdraw (to)	sobregirar, exceder en un giro del crédito disponible
I'm overdrawn.	Tengo descubierto. Estoy sobregirado.
My account is overdrawn.	Tengo la cuenta en descubierto.
overdrawn (to be)	estar sobregirado
overhead	gastos generales, gastos indirectos
overpay (to)	pagar demasiado
owe (to)	deber
paid up	acabado de pagar
partner	socio
business partner	socio en el negocio
principal partner	socio principal
silent partner	socio capitalista
partnership	sociedad
limited partnership	sociedad limitada, sociedad anónima
pay (to)	pagar
pay by check (to)	pagar con cheque

pay by installments (to)	pagar a plazos
He's paying the loan in installments.	Está pagando préstamo a plazos.
paycheck	cheque de pago
payment	entrega
down payment	pago inicial
permit	permiso
conditional use permit	permiso condicional para operación
plan of action	curso de acción
PO Box, post office box	apartado de correos
power of attorney	poderes notariales
principal	principal, jefe
profit (the)	ganancia, provecho, beneficio
gross profit	ganancia total, ganancia bruta
net profit	ganancia líquida, ganancia neta, beneficio neto
profit (to)	beneficiarse
profit (to make)	sacar ganancias, sacar beneficios
profit (to yield)	dar ganancia, dar provecho
profitability	rentabilidad
profitable	rentable, lucrativo, útil, provechoso
profit and loss	ganancias y pérdidas
profit and loss statement	declaración de ganancias y pérdidas
profitless	sin ganancia, sin ventaja, sin provecho
profit margin	margen de ganancia, margen de utilidad
profit sharing	distribución de ganancias entre los trabajadores
purchase order	orden de compra
record (the)	registro
company records	registros del negocio
for the record	para que conste en acta
off the record	en confianza
record (to keep)	llevar cuenta
rent (the)	renta, alquiler
base rent	renta básica, renta fundamental
flat rent	renta neta
for rent	se alquila
rent (to)	rentar
repay (to)	reembolsar, pagar
return (to get a)	rentabilizar
sale	venta
on sale	a la venta
service charge	gastos por servicio, comisión por servicios
set a price (to)	poner un precio
sexual harassment	acoso sexual
shake hands with (to)	estrechar la mano de, darse la mano
sign (to)	firmar
Sign here.	Firme aquí.
Sign your name here.	Firme su nombre aquí.
sign a check (to)	firmar un cheque
signature	firma
stock	acciones
stockholder	accionista
stop payment (to)	suspender los pagos

subtract (to) . . . . restar, substraer
tax (the) . . . . impuesto
   capital gains tax . . . . impuesto sobre la plusvalía
   federal tax . . . . impuesto federal
   property tax . . . . impuesto sobre la propiedad
                    inmobiliaria
   state tax . . . . impuesto del estado
tax (to) . . . . gravar, cobrar un impuesto
taxable . . . . sujeto a un impuesto
taxable income . . . . ingresos gravables
tax-deductible (expenses) . . . . desgravable
tax deductible (to be) . . . . ser desgravable, desgravar
tax deduction . . . . gasto deducible
tax evasion . . . . evasión fiscal, evasión de impuestos
tax-exempt . . . . libre de impuestos, exento de impuestos,
                    no gravable
tax exemption . . . . desgravación fiscal, deducción impositiva
tax-free . . . . libre de impuestos
taxpayer . . . . contribuyente, causante (Mex)
tax rebate . . . . devolución de impuestos
tax year . . . . año de ejercicio fiscal
TI (by the landlord) . . . . mejorías para rentista
TI (by the tenant) . . . . mejorías de rentista
tenant improvements (by the landlord) . . . . mejorías para rentista
tenant improvements (by the tenant) . . . . mejorías de rentista
terms . . . . condiciones
   contract terms . . . . condiciones del contrato
   in general terms . . . . en líneas generales
triple net . . . . tres veces neta
wholesale . . . . mayoreo

Dollars & Cents
dólares y centavos

bank (money) . . . . dinero
bill (check) . . . . cuenta, billete
bill (to foot the) . . . . pagar la cuenta
bill (money) . . . . dólar
break (to, make change) . . . . cambiar
broke (to be) . . . . estar sin un chavo (colloq), quedarse sin
                    un chavo (colloq)
   I'm broke. . . . . Estoy sin un chavo. (colloq) Me quedé
                    sin un chavo. (colloq)
buck . . . . chavo, centavo
cash (the) . . . . efectivo, dinero, dinero en efectivo
   petty cash . . . . dinero para gastos menores
cash (to) . . . . cobrar, cambiar
cash (to pay) . . . . pagar al contado, pagar con dinero en
                    efectivo
   We pay cash for items less than $10.00. . . . Pagamos al contado por las cosas de
                    menos de diez dólares.
cashier (the) . . . . cajero
   Take this to the cashier. . . . . Lleve esto al cajero. Lleve esto al
                    registrador.

cashier (to) .... destituir, despedir
cash out (to) .... terminar sus transacciones
cash payment .... pago en efectivo
cash register .... registrador, caja registradora
cent .... centavo, chavo
cents .... centavos
change (the) .... cambio
   Keep the change. .... Quédese con el cambio.
   loose change .... cambio suelto
   Take the change to table number ___. ..... Lleve el cambio a la mesa número ___.
change (to make) .... cambiar
charge (to) .... cobrar, pagar con tarjeta
   Charge it! .... ¡Cárguelo! ¡Cóbrelo! ¡A la cuenta! (Mex, fam)
check (the) .... cheque
   personal check .... cheque personal
   traveler's check .... cheque de viajero
check (the bill) .... cuenta
   Take the check to table number ___. ...... Lleve la cuenta a la mesa número ___.
coins .... centavos, plata, moneda
cost (to) .... costar
   How much does it cost? .... ¿Cuánto cuesta?
credit .... crédito
credit card .... tarjeta de crédito
   credit card machine .... máquina de tarjetas de crédito
currency .... dinero
dime .... diez centavos
dollar .... dólar, monis americano (sl)
half dollar .... medio dólar
silver dollar .... dólar de plata
dollar bill .... dólar
   one dollar bill .... billete de un dólar
   two dollar bill .... billete de dos dólares
   five dollar bill .... billete de cinco dólares
   ten dollar bill .... billete de diez dólares
   fifty dollar bill .... billete de cincuenta dólares
   one hundred dollar bill .... billete de cien dólares
dollars .... dólares
Dutch (to go) .... pagar cada uno lo suyo, pagar a escote, pagar a la inglesa
   We went Dutch. .... Cada uno pagó lo suyo.
equal .... igual
equal numbers .... tantos a tantos
fifty-fifty (to go) .... ir a medias
   Let's go fifty-fifty. .... Vamos a medias.
gift certificate .... certificado de regalo, acta de regalo
invoice .... factura
legal tender .... moneda de curso legal
money .... dinero, plata (sl), moneda
money bag .... bolso, bolso para dinero
nickel .... níquel, cinco centavos
payment .... pago
   credit card payment .... pago con la tarjeta de crédito

cash payment . . . .   pago en efectivo
penny . . . .   centavo
pick up the tab (to) . . . .   pagar la cuenta
purse . . . .   cartera, bolso
   change purse . . . .   monedero
quarter . . . .   veinticinco centavos
receipt . . . .   recibo
   cash receipt . . . .   recibo de efectivo
   cash receipts (money) . . . .   recibos de caja
   credit card receipt . . . .   recibo de tarjeta, recibo de tarjeta de
      crédito
   sales receipt . . . .   recibo de ventas
refund (the) . . . .   reembolso
refund (to) . . . .   reembolsar
register . . . .   registrador
   cash register . . . .   registrador
reimburse (to) . . . .   reembolsar
tax (the) . . . .   impuesto
tax (to) . . . .   cobrar un impuesto
tax free . . . .   libre de impuestos
till (the) . . . .   registrador
wallet . . . .   billetera, cartera
   Did you find a wallet? . . . .   ¿Ud. encontró una billetera?

Numbers, Fractions & Percentages
números, fracciones y porcentajes

Ordinal Numbers
números ordinales

first (1st) . . . .   primero
second (2nd) . . . .   segundo
third (3rd) . . . .   tercero
fourth (4th) . . . .   cuarto
fifth (5th) . . . .   quinto
sixth (6th) . . . .   sexto
seventh (7th) . . . .   séptimo
eighth (8th) . . . .   octavo
ninth (9th) . . . .   noveno
tenth (10th) . . . .   décimo
eleventh (11th) . . . .   undécimo
twelfth (12th) . . . .   duodécimo
thirteenth (13th) . . . .   decimotercero, decimotercio
fourteenth (14th) . . . .   decimocuarto
fifteenth (15th) . . . .   decimoquinto
sixteenth (16th) . . . .   decimosexto
seventeenth (17th) . . . .   decimoséptimo
eighteenth (18th) . . . .   decimoctavo
nineteenth (19th) . . . .   decimonoveno, decimonono
twentieth (20th) . . . .   vigésimo
twenty-first (21st) . . . .   vigésimo primero
twenty-second (22nd) . . . .   vigésimo segundo

thirtieth (30th) .... trigésimo
fortieth (40th) .... cuadragésimo
fiftieth (50th) .... quincuagésimo
sixtieth (60th) .... sexagésimo
seventieth (70th) .... septuagésimo
eightieth (80th) .... octogésimo
ninetieth (90th) .... nonagésimo
one hundredth (100th) .... centésimo
one thousandth .... milésimo
millionth .... millonésimo

Cardinal Numbers
números cardinales

zero (0) .... cero
one (1) .... uno
two (2) .... dos
three (3) .... tres
four (4) .... cuatro
five (5) .... cinco
six (6) .... seis
seven (7) .... siete
eight (8) .... ocho
nine (9) .... nueve
ten (10) .... diez
eleven (11) .... once
twelve (12) .... doce
thirteen (13) .... trece
fourteen (14) .... catorce
fifteen (15) .... quince
sixteen (16) .... dieciséis
seventeen (17) .... diecisiete
eighteen (18) .... dieciocho
nineteen (19) .... diecinueve
twenty (20) .... veinte
twenty-one (21) .... veintiuno
twenty-two (22) .... veintidós
twenty-three (23) .... veintitrés
twenty-four (24) .... veinticuatro
twenty-five (25) .... veinticinco
twenty-six (26) .... veintiséis
twenty-seven (27) .... veintisiete
twenty-eight (28) .... veintiocho
twenty-nine (29) .... veintinueve
thirty (30) .... treinta
forty (40) .... cuarenta
fifty (50) .... cincuenta
sixty (60) .... sesenta
seventy (70) .... setenta
eighty (80) .... ochenta
ninety (90) .... noventa
one hundred (100) .... cien, ciento
one hundred ten (110) .... ciento diez
one hundred twenty (120) .... ciento veinte

one thousand (1,000) . . . . mil
one million (1,000,000) . . . . millón

Percentages
porcentajes

five percent (5%) . . . . cinco por ciento
ten percent (10%) . . . . diez por ciento
fifteen percent (15%) . . . . quince por ciento
twenty percent (20%) . . . . veinte por ciento
twenty-five percent (25%) . . . . veinticinco por ciento
thirty percent (30%) . . . . treinta por ciento
forty percent (40%) . . . . cuarenta por ciento
fifty percent (50%) . . . . cincuenta por ciento
sixty percent (60%) . . . . sesenta por ciento
seventy percent (70%) . . . . setenta por ciento
eighty percent (80%) . . . . ochenta por ciento
ninety percent (90%) . . . . noventa por ciento
one hundred percent (100%) . . . . cien por ciento

Business Procedures
procedimientos en el negocio

Open/Closed
abierto/cerrado

close (to) . . . . cerrar
   Close the door. . . . . Cierre la puerta.
   We close at ___. . . . . Cerramos a las ___.
closed . . . . cerrado
   Always keep the door closed. . . . . Mantenga siempre la puerta cerrada.
closed (to be) . . . . estar cerrado
   The restaurant closes at ___. . . . . El restaurante cierra a las ___.
   The restaurant is closed. . . . . El restaurante está cerrado.
   The restaurant is closed due to bad El restaurante está cerrado debido al
     weather. . . . . mal clima.
enter (to) . . . . entrar
   Do not enter. . . . . No entrar.
open (to) . . . . abrir
   We open at ___. . . . . Abrimos a las ___.
open (to be) . . . . estar abierto

Do not enter.

No entrar.

The restaurant is open.	El restaurante está abierto.
The restaurant opens at ___.	El restaurante abre a las ___.
out of order	fuera de servicio

Security
seguridad

alarm (the)	alarma
Is the alarm set?	¿Está puesta la alarma?
The alarm is set.	La alarma está puesta.
The restaurant is alarmed.	La alarma está puesta en el restaurante.
alarm (to set)	poner la alarma
Did you set the alarm?	¿Puso Ud. la alarma?
alarm (to turn off)	apagar la alarma
Did you turn off the alarm?	¿Apagó Ud. la alarma?
alarmed	alarmado
key	llave
master key	llave principal
key hole	bocallave
keys	llaves
Do you have the keys?	¿Tiene Ud. las llaves?
lock (the)	cerradura, candado
lock (to)	atrancar, asegurar
It is important that the door is locked.	Es importante que la puerta esté cerrada.
Lock the door.	Atranque la puerta. Asegure la puerta con llave.
Lock the doors and windows.	Cierre las puertas y las ventanas con llave.
The door must remain unlocked during business hours.	La puerta debe permanecer sin seguro durante las horas de servicio.
security system	sistema de seguridad
unlock (to)	abrir
Unlock the doors.	Abra las puertas.

Electrical
sistema eléctrico

black out (power)	apagón
electrical outlet	enchufe
electric plug	enchufe eléctrico
extension cord	extensión eléctrica, cordón eléctrico, cable de extensión
fuse box	caja de fusibles
gas meter	medidor de gas
light	luz
The light is off.	La luz está apagada.
lighting	iluminación
lights	luces
Dim the lights.	Baje las luces.
Do not leave the lights on.	No deje ninguna luz encendida.
emergency lights	luces de emergencia, balizas (Arg), faros de emergencia (Ec)
Turn off the lights.	Apague las luces.

Turn on the lights. . . . .   Prenda las luces.
light switch . . . .   interruptor
off . . . .   apagado
on . . . .   prendido
plug (to) . . . .   atarugar
plug in (to) . . . .   enchufar
turn off (to) . . . .   apagar, quitar
turn on (to) . . . .   prender, poner
unplug (to) . . . .   desenchufar
watt . . . .   vatio
wattage . . . .   vataje

Signs
avisos

Caution: Wet Floor . . . .   Cuidado: Piso Mojado
Closed . . . .   Cerrado
Danger . . . .   Peligro
Emergency Exit . . . .   Salida de Emergencia
Employee Exit . . . .   Salida de Empleados
Employees Only . . . .   Empleados Únicamente
Exit . . . .   Salida
For Your Own Health & That of Your
    Clients . . . .   Por Su Salud y la de Sus Clientes
Help Needed . . . .   Se Necesita Ayuda
Help Wanted . . . .   Se Necesita Ayuda
No Drinking on the Premises . . . .   Se Prohíbe el Consumo de Bebidas
                                                               Alcohólicas
Notice . . . .   Aviso
Notice: Report Unfair Conditions to Your   Aviso, Notifique a su Empleador de Malas
    Supervisor . . . .   Condiciones
Notice to Employees . . . .   Aviso a los Empleados
Notice to Employers . . . .   Aviso a los Empleadores
Open . . . .   Abierto
Operating Instructions . . . .   Instrucciones de Operación, Modo de
                                                               Empleo
Safety & Health on the Job . . . .   Seguridad y Salud en el Trabajo
Theft is punishable by law. . . . .   El hurto es castigado por la ley.
Wash your hands after using the bathroom. . . .   Lávese las manos después de utilizar el
                                                               baño.
Watch your Step . . . .   Fíjese Donde Pisa, Cuidado por Donde
                                                               Camina
Wet Floor . . . .   Piso Mojado

Office Supplies
artículos de oficina

adding machine . . . .   calculadora, máquina de calcular,
                                                               sumadora
briefcase . . . .   portafolio, cartera (Bol), maletín (Col, Cu,
                                                               Per, PR)
business card . . . .   tarjeta de presentación
computer . . . .   computador, computadora, ordenador
                                                               (Sp)

laptop computer	computador laptop, laptop
personal computer	computador personal, PC
computer keyboard	teclado, tecla de computador
computer monitor	monitor, monitor de computador, pantalla de computador
copier	copiadora, fotocopiadora (Sp)
envelope	sobre
file (to)	archivar
file cabinet	archivo, archivador (Ch), archivero (Mex)
file folder	carpeta de archivo, folder, archivadora (Sp)
notebook	cuaderno, mascota (Col), libreta (Col)
pad (of paper)	cuaderno
legal pad	cuaderno legal, bloc (Ch, Arg), bloc tamaño oficio (Mex)
recycled paper	papel reciclado
writing pad	cuaderno, libreta (Col, Cu, DR, PR), bloc tamaño carta (Mex), bloc de notas (Sp)
yellow pad	cuaderno amarillo, libreta amarilla (DR, PR, Cu, Col)
paper	papel
computer paper	papel para computador
on paper	impreso en papel
ream of paper	resma de papel
register paper	papel de registradora
ruled paper	papel con líneas
printer paper	papel de impresora
sheet of paper	pliego de papel
paperclip	gancho de papel, ganchito (Arg, Ur), sujetapapeles (Hon), sujetador (Col)
paperweight	pisapapeles
PC	computador personal
pen	pluma, lapicera (Arg, Ch, Ur), lapicero (Per), bolígrafo (Sp)
ballpoint pen	pluma, bolígrafo, boli, birome (RPl), pluma atómica (Mex), lápiz de pasta (Ch)
fountain pen	pluma estilográfica, pluma fuente, estilográfica, lapicera fuente (CS), estilógrafo
pencil	lápiz, pincel
pencil (to sharpen the)	sacar punta a un lápiz
pencil sharpener	tajalápices, sacapuntas
post it	libreta de apunte
printer	impresora
print out (to)	imprimir
rubber band	liga, cinta elástica, gomita, caucho (Col), hule (ElS, Gua, Hon)
ruler	regla
safe	caja fuerte, caja de seguridad
safety pin	imperdible, gancho (Andes), alfiler de gancho (CS, Ven), gancho de nodriza, seguro (Mex)

staple (the) . . . . engrapa, grapa, ganchito, corchete (Ch),
                                                      presilla (Cu), grampa (Per)

staple (to) . . . . engrapar

stapler . . . . engrapadora, corchetera (Ch), grapadora
                                                      (PR, Sp)

staple remover . . . . sacagrapas, saca corchetes, removedor
                                                      de grapas, quitagrapas (Sp)

tape . . . . cinta, cinta adhesiva, tape, cinta pegante
                                                      (Ecu)

tape dispenser . . . . carrete de cinta, dispensador de cinta
                                                      pegante (Col), rollo de tape (DR),
                                                      carrete de celo (Sp), dispensador de
                                                      cinta adhesiva (Ven), dispensador de
                                                      durex (Mex), portarrollos (Mex)

three-ring binder . . . . carpeta de argollas

6
Dining & Bar Areas
áreas de comida y bebida

Dining Utensils
utensilios del comedor

bottle opener	destapador, abridor (Ch, CR, Pan, Ur), sacacorchos (Pan, Ur), abridor de botellas (PR), abrebotellas (Sp)
wine bottle opener	destapador de vinos, sacacorchos, destapador (Ch)
chopsticks	palillos, chinos para comer
corkscrew	sacacorchos, tirabuzón, destapador (Ch)
cutlery	cubiertos, cuchillería
flatware	utensilios, cubiertos, utensilios de cocina
fork	tenedor
dessert fork	tenedor para postres
dinner fork	tenedor para la cena
salad fork	tenedor para la ensalada
seafood fork	tenedor para mariscos
knife	cuchillo
butter knife	cuchillo para mantequilla
dinner knife	cuchillo para la cena
steak knife	cuchillo para bistec, cuchillo para carne
knife rest	soporte para apoyar los cubiertos en la mesa
place setting (cutlery)	juego individual de cubiertos
silverware	utensilios, cubiertos, utensilios de cocina, platería (Col)
Please get more silverware.	Por favor, necesito más utensilios.
spoon	cuchara
coffee spoon	cucharita de café, cucharilla de café
dessert spoon	cuchara para postre
soup spoon	cuchara para sopa, cuchara sopera
stirrer	mezclador
plastic stirrer	mezclador plástico
straw	pajita, pajilla, popote (Mex, AmC), pitillo (Ven)
toothpick	palillo, palillo de dientes, mondadientes
toothpick holder	palillero

Cups, Glasses & Plates
tazas, vasos y platos

barware	cristalería
basket	cesta
bread basket	cesta de pan
fruit basket	cesta de frutas
bowl	tazón, plato hondo, bol (Ch), vasija (Pan, Col), cuenco (Sp)

cereal bowl	plato hondo
soup bowl	tazón para sopa, plato hondo, plato hondo de sopa, tazón, plato de sopa (Col, Ven), plato sopero (Cu, DR, Ec), sopera (PR)
sugar bowl	azucarera
champagne flute	copa para champaña
china	porcelana, china, vajilla de lujo
creamer	jarra de crema, cremera, lechera (Arg), jarrita para leche (Sp)
Fill the creamer.	Llene la cremera. Llene la jarra de crema.
cruet	aceitera, vinagrera
crystal	cristalería
cup	taza, pocillo
coffee cup	taza para café, pocillo (Arg)
cold-drink cup	taza para bebida fría
espresso cup	taza de expreso, taza de café exprés, pocillo
hot-drink cup	taza para bebida calliente
large cup	vaso, tazón
paper cup	taza desechable, vaso
plastic cup	taza de plástico
plastifoam cup	taza de plastiespuma
small cup	tacita, vasito
take-out cup	taza para llevar
tea cup	pocillo de té, taza de té
to-go cup	taza para llevar
wine cup	copa de vino
dish	plato, plato hondo, trasto (Pan)
butter dish	mantequillera, mantequera
candy dish	caramelera
fruit dish	frutero
dishes	vajilla
everyday dishes	vajilla diaria
dishes (set of)	vajilla
glass	vaso, copa
aperitif glass	vaso para aperitivo
beer glass	vaso para cerveza
Bordeaux glass	vaso para Bordeaux
champagne glass	vaso para champaña
highball glass	vaso para whisky, vaso para jaibol (Mex)
martini glass	vaso para martini
plastic glass	vaso de plástico
red wine glass	vaso de vino tinto, copa de vino tinto
shot glass	vaso pequeño para un trago, copa de trago, medida para bebida (Ch), vasito (PR), chupito (Sp)
water glass	vaso de agua
whiskey glass	vaso de whisky
white wine glass	vaso de vino blanco
wine glass	vaso de vino

glassware

cristalería

glassware	cristalería
gravy boat	salsera
jam holder	mermelada
jug	cántaro, jarra
mug	taza, tarro (Mex, Ven)
beer mug	jarra de cerveza, tarro de cerveza (Mex, Ven)
coffee mug	jarra para café, pocillo para café (EIS, Gua), tazón para café (Mex)
pitcher	jarro, jarra, cántaro
cream pitcher	jarra de crema
water pitcher	jarra de agua
place setting (on the table)	cubierto
plate	plato
bread plate	plato del pan
dessert plate	plato de postre
dinner plate	plato llano
paper plate	plato de papel
salad plate	plato de ensalada
serving plate	plato para servir
snack plate	platón para bocado
soup plate	plato de sopa, plato sopero, plato hondo de sopa
platter	fuente, platón (Mex)
cheese platter	fuente para queso
hors d'oeuvre platter	fuente para pasantes, fuente de entremeses, fuente de canapés
salad platter	fuente para ensalada
serving platter	fuente para servir
silver platter	fuente de plata
wooden platter	fuente de madera
saucer	platillo, salsera
stemware	cristalería, copas (Mex)
sugar dispenser	azucarera
Fill the sugar dispenser.	Llene la azucarera.
tongs	pinzas
sugar tongs	pinzas para el azúcar
tray	bandeja, charola
bar tray	bandeja de la barra
serving tray	bandeja para servir
tumbler	vaso para beber
tureen	sopero individual
soup tureen	sopera, caldera

Tables & Chairs
mesas y sillas

bar (counter)	mostrador de bar
bar stool	banquillo del bar, asiento de la barra, asiento del bar
booster seat	silla para bebé
booth	reservado
chair	silla
baby chair	silla para bebé
high chair	silla para niños
furniture	muebles, mobiliario
Move the furniture.	Mueva los muebles.
linen	mantelería
Collect the dirty linen and towels.	Recoja todas las toallas, los delantales y la mantelería sucia.
linen hamper	canasta de mantelería
napkin	servilleta
cloth napkin	servilleta de tela
dispenser napkin	servilleta para envases dispensadores
Fold the napkins.	Doble las servilletas.
paper napkin	servilleta de papel
napkin dispenser	dispensador de servilletas
napkin holder	anillo de las servilletas
Fill the napkin holders.	Llene los anillos de las servilletas.
napkin ring	servilletero, aro de servilleta, anillo de servilleta (Mex)
placemat	mantel individual
seat	asiento
Please have a seat.	Siéntese, por favor.
Take a seat.	Tome un asiento.
These seats are reserved.	Estos asientos están reservados.
These seats are taken.	Estos asientos están ocupados.
seating capacity	aforo de asientos, cupo
set (to)	poner, colocar, arreglar, tender
Set the table	Ponga la mesa. Arregle la mesa. Tienda la mesa.
stool	taburete, banquillo
footstool	escabel
table (the)	mesa
back table	la mesa de atrás, la mesa del fondo
Balance this table.	Balancee esta mesa.
Clean the table.	Limpie la mesa.
Could we have that table?	¿Nos podría dar aquella mesa?
dining room table	mesa de comedor
Do you have a quiet table?	¿Tiene Ud. una mesa que esté en un lugar tranquilo?
Do you have a table in a nonsmoking area?	¿Tiene Ud. una mesa en un area de no fumadores?
front table	la mesa de enfrente
kitchen table	mesa de cocina
outside table	mesa de afuera
private table	mesa privada

side table	mesa auxiliar
tea trolley table	mesa rodante
that table	esa mesa
this table	esta mesa
table (to clear)	quitar la mesa, levantar la mesa, recoger la mesa, retirar el servicio usado
Clear the table.	Quite todo de la mesa.
table (to set or lay)	poner la mesa
tablecloth	mantel, mantel de la mesa
plastic tablecloth	mantel plástico
table cover	cubremesa, mantel
table extension	extensión de la mesa
table linen	mantel
Change the table linen.	Cambie el mantel de la mesa.
table number ___	mesa número ___
table number one	la mesa número uno
table number two	la mesa número dos
Take menus to table number ___.	Lleve los menús a la mesa número ___.
Take this to table number ___.	Lleve esto a la mesa número ___.
Take water to table number ___.	Lleve el agua a la mesa número ___.
table pad	protector de la mesa

Restaurant Service
servicio de restaurante

all you can eat	todo lo que quiera comer
appetite (the)	apetito
appetite (to give)	abrirle el apetito, darle a uno hambre
breakfast (to have)	desayunar
breakfast time	hora del desayuno
cuisine	cocina
Argentinian cuisine	cocina argentina
Chinese cuisine	cocina china, cocina chinesca
French cuisine	cocina francesa
Indian cuisine	cocina de la india, cocina hindú
Italian cuisine	cocina italiana
Japanese cuisine	cocina japonesa
Korean cuisine	cocina coreana
Mexican cuisine	cocina mexicana
Persian cuisine	cocina persa
vegetarian cuisine	cocina vegetariana
diet	dieta
Atkins diet	dieta Atkins
fat-free diet	dieta sin grasa
gluten-free diet	dieta sin gluten
kosher diet	dieta kosher
low-carbohydrate diet	dieta baja en carbohidratos
special diet	dieta especial
wheat-free diet	dieta sin trigo
yeast-free diet	dieta sin levadura
dine (to)	cenar

They dined on venison last night.	Anoche cenaron venado.
dine out (to)	cenar afuera
dinner (to have)	cenar
dinner time	hora de la cena
Dutch (to go)	pagar cada uno lo suyo, pagar a escote
We went Dutch.	Cada uno pagó lo suyo.
eat (to)	comer
As soon as we eat, we will go.	En cuanto comamos, iremos.
I am eating too much.	Estoy comiendo demasiado.
something to eat	algo que comer, algo de comer
What would you like to eat?	¿Qué le gustaría comer?¿Qué quiere comer?
Would you like something else to eat?	¿Gustaría algo más de comer? ¿Quiere algo más de comer?
eat (time to)	ser la hora de comer
86 (to)	terminar, ochenta seis (sl)
86-ed	terminado
That is 86-ed.	Ésta es terminada. (sl)
feast (the)	festín, banquete
feast (to)	festejar
hours of operation	horas de operación, horas de servicio
hunger	hambre
He was faint with hunger.	Estaba desfallecido del hambre.
hungry	hambriento
hungry (to be)	tener hambre, quedarse con hambre
Are you still hungry?	¿Se ha quedado con hambre? ¿Tiene hambre todavía?
I am hungry.	Tengo hambre. Tengo ambrosia. (sl)
list	lista, tira, menú
beverage list	lista de bebidas, menú de bebidas
cancellation list	lista de cancelaciones
reservation list	lista de reservaciones
waiting list	lista de espera
wine list	lista de vinos, menú de vinos, carta de vinos
lunch (to have)	almorzar
lunchtime	hora de almuerzo
meal (course)	plato, platillo
meal (food)	comida
meal ticket	cheque-comida (sl)
meal time	hora de comida
menu	menú
appetizer menu	menú de los aperitivos
bar menu	menú del bar
breakfast menu	menú del desayuno
Can we have a menu?	¿Nos podría dar el menú?
children's menu	menú de los niños
cocktail menu	menú de cócteles
dinner menu	menú de la cena
Here is the menu.	Aquí está el menú.
late-night menu	menú de merienda
lunch menu	menú del almuerzo
May I have a menu?	¿Puede darme un menú?

prix-fixe menu .... menú de precio fijo
restaurant menu .... menú del restaurante
tea menu .... menú de té
to-go menu .... menú para llevar
wine menu .... lista de vinos
menu board .... tabla del menú
mouth water (to make) .... hacer salivar
nibble (to) .... picar
nibbles (the) .... cosas para picar, botanas (Mex),
                                         tentempiés, refrigerios, meriendas
open .... abierto
open for breakfast .... abierto para el desayuno
open for dinner only .... abierto solo para la cena
open for lunch and dinner .... abierto para el almuerzo y la cena
order (the) .... pedido, orden
phone order .... pedido por teléfono
Pick up orders here. .... Levante los pedidos aquí. Recoja los
                                         pedidos aquí.
special order .... pedido especial
to-go order .... pedido para llevar
order (to) .... pedir, ordenar
I am ready to order. .... Estoy listo para pedir.
I did not order this. .... Yo no pedí eso.
Would you like to order dessert? .... ¿Le gustaría ordenar un postre?
Would you like to order now? .... ¿Le gustaría ordenar ya ahora?
order (to deliver a) .... servir un pedido, entregar un pedido
order (to place a) .... hacer un pedido
order (to take the) .... tomar la orden
order a meal (to) .... pedir algo de comer, hacer un pedido
order pad .... bloc para las órdenes
party (the) .... fiesta
anniversary party .... fiesta de aniversario
bachelor party .... fiesta de soltero
bachelorette party .... fiesta de soltera
birthday party .... fiesta de cumpleaños
dance party .... fiesta con baile, tertulia (sl)
employee party .... fiesta para los empleados
How many in your party? .... ¿Cuántas personas hay en su grupo?
private party .... fiesta privada
party (to spoil the) .... aguar la fiesta
wedding party .... casamiento, boda
picnic (the) .... picnic
picnic (to go to) .... ir al picnic
picnic (to go for or on a) .... ir de picnic
plate (to) .... emplatar
reservation (the) .... reservación
I have a reservation at ___. .... Tengo una reservación a las ___.
I have a reservation for ___ people. .... Tengo una reservación para ___
                                         personas.
I have a reservation under the name ___. .. Tengo una reservación bajo el nombre
                                         de ___.
reservation (to make a) .... hacer una reservación, reservar
Do you have a reservation? .... ¿Tiene una reservación?
seat (to) .... sentar

Please be seated. . . . .   Siéntese, por favor.
Please wait to be seated. . . . .   Por favor, espere para ser sentado.
Seat yourself. . . . .   Se puede sentar al entrar.
seating . . . .   asiento
  bar seating . . . .   asientos en la barra
seating capacity . . . .   aforo, cupo
serve (to) . . . .   servir
  Dinner is served.   La cena está servida.
  What wine do you serve? . . . .   ¿Qué clases de vino sierve?
serve the food (to) . . . .   servir la comida
  Please serve the food. . . . .   Por favor, sirva Ud. la comida.
  Please take the food to table ___. . . . .   Por favor, sirva Ud. la comida a la mesa
                                                           número ___.
service . . . .   servicio
  bar service . . . .   servicio de la barra
  counter service . . . .   servicio en el mostrador
  drive-through service . . . .   servicio en automóvil
  fast-food service . . . .   servicio de los alimentos de
                                                           preparación rápida
  full service . . . .   servicio completo
  inside service . . . .   servicio de adentro
  outside service . . . .   servicio de afuera
  restaurant service . . . .   servicio del restaurante
  room service . . . .   servicio a las habitaciones, servicio al
                                                           cuarto
  self-service . . . .   autoservicio
  table service . . . .   servicio en la mesa
  to-go service . . . .   servicio para llevar
  waiter service . . . .   servicio de mesero, servicio de
                                                           camarero
  window service . . . .   servicio de ventana
serving . . . .   porción, ración
snack (the) . . . .   tentempié, refrigerio, merienda, botana
                                                           (Mex), colación (Ch)
  They served us a light snack. . . . .   Nos sirvieron un pequeño refrigerio.
snack (to have a) . . . .   comer algo ligero, comer algo liviano
                                                           (AmL), tomarse un tentempié, tomarse
                                                           un refrigerio, picar algo (Arg, sl)
sold out . . . .   agotado
specials board . . . .   lista de platos especiales del día
split plate charge (the) . . . .   costo adicional para platos compartidos
  There is a split plate charge. . . . .   Hay una cargo adicional para los platos
                                                           compartidos.
  The split charge is ___. . . . .   El costo adicional para los platos
                                                           compartidos es ___.
substitution . . . .   sustitución
  No substitutions. . . . .   No se permiten sustituciones.
tip (the) . . . .   propina
  Split this tip with ___. . . . .   Divida la propina con ___. Comparta la
                                                           propina con ___.
  This tip is for you.   Esta propina es para Ud.
tip (to) . . . .   dar propina, propinar (Mex)
tipper . . . .   cliente que paga la propina
  good tipper . . . .   cliente que paga buenas propinas

He is a generous tipper.	Siempre da muy buenas propinas.
to go	para llevar
Would you like this to go?	¿Quisiera esto para llevar? ¿Quiere Ud. esto para llevar?
wait on tables (to)	servir, servir a la mesa
wait tables (to)	servir, servir a la mesa
wine and dine (to)	agasajar
wine list	lista de vinos, carta de vinos

Smoking
fumando

ashes	cenizas
ashtray	cenicero
chain-smoke (to)	fumar un cigarrillo tras otro
cigar	cigarro, puro, tabaco (Cu), frajo (sl), menurrón (sl), cartucho (sl), tambillo (sl), taco de cáncer (sl)
cigar, large	cigarrón
cigar seller	cigarrero
cigar smoker, heavy	cigarrista
cigar store	cigarrería, tabaquería, tabacería (AmC)
cigarette	cigarrillo, pucho (Ch, Arg), cigarro (Mex)
Do you sell cigarettes?	¿Vende cigarrillos?
light cigarette	cigarrillo light, cigarrillo bajo en contenido de alquitrán
Where can I buy cigarettes?	¿Dónde se compra cigarrillos? ¿Dónde puedo comprar cigarrillos?
cigarette butt	colilla, filtro (Arg)
cigarette case	cigarrera
cigarette girl	mujer que vende cigarrillos
cigarette lighter	encendedor, mechero (Sp)
cigarette machine	máquina de cigarrillos
cigarette paper	librillo
cigarettes (pack of)	cajetilla, atado (Ar)
cigarette store	cigarrería, tabaquería, tabacería (AmC)
light a match (to)	encender un fósforo
lighter	encendedor, mechero (Sp)
match	fósforo, cerilla (Sp)
matchbook	paquete de fósforos, caja de fósforos (Ven)
matches	fósforos
matchstick	fósforo, cerillo (Mex), cerilla (Sp)
smoke (the)	humo
smoke (to)	fumar
Do you smoke?	¿Fuma Ud.?
No smoking.	prohibido fumar
No smoking in the bar or restaurant.	Se prohíbe fumar en el bar o restaurante. Está prohibido fumar en el bar o restaurante.
You can smoke outside or on the patio.	Puede fumar afuera o en el patio.
smoke (to have a)	fumar un cigarrillo
We went out for a smoke.	Salimos y fumamos un cigarrillo.

smoke-free business . . . . negocio no se permite fumar
smoker . . . . fumador
smoke-ring . . . . anillo, bolita de humo (Mex)
smoke-rings (to blow) . . . . hacer anillos, hacer bolitas de humo
smoker's cough . . . . tos de fumador
smoking (to quit) . . . . dejar de fumar
smoking area . . . . zona para fumadores, area para
                                                  fumadores
   nonsmoking area . . . . zona de no fumadores, area donde no
                                                  se permite fumar
   no-smoking area . . . . area donde no se permite fumar
smoking compartment . . . . compartimiento de fumadores
smoking jacket . . . . batín
smoking room . . . . sección para fumadores, cuarto para
                                                  fumadores, salón para fumadores
smoking section . . . . sección para fumadores
   nonsmoking section . . . . sección sin fumadores, zona sin
                                                  fumadores
smoky . . . . humeante
spittoon . . . . escupidera, escupitín (Ch)
tobacco . . . . tabaco
   chewing tobacco . . . . tabaco de mascar
   chew of tobacco . . . . mascada de tabaco
   pipe tobacco . . . . tabaco de pipa
   smoking tobacco . . . . tabaco de cigarrillos
tobacco pouch . . . . petaca, estuche para el tabaco
tobacco shop . . . . cigarrería, tabaquería, tabacería (AmC)

Drinking
bebiendo

AA . . . . Alcohólicos Anónimos
alcohol . . . . alcohol
   It is illegal to serve alcohol to minors. . . . . . Es ilegal vender alcohol a los menores.
   I tried to give up alcohol. . . . . Intenté dejar el alcohol.
alcohol (to drown one's sorrows in) . . . . ahogar las penas en alcohol
alcoholic (the) . . . . alcohólico
alcoholic (to become) . . . . alcoholizarse
   He has become an alcoholic. . . . . Está totalmente alcoholizado.
Alcoholics Anonymous . . . . Alcohólicos Anónimos
alcoholism . . . . alcoholismo
bar . . . . barra, bar, mostrador, cantina
bar-back . . . . asistente de cantinero
barfly . . . . habitué, cliente asiduo
bar garnish container . . . . recipiente de toques para bebidas,
                                                    recipiente de adorno
barkeep . . . . cantinero, barman (Col, Ec, ElS, Gua,
                                                    Hon), bartender (Cu, DR)
barmaid . . . . cantinera, mesera de barra, mesera de
                                                    taberna
barman . . . . cantinero, barman (Col, Ec, ElS, Gua,
                                                    Hon), bartender (Cu, DR)

bartender

cantinero

bartender	cantinero, barman (Col, Ec, ElS, Gua, Hon), bartender (Cu, DR)
bartendress	cantinera
bar towel	toalla de la barra
beer belly	panza de bebedor, panza de cerveza, panza de pulquero (Mex)
beer garden	jardín abierto de un bar, patio abierto de un bar
beer gut	panza, panza de pulquero (Mex), panza de cerveza
beer keg	cuñete de cerveza, barril de cerveza
beer mat	posavasos de cartón
beer suds	espuma, espuma de cerveza
blood alcohol level	tasa de alcoholemia
bootlegger	contrabandista de alcohol
booze (the)	bebida espirituosa, trago, alcohol, licor, alipús (Mex)
bring your own booze	traiga su alcohol personal, traiga su propio alcohol
booze (to)	embriagarse, emborracharse
boozer	borracho, borrachín (colloq)
He's nothing but a boozer.	No es más que un borrachín.
boozy	embriagado
bottle (the)	botella
beer bottle	botella de cerveza
bottled beer	cerveza de botella
bottle of booze	botella de licor
wine bottle	botella de vino
bottle (to)	embotellar
bottled in France	embotellada en Francia
bottle (to come off the)	dejar la bebida
bottle (to go on the)	darse a la bebida, entregarse a la bebida
bottle (to hit the)	darle a la bebida, darle al trago
bottle cap	tapa, tapón, corcholata
bottle opener	abrebotellas, destapador de botellas (AmL)
Bottoms up!	¡Salud!
Breathalyzer® test	alcoholímetro, alcohómetro
brewer	cervecero
BYOB	traiga su propia botella, traiga su bebida alcohólica
Cheers!	¡Salud!

coaster	servilleta de licor, posavasos
cocktail (the)	cóctel
cocktail (to mix a)	preparar un cóctel
cocktail napkin	servilleta para cocteles
cocktail shaker	coctelera, agitador
cocktail stirrer	mezclador de los cócteles
cork (the)	corcho
cork (to put in)	encorchar, ponerle un corcho a
cork (to take out)	descorchar
corkage	descorche, derecho de corcho
corkage fee	derecho de corcho
corkscrew	sacacorchos, tirabuzón
cover charge	consumición mínima
decant (to)	decantar
decanter (the)	licorera, botella para el vino, vaso para líquidos trasegados, garrafa
wine decanter	licorera
drink (the)	trago, bebida, licor
The drinks are on me.	¡Yo invito!
drink (to)	tomar alcohol, tomar bebida, beber, libar (Mex), pachanguear (sl)
Don't drink and drive.	Si bebe, no conduzca. Si toma, no maneje. (AmL)
Do you drink?	¿Toma Ud. alcohol?
Drinking is not allowed.	Se prohíbe el consumo de bebidas alcohólicas.
He drank it down in one gulp.	Se lo bebió de un sorbo. (colloq)
He drank it in one gulp.	Se lo bebió de un sorbo. (colloq)
He drank to excess.	Tomaba en exceso.
I'm not a drinking man.	No tomo mucho.
She drank half a bottle of wine.	Se bebió media botella de vino.
What would you like to drink?	¿Qué va a tomar? ¿Qué le gustaría tomar?
Would you like a cold drink?	¿Quiere tomar algo frío? ¿Le gustaría tomar algo frío?
Would you like a hot drink?	¿Quiere tomar algo caliente? ¿Le gustaría tomar algo caliente?
drink (to want to)	querer un trago
drink (to go for a)	salir a tomar una copa, salir a tomar algo
drinkable (booze)	bebible
A fairly drinkable red.	Un vino tinto bastante aceptable.
This is not drinkable.	¡Esto no se puede beber!
drinkable (water)	agua potable
drinker	bebedor
heavy drinker	un gran bebedor, un bebedor empedernido
He can't hold his drink.	Él es un gran bebedor.
He is a heavy drinker.	Él es un gran bebedor. Él es un bebedor empedernido.
I am a beer drinker.	Yo prefiero la cerveza.
He is a moderate drinker.	Él toma con moderación. Él bebe con moderación. (AmL)
He is a social drinker.	Él toma sólo cuando está acompañada. Él bebe sólo en reuniones sociales.

67

drink immoderately (to) . . . . echarse a pechos
drinking (to give up) . . . . dejar de beber
   I've given up drinking. . . . . Yo he dejado de beber. Yo he dejado la
                               bebida.
drinking (to go out) . . . . irse de copas
drinking song . . . . canción de taberna
drink some beers (to) . . . . tomar algunas cervezas, echarnos unas
                               birras (sl)
drunk (a) . . . . borracho, beodo, borrachín (Col),
                               borrachón (DR), borracín
drunk . . . . borracho
drunk (to be) . . . . estar borracho
   He was so drunk! . . . . ¡Tenía una borrachera encima!
   You are drunk. . . . . Ud. está borracho.
drunk (to get) . . . . agarrarse una borrachera, pegarse una
                               borrachera, cogerse una borrachera (Sp)
   He got drunk. . . . . Se agarró una borrachera.
   That was the last time he got drunk. . . . . . . Aquella fue su última borrachera.
drunk driving . . . . de manejar bajo la influencia del alcohol,
                               conducir bajo la influencia del alcohol
   It was his second drunk driving offense. . . . Era la segunda vez que lo detenían por
                               manejar borracho.
drunkard . . . . borracho, beodo
drunkenness . . . . borrachera
flask . . . . frasco
foam . . . . espuma
free bar . . . . barra libre, barra de no paga
garnish (for drinks) . . . . toques para bebidas
good vintage . . . . buena cosecha de vino
guzzle (to) . . . . tragar vorazmente, beber repetidas veces,
                               emborracharse
guzzler . . . . bebedor, borracho
hangover (the) . . . . cruda, resaca
hangover (to have a) . . . . tener resaca
happy hour . . . . hora feliz
ice tray . . . . cubeta (RPl)
inebriated . . . . embriagado
intoxicant (alcohol) . . . . bebida alcohólica
intoxicant (drugs) . . . . estupefaciente
intoxicated (adj) . . . . borracho, embriagado, bajo la influencia
intoxicated (to become) . . . . emborracharse, embriagarse (Ch), estar
                               bajo la influencia del alcohol (Sp)
intoxication (by alcohol) . . . . embriaguez, intoxicación, etílica,
                               intemperancia, borrachera
jigger . . . . medida para licores
keg . . . . cuñete, barril
liquor case . . . . cantina, frasquera, estuche de licor, cajón,
                               envase
liquor gun . . . . pistola de licores
liquor license . . . . permiso para vender bebidas alcohólicas,
                               licencia para licor
lush . . . . borrachín
   He's nothing but a lush. . . . . No es más que un borrachín. No es
                               más que un borracho.

minors . . . .   menores de edad
   No minors allowed.   Prohibida la entrada a menores de
                                   edad.
neat . . . .   trago sin hielo, solo
   I drink it neat. . . . .   Lo bebo solo.
nightcap . . . .   bebida alcohólica
on tap . . . .   de barril
on the house (to be) . . . .   va por cuenta de la casa, las casa paga,
                                   gratis
   The wine is on the house. . . . .   El vino va por cuenta de la casa.
on the rocks . . . .   sobre hielo
   He ordered whiskey on the rocks. . . . .   Pidió el wiskey sobre hielo. Ordenó el
                                   wiskey sobre hielo.
order a drink (to) . . . .   pedir un trago, pedir licor, pedir algo de
                                   tomar
overdrink (to) . . . .   beber en exceso, tomar bebidas en
                                   exceso
overserve oneself (to) . . . .   emborracharse, servirse demasiado
                                   alcohol
over the counter . . . .   libremente
   Liquor is not sold over the counter. . . . .   No se venden licores libremente.
party (to drink) . . . .   tomar alcohol, pachanguear (sl)
pass out (to) . . . .   desmayarse
   He passed out. . . . .   Se desmayó.
plastered . . . .   cocido (colloq), aplastado
pour (the) . . . .   medida de licor
   free pour . . . .   medida libre
   measured pour . . . .   medidor
pour a drink (to) . . . .   servir una bebida, servir un trago
proof alcohol . . . .   graduación alcohólica
round . . . .   trago para todos, ronda (Arg)
   We would like another round. . . . .   Queremos otro trago para todos.
                                   Queremos otra ronda. (Arg)
round of drinks . . . .   ronda, vuelta, tanda
serve (to) . . . .   servir
   What wine do you serve? . . . .   ¿Qué clases de vino sirve?
shaker . . . .   coctelera, agitador
shot (the) . . . .   trago, farolazo (sl), fajo (sl)
sip (the) . . . .   sorbo
sip (the little) . . . .   sorbito
   Give me a sip. . . . .   Dame un sorbito.

shaker
—
coctelera

sip (to)	beber a sorbos, tomar a sorbos
Sip it.	Bebételo a sorbitos.
sleep it off (to)	dormir la mona, dormir para que se pase la borrachera
sommelier	sumiller, sommelier
suds	espuma, espuma de cerveza
sundowner	bebida
swig (the)	trago
in one swig	de un trago, en un solo golpe (Mex, AmC)
swig (to)	tomar, beber
She was swigging brandy from the bottle.	Tomaba brandy de la botella.
swig of something (to take a)	tomarse un trago de algo
tap (the)	espita, palanca de barril, llave de barril, que saca de un barril, mostrador de taberna (Mex, sl)
on tap	contenido en el barril
tap (to)	sacar el líquido del barril
tap the keg (to)	sacar el líquido del barril de cerveza, decantar el barril de cerveza
tavern	taberna
teetotaler	abstemio
tequila bar	barra de tequila
tipsy	achispado, alegre (fam)
tipsy (to get)	achisparse, ponerse alegre (fam)
toast (the)	brindis
toast (to)	brindar
I'll drink to that.	¡Brindo porque así sea!
They drank to his health.	Brindaron por su salud. Bebieron a su salud.
toast (to something)	brindar por algo
toast (to propose a)	proponer un brindis
toast the victors (to)	brindar por los vencedores, brindar por los triunfadores
To your health.	¡A su salud!
turn (to, wine)	agriarse
under age (to be)	ser menor de edad
under the table (to end up)	acabar borracho
He drank so much he ended up under the table.	Tomó tanto que acabó borracho.
vineyard	viñedo, viña
watering hole	barra, bar
wine	vino
I would like a glass of red wine.	Me gustaría una copa de vino tinto.
I would like a glass of white wine.	Me gustaría una copa de vino blanco.
Who else wants wine?	¿Quién más quiere vino?
Wine makes me drowsy.	El vino me da sueño. El vino me amodorra.
wine bag	bota de vino, botillo
wine bar	barra de vinos, bar de vinos, bar
wine captain	capitán de meseros
wine collection	vinoteca
wine cooler	recipiente para mantener frío el vino

wine list . . . . carta de vinos, lista de vinos
wine merchant . . . . comerciante de vinos, viñatero
wine rack . . . . botellero
wineshop . . . . bodega, tienda de vinos, vinatería (Mex,
          PR), vinería (Ur)
wine steward . . . . administrador de vinos
wine store . . . . bodega, tienda de vinos, vinatería (Mex,
          PR), vinería (Ur)
wine taster . . . . catador de vinos
wine tasting (act) . . . . cata de vinos, catadura de vinos
wine tasting (event) . . . . degustación de vinos
wine waiter . . . . sumiller, sommelier

Ambiance
el ambiente

air conditioning . . . . aire acondicionado, airecondicionado (CR)
candelabra . . . . candelabro
candle . . . . vela, candela, veladora
   birthday candles . . . . candelitas para cumpleaños, velitas de
          cumpleaños
   cake candle . . . . candelas para pastel, velitas de torta
          (Arg)
   Light the candles. . . . . Encienda las velas.
   Replace the candle. . . . . Cambie la vela. Reemplace la vela.
   votive candle . . . . vela
candlelit . . . . alumbrado con velas
   a candlelit dinner . . . . una cena íntima a la luz de las velas
candle snuffer . . . . apagavelas
candlestick . . . . candelero, palmatoria
centerpiece . . . . centro de mesa
fan . . . . ventilador
fireplace . . . . chimenea
fireside . . . . hogar
firewood . . . . leña
flowers . . . . flores
   Change the flowers. . . . . Cambie las flores.
flower stem . . . . tallo de flor
heat . . . . calor, temperatura
   Turn down the heat. . . . . Baje Ud. la temperatura.
   Turn up the heat. . . . . Suba Ud. la temperatura.
heating . . . . calefacción
jukebox . . . . máquina de discos, rocola (AmL)
magazine rack . . . . revistero
music . . . . música
   The music is too loud. . . . . La música está muy alta.
   Turn on the music. . . . . Prenda la música. Ponga la música.
   Turn the music down. Baje la música.
space heater . . . . calentador
   Put the space heaters on the patio. . . . . Ponga los calentadores en el patio.
   Turn off the space heaters. . . . . Apague los calentadores.
   Turn on the space heaters. . . . . Prenda los calentadores.

stereo .... estéreo
umbrella .... sombrilla, paraguas
  Close the umbrellas. .... Cierre las sombrillas.
  Open the umbrellas. .... Abra las sombrillas.
  table umbrella .... sombrilla para la mesa
vase .... florero
  flower vase .... florero
wick .... pabilo
  candle wick .... pabilo

7
The Kitchen
la cocina

Kitchen Utensils
utensilios de cocina

cake decorator	manga de pastelería
can opener	abrelatas, abridor de latas, abridor (CR)
carving fork	trinche, tenedor (Arg), tenedor de trinchar (Col, EIS, Gua, Hon, Sp), tenedor para servir (Pan, PR), trinchante
carving knife	trinchante
cookie cutter	molde de galleta, cortador de galleta
crusher	machaca, triturador
garlic crusher	machaca de ajo, triturador de ajo
funnel	embudo
grater	rallador, rallo (Col), guallo (DR), guayo (PR)
cheese grater	rallador de queso, rayador para queso
ice cream scoop	heladera
ice pick	punzón, punzón para romper hielo
ice tray	cubitera, hielera (AmL), cubeta
kitchen utensil	utensilio, utensilio de la cocina, traste (Mex)
knife	cuchillo
boning knife	cuchillo para deshuesar
butcher knife	cuchillo de carnicero
chef's knife	cuchillo de cocinero, cuchillo de chef
electric knife	cuchillo eléctrico
kitchen knife	cuchillo de cocina
knife tang (blade)	espiga
paring knife	pelalegumbres, cuchillo de pelar
serrated knife	cuchillo aserrado, cuchillo con serrucho
knife rest	soporte para apoyar los cubiernos en la mesa
knife sharpener	afilador de cuchillo, amolador (DR)
ladle	sopera, cucharón
masher	majador
potato masher	majador de papas, machucador de papas (Per), triturador de papas (Ur)
measuring cup	pocillo medidor, taza de medir graduada, taza medidora (DR)
dry measuring cup	pocillo medidor
liquid measuring cup	pocillo medidor de líquido
measuring spoon	cuchara medidora, cuchara para medir
meat tenderizer (tool)	ablandador de carne
melon baller	hacedor de bolitas de melón
mortar	mortero
opener (can)	abrelatas, abridor de lata
pastry bag	bolsa para glaseado, bolsa para betún
pastry brush	pincel de repostería, brocha de repostería (Col, Gua, EIS)
pastry cutter	cortapastas

peeler

pelador

pastry cutting wheel	cortapastas, rodete para cortar masa (Col)
pastry wheel	cortapastas, rodete para cortar masa (Col)
peeler	pelador
potato peeler	pelapapas (Mex)
pick	palillo
ruffle pick	palillo adornado, palillo con volante
sandwich pick	palillo para sándwich
pounder	machaca
press	triturador
garlic press	triturador de ajo, prensa de ajo
pudding mold	budinera
rolling pin	rodillo, palo de amasar (Arg), palote de amasar, fuslero (Bol, Ch), amasador (Per), rollo pastelero (Sp), uslero (Ch)
scraper	espátula
bowl scraper	estpátula para la escudilla, espátula de bol (CR)
serving fork	tenedor de servir
shaker	agitador, revolvedor
cheese shaker	agitador para queso
pepper shaker	pimentero
red pepper shaker	pimentero de pimienta roja
salt shaker	salero
sieve	cedazo, coladera, tamiz, criba
skewer	brocheta, pincho
spatula	espátula
spoon	cuchara
draining spoon	cuchara para escurrir, espumadera (Pan), cuchara de escurrir (Col)
metal spoon	cuchara de metal
serving spoon	cuchara de servir
slotted spoon	cuchara para escurrir, espumadera (Pan), cuchara de escurrir (Col)
wooden spoon	cuchara de madera, cuchara de palo
squeeze bottle	botella exprimidora
tang (blade)	espiga
thermometer	termómetro
candy thermometer	termómetro para caramelo
chocolate thermometer	termómetro para chocolate
dry storage thermometer	termómetro para bodega seca
meat and poultry thermometer	termómetro para carne y ave
meat thermometer	termómetro para carne
oven thermometer	termómetro de horno
pocket thermometer	termómetro de bolsillo
sugar thermometer	termómetro de azúcar
tongs	tenazas, pinzas (Arg, Col, Sp)

whip . . . . batidor
   wire whip . . . . batidor de metal, batidor metálico
whisk . . . . batidor

Kitchen Equipment & Supplies
equipo y provisiones de cocina

baking pan . . . . molde de hornear
baking sheet . . . . bandeja de horno, chapa de horno
baking tray . . . . bandeja de horno
barbecue . . . . parrilla, barbacoa, asador (AmL)
blender . . . . máquina de mezclar, licuadora, batidora
                                            (Cu, DR, Sp, Ven)
blowtorch . . . . soplete
bottle . . . . botella
   baby bottle . . . . biberón, mamadera (CS, Per), tetero (Col)
   squeeze bottle . . . . botella exprimidora
bowl . . . . plato hondo, tazón, bol (Ch), vasija (Pan),
                                            cuenco (Sp)
   measuring bowl . . . . tazón de medir
   mixing bowl . . . . tazón de mezclar, bol (Arg), vasija para
                                            mezclar (Col), tazón para mezclar (EIS,
                                            Gua, Hon Ven), tazón para batir
                                            (Mex), platón, vasija (Pan)
   salad bowl . . . . ensaladera, bol de ensalada, plato para
                                            ensalada (Col, Pan)
bread warmer . . . . calentador de pan
burner . . . . hornilla, quemador
bus tub . . . . bandeja, bandeja plástica
butcher block . . . . bloque de carnicero, tabla de cocina
                                          (Arg), tabla para cortar (Ch, Cu),
                                          picador (PR), tabla para picar (Col)
butcher's hook . . . . gancho de carnicero
chafing dish fuel . . . . combustible para hornillos
cheese board . . . . tabla para el queso
cheesecloth . . . . estopilla, bámbula
chopping block . . . . tabla para cortar
colander . . . . colador, coladera (Bol, Col), escurridor de
                                          verduras (Sp)
coffee filter . . . . filtro de café
coffee grinder . . . . molino de café
coffee machine . . . . cafetera, máquina de café, greca (DR)
coffee maker . . . . cafetera, greca (DR)
coffee pot (for serving) . . . . cafetera, jarra para café
coffee pot (maker) . . . . máquina de café, greca (DR), vaso de la
                                          cafetera, cafetera
coffee warmer . . . . calentador de café, plato caliente
cookbook . . . . libro de cocina
cookie sheet . . . . bandeja, charola
cooking sheet . . . . bandeja, charola
cooling rack . . . . repisa para enfriamiento, rejilla para enfriar
corn popper . . . . máquina para hacer palomitas de maíz,
                                          máquina de pochoclo (Arg)
Cuisinart . . . . procesador de comida, Cuisinart

cutting board . . . . tabla para cortar
deep fat fryer . . . . freidora honda, olla freidora
deep fryer . . . . freidora honda, olla freidora
dial (clock, watch, etc.) . . . . esfera
dial (stove) . . . . cuadrante
dish . . . . plato
  baking dish . . . .   molde de hornear
  butter dish . . . .   mantequillera, mantequera (RPl)
  casserole dish . . . .   cazuela, fuente de horno, fuente para el
      horno
  oven-proof dish . . . .   fuente de horno, fuente para el horno
  serving dish . . . .   plato de servir
double boiler . . . . olla de baño maría
egg beater . . . . batidor manual, batidora, batidor de mano
      (Ec)
espresso machine . . . . máquina de expreso
fish poacher . . . . besuguera, olla para hervir pescado,
      recipiente alargado para cocinar
      pescado
floor mats . . . . tapetes para el piso, tapetes para el suelo
  rubber floor mat . . . .   tapetes de goma para el piso, estera de
      goma
food mill . . . . pasapurés
food processor . . . . procesador de comida
freezer . . . . congelador, freezer (Arg, PR), friser (sl)
  Put this in the freezer. . . . .   Ponga esto en el congelador.
griddle (the) . . . . comal, budare, asador eléctrico, sartén
      eléctrica, plancha (Sp)
grill (the, barbecue) . . . . parrilla
grill (the, stove) . . . . grill, asador
grinder . . . . moledor, molinillo
  coffee grinder . . . .   moledor de café, molinillo de café
  espresso grinder . . . .   moledor de expreso
  meat grinder . . . .   moledor de carne, molino de carne,
      moledora (Cu)
  pepper grinder . . . .   moledor de pimienta, pimentero
  salt grinder . . . .   moledor de sal
  spice grinder . . . .   moledor de condimentos
hood . . . . capucha, tapa, capuchón, campana,
      sombrero de la estufa
hot plate . . . . placa, plata caliente, hornillo (Sp), hornillo
      (AmL, Arg, Par, Ur)
hydrometer . . . . hidrómetro
icebox . . . . refrigerador, nevera, heladera (Arg),
      frigorífico (Sp)
ice bucket . . . . balde de hielo, cubeta de hielo, hielera
      (AmL)
ice dispenser . . . . dispensador de hielo
  Fill the ice dispenser. . . . .   Llene el dispensador de hielo.
ice machine . . . . dispensador para hielo, máquina de hielo
ice maker . . . . hielera
ice pick . . . . punzón para hielo
ice scoop . . . . cucharón para hielo
ice tray . . . . cubeta para hielo

juicer	triturador para verduras y frutas, exprimidor de frutas
lemon juicer	exprimidor de limones, exprimelimones
kettle	pava, tetera (Andes, Mex), caldera (Bol, Ur)
fish kettle	besuguera
tea kettle	tetera
kettle on (to put the)	poner agua a hervir
knob	perilla
microwave	microondas, horno microondas
Don't put metal in the microwave.	No ponga metal en el microondas.
mixer	mezcladora, batidora
electric mixer	batidora eléctrica
mold	molde
gelatin mold	molde de gelatina
oven	horno
convection oven	horno de convección
electric oven	horno eléctrico
gas oven	horno de gas
Put the chicken in the oven.	Meta el pollo en el horno.
rack oven	horno normal
Turn off the oven.	Apague el horno.
Turn on the oven.	Prenda el horno.
oven glove	guante para el horno, manopla para el horno
oven mitt	guante para el horno, manopla para el horno
oven rack	estante del horno, rejilla del horno
pan	cazo, sartén, caserola
aluminum steam table pan	bandeja vaporera de aluminio
baking pan (pie pan)	tartera
cake pan	molde para pastel
casserole pan	cacerola, cazuela
frying pan, fry pan	sartén, sartén de freír, freidora (Mex)
muffin pan	molde para muffins, molde de magdalenas, molde para panecillos
nonstick pan	sartén antiadherente
pie pan	tartera
pudding pan	cazuela para hacer pudín, tartera
roasting pan	sartén para asar, bandeja para hornear (Col), bandeja para el horno (Sp)
sauce pan	cazo, cacerola, olla (Arg, PR), perol (Col)
sauté pan	sartén
stewing pan	cazuela
pastry table	mesa de amasar
platter	platón (Mex), fuente
hors d'oeuvre platter	platón de pasantes, platón de entremeses, platón de canapés, platón de entradas, platón de hors d'oeuvre
salad platter	platón de ensalada
serving platter	platón de servir
silver platter	platón de plata

wooden platter	platón de madera
popcorn popper	máquina para hacer palomitas, máquina para hacer pochoclo (Arg)
pot	olla, puchero (Sp)
cooking pot	marmita, cazuela, caserola
crab pot	olla para cocinar cangrejo
fish pot	besuguera
lobster pot	langostera
stock pot	sopera, olla grande para hacer sopa, olla sopera
pot holder	portaollas
pots and pans	cacharros, trastes (Mex)
pressure cooker	olla de presión, olla presto (Mex)
range	cocina, estufa (Col, Mex)
electric range	cocina eléctrica
gas range	cocina de gas
recipe	receta
Follow the recipe.	Siga la receta.
refrigerant	refrigerante
refrigeration	refrigeración
Store under refrigeration.	Mantenga refrigerado.
refrigerator	refrigerador (AmL), nevera, heladera (Arg), refrí (CR), frigorífico (Sp)
refrigerator coolant	refrigerante
ricer	puretera, pasapurés
salamander	tostador (spl), salamandra, hornillo portátil
sandwich toaster	sandwichera
scale	pesa, báscula, balanza
skillet	sartén
cast iron skillet	sartén de hierro fundido
slicer	rebanadora
bread slicer	máquina rebanadora de pan
cheese slicer	pala para cortar queso, cortador de queso
meat slicer	máquina de cortar carnes
skimmer	espumadera
slotted spoon	espumadera
soda dispenser	dispensador de soda
sprayer	rociador
steamer	vaporera, olla a vapor
milk steamer	vaporera de leche
vegetable steamer	vaporera de verduras

soda dispenser
_____

dispensador de soda

steam table (aluminum) . . . . bandeja vaporera aluminio
stove . . . . estufa, cocina
    camp stove . . . . cocinilla
    electric stove . . . . estufa eléctrica
    gas stove . . . . estufa a gas
strainer . . . . colador, coladera
    mesh strainer . . . . colador de malla
    pasta strainer . . . . colador para pastas
teapot . . . . tetera
tea strainer . . . . colador de té
thermometer . . . . termómetro
    candy thermometer . . . . termómetro de caramelo
    chocolate thermometer . . . . termómetro para chocolate
    dry storage thermometer . . . . termómetro para bodega seca
    meat and poultry thermometer . . . . termómetro para carne y ave
    meat thermometer . . . . termómetro para carne
    oven thermometer . . . . termómetro de horno
    pocket thermometer . . . . termómetro de bolsillo
    sugar thermometer . . . . termómetro de azúcar
thermos . . . . termo
thermostat . . . . termostato
timer . . . . reloj de cocina
    egg timer . . . . minutero para huevos
    kitchen timer . . . . reloj de cocina
toaster . . . . tostadora, tostador
towel . . . . toalla, paño
    dish towel . . . . paño de cocina, repasador, limpión (Col)
    kitchen towel . . . . toalla de cocina, paño de cocina
    paper towel . . . . toalla de papel
    tea towel . . . . toalla de cocina, repasador (RPl)
vending machine . . . . máquina expendedora, distribuidor
                                            automático
waffle iron . . . . waflera, plancha para waffles
walk-in cooler . . . . cámara refrigeradora
    Put this in the walk-in cooler. . . . . Ponga esto en la cámara refrigeradora.
walk-in freezer . . . . congelador, cámara congeladora
walk-in refrigerator . . . . cámara refrigeradora, cámara fría
wok . . . . wok, sartén japonés

Measures
medidas

Cooking Temperatures
temperaturas para cocinar

boiling point . . . . punto de ebullición
caramelizing point . . . . punto de caramelización
cold . . . . frío
degrees . . . . grados
freezing point . . . . punto de congelación
hot . . . . caliente
melting point . . . . punto de fusión

temperature .... temperatura
   oven temperature .... temperatura del horno
   room temperature .... temperatura ambiental
warm .... tibio

Oven Temperatures
temperaturas del horno

°F	°C
250	120 (muy bajo)
300	150 (bajo)
325	160 (moderadamente bajo)
350	180 (moderado)
370–400	190–200 (moderadamente alto)
410–440	210–220 (caliente)
450	230 (muy caliente)
475–500	250–260 (máximo)

Round Mold Measures
medidas de moldes redondos

Imperial	Métrico
6 inches	15 cm
7 inches	18 cm
8 inches	20 cm
9 inches	23 cm

Rectangular Mold Measures
medidas de moldes rectangulares

Imperial	Métrico
9 x 5 inches	23 x 12 cm
10 x 3 inches	25 x 8 cm
11 x 7 inches	28 x 18 cm

Dry Measures
medidas secas

Imperial (ounces)	Métrico (grams)
½ oz	15 gr
⅔ oz	20 gr
1 oz	28,35 gr
2 oz	56,70 gr
3 oz	85,05 gr
4 oz (¼ lb)	113,40 gr
5 oz	141,75 gr
6 oz	170,10 gr
7 oz	198,45 gr
8 oz (½ lb)	226,80 gr
9 oz	255,15 gr
10 oz	283,50 gr
11 oz	311,85 gr
12 oz (¾ lbs)	340,20 gr
13 oz	368,55 gr

14 oz . . . . 396,90 gr
15 oz . . . . 425,25 gr
35.2 oz (2.2 lbs) . . . . 912,87 gr
3.3 pounds . . . . 1,5 kg

Liquid Measures
medidas de líquido

Imperial	Métrico	Taza y Cuchara
Liquid ounce (fl oz)	Mililitros (ml)	
1/6 fl oz	5 ml	1 cucharadita
2/3 fl oz	20 ml	1 cucharada
1 fl oz	30 ml	1 cucharada más 2 cucharaditas
2 fl oz	60 ml	¼ taza
2½ fl oz	85 ml	⅓ taza
3 fl oz	100 ml	⅜ taza
4 fl oz	125 ml	½ taza
5 fl oz	150 ml	¼ pinta
8 fl oz	250 ml	1 taza
10 fl oz	300 ml	½ pinta
12 fl oz	360 ml	1½ taza
14 fl oz	420 ml	1¾ taza
16 fl oz	500 ml	2 tazas
20 fl oz/1 pint	600 ml	2½ tazas
35 fl oz/1¾ pints	1 litro	4 tazas
1 gallon	3,785 litros	

Kitchen Measures
medidas usadas en la cocina

cup (portion)	pocillo
¼ cup	cuarto de pocillo
½ cup	medio pocillo
¾ cup	tres cuartos de pocillo
dash	un poquito, una pizca
deciliter	decilitro
dozen (12 units)	docena (doce unidades)
baker's dozen	docena de fraile
gallon	galón
one gallon = 3.785 liters	un galón = 3,785 litros
gram	gramo
one gram = 0.035 ounces	un gramo = 0,035 onzas
gross (12 dozen)	gruesa (doce docenas)
kilogram	kilogramo
one kilogram = 2.2046 pounds	un kilogramo = 2,2046 libras
liter	litro
½ liter	medio litro
one liter = 1.057 quarts	un litro = 1,057 cuartos de galón
measure	medida
capacity measure	medida líquida
dry measure	medida seca
linear measure	medida de longitud
liquid measure	medida de líquidos
mass and weight measure	medida de masa y peso

useful measures	medidas útiles
measurement	medida
milliliter	mililitro
ounce	onza
fluid ounce	onza líquida
one ounce = 28.35 grams	una onza = 28,35 gramos
pinch	pellizco, pizca
pint	pinta
one pint = 16 ounces	una pinta = 16 onzas
portion	porción
pound	libra
one pound = 0.4536 kilograms	una libra = 0,4536 kilogramos
quart	un cuarto de galón, un cuarto
one quart = 0.9463 liters	un cuarto = 0,9463 litros
scoop	cucharada
tablespoon	cuchara de mesa, cucharón, cucharada sopera
teaspoon (measure)	cucharadita, cuchara de té
level teaspoon	cucharadita llena
$\frac{1}{2}$ teaspoon	$\frac{1}{2}$ cucharadita
$\frac{1}{4}$ teaspoon	$\frac{1}{4}$ de cucharadita
scant teaspoon	cucharadita mermada
volume	capacidad, volumen
weight	peso
dry weight	peso seco
gross weight	peso bruto
liquid weight	peso líquido
net weight	peso neto

Linear Measures
medidas de longitud

millimeter	milímetro
one millimeter = 0.04 inches	un milímetro = 0,04 pulgadas
centimeter	centímetro
one centimeter = 0.39 inches	un centímetro = 0,39 pulgadas
depth	profundidad
height	altura
inch	pulgada
one inch = 2.54 centimeters	una pulgada = 2,54 centímetros
meter	metro
one meter = 39.37 inches or 1.094 yards ..	un metro = 39,37 pulgadas o 1,094 yardas
kilometer	kilómetro
one kilometer = 3,281.5 pies or 0.62 miles	un kilómetro = 3,281,5 pies o 0,62 millas
foot	pie
one foot = 12 inches	un pie = 12 pulgadas
yard	yarda
one yard = 36 inches or 3 feet	una yarda = 36 pulgadas o 3 pies
rod	rod
one rod = 5$\frac{1}{2}$ yards	un rod = 5$\frac{1}{2}$ yardas
mile	milla

one mile = 1,760 yards or 1.6093 kms .... una milla = 1,760 yardas o 1,6093
                                                         kilómetros
thickness .... grosor
width .... anchura, ancho

Wraps, Bags & Containers
envolturas, bolsas y envases

all-purpose food wrap .... envoltura para toda clase de alimento
aluminum foil .... papel de aluminio, hoja de aluminio, papel
                                                         aluminio (Ch, Pan), lámina de aluminio
                                                         (CR, Gua, Hon, Pan)
bag .... bolsa, envoltura
   doggy bag .... bolsa para llevar
   paper bag .... bolsa de papel
   plastic bag .... bolsa plástica, bolsa de plástico
   sandwich bag .... envoltura para sándwiches
   take-out bag .... bolsa para llevar
   zip-lock bag .... bolsa plástica con zíper (AmC, Mex)
basket .... canasta
   bread basket .... canasta para el pan, cesta para pan
   picnic basket .... canasta de picnic
bottle .... botella
box .... caja
   Get me a box of ___. .... Tráigame una caja de ___.
bucket .... balde, cubeta (Mex, Col, Sp), cubo (Cu)
   storage bucket .... balde de almacenamiento
can .... lata, bote
   Get me a can of ___. .... Tráigame una lata de ___.
can of food .... lata de comida
container .... envase, recipiente
   glass container .... envase de vidrio
   How much does this container hold? ...... ¿Qué capacidad tiene este envase?
   plastic container .... envase de plástico
   plastic deli container .... envase para comida de delicatessen
   storage container .... envase, envase de almacenamiento
   take-out container .... envase para llevar
   to-go container .... envase para llevar
doily .... servilleta pequeña para los postres, pañito
freezer bag .... bolsa para congelamiento
   resealable freezer bag .... bolsa reselladora para congelamiento
jar .... bote, frasco

take-out container

envase para llevar

lid .... tapa
   plastic lid .... tapa de plástico
pan liner .... forro de sartén
parchment paper .... papel de pergamino
plastic food wrap .... envoltura plástica para comida
plastic wrap .... film transparente, envoltura plástica para comida, papel de plástico
Saran Wrap .... papel de plástico
tin foil .... hoja de aluminio
top .... tapa, tapadera
Tupperware .... envase de plástico, taper (Arg)
waxed paper .... papel encerado

Food Handling & Preparation
manejo y preparación de la comida

add (to) .... agregar, añadir
bake (to) .... hornear, cocinar en el horno (Sp)
barbecue (to) .... asar a la parilla, asar a la brasa, grillar
baste (to) .... pringar
batter (to) .... rebozar
beat (to) .... batir
   Beat the egg whites until they form stiff peaks. .... Bata las claras a punto de nieve.
blanch (to) .... escaldar, blanquear
boil (to) .... hervir
   Boil the water. .... Hierva el agua.
boiling (to keep the pot) .... mantener el caldo hirviendo
boil over (to) .... derramarse, desbordarse, subirse por el fuego (Chl)
bone (to) .... deshuesar
braise (to) .... dorar
break (to, a nut, egg, etc.) .... cascar
brew (to, coffee) .... hervir
broil (to) .... asar a la parilla, brasar, grillar
brown (to) .... dorar
   Brown the fish. .... Dore el pescado.
bruise (to, fruit) .... magullar, dañar
burn (to) .... quemar
butcher (to) .... matar atrozmente
butter (to) .... untar con mantequilla, engrasar con mantequilla, enmantecar
   Butter the pan. .... Unte el molde con mantequilla. Enmanteque el molde.
by hand (to do) .... hacer a mano
   Do it by hand. .... Hágalo a mano.
carve (to) .... trinchar
check (to, products) .... revisar
chill (to) .... enfriar, poner a enfriar
chop (to) .... tajar, picar, cortar, machucar
   Chop the carrots. .... Taje las zanahorias. Corte las zanahorias.
   Chop the meat. .... Pique la carne.

finely chopped	finamente picado
clarify (to)	clarificar
clean (to)	lavar, limpiar
Clean the lettuce.	Lave la lechuga.
cook (to)	cocinar
Cook for __ hours.	Cocine por __ horas.
Cook over high heat.	Cocine a fuego alto.
Cook over low heat.	Cocine a fuego lento.
Cook over medium heat.	Cocine a fuego medio.
cooked with onions	encebollado, cocinado con cebollas
cool (to)	enfriar
cover (to)	cubrir, tapar
Cover the food in the refrigerator.	Cubra la comida en el refrigerador.
cream (to)	batir
crush (to)	triturar
curdle (to)	cuajar
cure (to)	curar
cut (to)	cortar
Cut the carrots.	Corte las zanahorias.
Cut the chicken into four parts.	Corte el pollo en cuatro partes.
Cut the fat off the meat.	Córtele la grasa a la carne. Quítele la grasa a la carne.
Cut the lettuce.	Corte la lechuga.
cut into slices (bread) (to)	cortar en rebanadas
cut into slices (cake) (to)	cortar en trazos
cut into slices (meat) (to)	cortar en tajadas
He sliced a piece of meat.	Cortó una tajada de carne. Cortó una rebanada de carne.
decorate (to)	decorar
deep fat fry (to)	freír en aceite abundante
defrost (to)	descongelar
Defrost the hamburger.	Descongele la hamburguesa.
deglaze (to)	desglasear
deliver (to)	entregar
Deliver it.	Entréguelo.
delivery	entrega
home delivery	servicio a domicilio
dilute (to)	diluir
dip (to)	bañar
dissolve (to)	disolver
double boil (to)	cocinar a baño maría
drain (to)	escurrir, vaciar
expiration date	día de caducidad, día de vencimiento, fecha de vencimiento
Always check the expiration date on the dairy products.	Siempre mire la fecha de vencimiento de los productos lácteos.
What is the expiration date?	¿Cuál es la fecha de vencimiento?
extract (to)	extraer
feast (to)	tener un banquete, banquetear
ferment (to)	fermentar
fill (to)	llenar
Fill the Sweet & Low container.	Llene la azucarera con azucar de dieta.
flour (to)	enharinar
freeze (to)	congelar

frost (to, cakes) . . . . escarchar, decorar, poner el betún,
                                           betunar (Mex)
fry (to) . . . . fritar, freír
garnish (to) . . . . decorar
glaze (to) . . . . glasear
go bad (to, fruit) . . . . echarse a perder
   The fruit went bad.   La fruta se echó a perder.
grate (to) . . . . rayar
grease (to) . . . . engrasar, untar
   Grease the cake tin with butter. . . . .   Engrase el molde con mantequilla.
                                           Enmanteque el molde.
   Grease the pan. . . . .   Engrase el molde.
grill (to) . . . . asar, asar a la parilla, grillar
grind (to) . . . . moler
handle (to) . . . . manosear
   Please don't handle the fruit. . . . .   Por favor, no manosee la fruta.
hard boil (to) . . . . hervir a punto duro
heat (to warm up) . . . . calentar
   Heat the pan. . . . .   Caliente la olla.
ice (to, cakes) . . . . escarchar, decorar, poner el betún,
                                           betunar (Mex)
instruct (to) . . . . instruir, enseñar
instructions . . . . instrucciones
   brewing instructions . . . .   instrucciones para hacer café
   cooking instructions . . . .   instrucciones para cocinar
   operating instructions . . . .   instrucciones de operación
jell (to) . . . . gelificarse
juice (to squeeze) . . . . exprimir
knead (to) . . . . amasar
ladle (to) . . . . servir con cuchara, achicar, sacar
liquefy (to) . . . . licuar
marinate (to) . . . . marinar, condimentar, adobar
mash (to) . . . . machacar, majar, hacer puré
measure (to) . . . . medir
   Measure the ingredients. . . . .   Mida los ingredientes.
melt (to) . . . . derretir
melting point . . . . punto de fusión
mince (to) . . . . picar, moler (carne)
mix (to) . . . . mezclar
   Mix with oil. . . . .   Mezcle con aceite.
overcook (to) . . . . cocinar demasiado
overripen (to) . . . . madurar demasiado
parboil (to) . . . . sancochar
parboil meat (to) . . . . sancochar carne, soasar carne
peel (to) . . . . pelar, mondar
pepper (to) . . . . ponerle pimienta, echarle pimienta
pick (to, clean) . . . . quitar
   Pick the meat off of the bones. . . . .   Quite pedazos de carne de los huesos.
pick (to, fruit) . . . . escoger, elegir
pickle (to) . . . . encurtir, escabechar
pit (to) . . . . quitarle el hueso, deshuesar, descarozar
poach (to) . . . . cocinar a fuego lento
poach eggs (to) . . . . escalfar, pasar huevos por agua
pound (to) . . . . machacar, machucar

pour (to)	verter
pour down the drain (to)	tirar por el desagüe
preheat (to)	precalentar
Preheat the oven.	Precaliente el horno.
prepare (to)	preparar
Prepare the chicken with garlic and lemon.	Prepare el pollo con ajo y limón.
procedure	gestión, trámite, procedimiento
This is the procedure.	Éste es el procedimiento.
purée (to)	hacer un puré con, pisar (RPl)
put in (to)	meter
Put the chicken in the oven.	Meta el pollo en el horno.
put on the stove (to)	poner sobre la estufa
refill (to)	llenar de nuevo
refrigerate (to)	refrigerar
That must be refrigerated.	Eso debe ponerse en el refrigerador. Eso debe ponerse en la nevera.
reheat (to, potatoes)	recalentar
rice (to)	pasar por el pasapurés, pasar por la puretera
rinse (to)	limpiar
ripen (to)	madurar, añejar
rise (to, bread)	crecer, subir, leudarse, inflarse (Col), levantarse (Mex, Sp)
rise (to, cake)	subir
rise (to leave the bread to)	hacer crecer la masa, dejar subir la masa, dejar levar la masa (Arg)
roast (to)	asar
rot (to)	pudrir, podrir
sauté (to)	saltear, sofreír
savor (to)	saborear, paladear
scale (to, fish)	escamar
scramble (to)	revolver
sear (to)	chamuscar, quemar
season (to)	sazonar, condimentar, adobar
season with salt and pepper (to)	salpimentar
separate (to)	separar
Separate the egg yolk from the white.	Separe la yema de la clara.
serve (to)	servir
Serve the __ with rice.	Sirva __ con arroz.
serve chilled (to)	sírvase frío
shake (to)	agitar
shopping (to go)	ir de compras
shred (to)	picar
sieve (to)	cernir, cribar
sift (to)	cenir, cribar, tamizar, colar
simmer (to)	hervir a fuego lento, cocinar a fuego lento
slice (to)	rebañar, partir en pedazos, partir en rodajas
smoke (to)	ahumar
soak (to)	remojar
sort (to)	separar, seleccionar
spread (to)	untar
Spread the cookies with icing.	Unte las galletas con glaseado.

spice (to)	sazonar
spoil (to)	podrir, echarse a perder, estropearse, pudrir
sprinkle (to)	espolvorear
steam (to)	cocer al vapor, cocinar al vapor
stew (to)	guisar
stir (to)	revolver
stir quickly	revuela rápidamente
stock up (to)	surtirse
I'm going to the market to get provisions. ..	Voy al mercado a hacer un surtido.
well-stocked refrigerator	un refrigerador bien surtido
You can stock up on everything you need there.	Allí puede surtirse todo lo necesario.
strain (to)	colar
stuff (to)	rellenar
sugar (to add)	azucarar
sweeten (to)	endulzar, azucarar
take out (to)	sacar
Take everything out of the refrigerator.	Saque todo del refrigerador.
taste (to, the flavor of food/wine)	degustar, probar
Taste this soup.	Deguste esta sopa.
This tastes good.	Esto sabe bien.
taste (to, the quality of food)	degustar
taste (to, the quality of tea)	probar
taste (to, the quality of wine)	catar
taste bitter (to)	tener gusto amargo
tasteful	buen gusto
taste like (to)	saber a
It tastes like garlic.	Sabe a ajo.
thaw (to)	descongelar
thicken (to)	espesar
throw away (to)	tirar, botar
toast (to)	tostar
touch (to, objects)	manosear, tocar
Please don't touch the fruit.	Por favor, no manosee la fruta. Por favor no toque la fruta.
towel dry (to)	secar con un trapo
trim (to)	quitar
Trim the fat off of the meat.	Quítele la grasa a la carne.
turn (to become spoiled)	podrir, pudrir
undercook (to)	cocinar menos, no cocinar del todo
undercook meat (to)	soasar, cocinar menos la carne, dejar casi cruda la carne
warm up (to)	caldear, calentar
wash (to)	lavar, limpiar
Please wash the potatoes.	Por favor, lave las papas.
weigh (to)	pesar
whip (to)	batir
whisk (to)	batir
Whisk a little cream in.	Agregue un poco de crema mientras bate.
Whisk up the egg whites.	Bata las claras.

Food Courses
platos

appetizer	aperitivo, tapa (Sp), entrada
banquet	banquete
breakfast (the)	desayuno
light breakfast	desayuno ligero, desayuno liviano
brunch	brunch, almuerzo (Mex), desayuno (Ur), desayuno-almuerzo (Ven)
buffet	buffet
cold buffet	buffet frío
hot buffet	buffet caliente
canapé	canapé
cookout	comida al aire libre
dinner (the)	cena
Dinner is ready.	¡A la mesa! La cena está lista. La cena está servida.
light dinner	cena ligera, cena liviana
first course	primer plato
food	comida
Argentinian food	comida argentina
Chinese food	comida china
fast food	comida rápida
fat-free food	comida sin grasa
free food	comida gratis
French food	comida francesa
health food	comida saludable, comida natural
Indian food	comida de la India, comida hindú
Italian food	comida italiana
Japanese food	comida japonesa
Korean food	comida coreana
Mexican food	comida mexicana
Persian food	comida persa
take-out food	comida para llevar
vegetarian food	comida vegetariana
food scraps	piltrafas, migajas, desperdicios, migas
hors d'oeuvres	pasantes, entremeses, canapés
leftovers	sobras, restos
lunch (the)	almuerzo, lonche (sl)
Don't wait lunch.	No retrase el almuerzo.
main course	plato principal, plato fuerte (Mex, Cu)
meal (course)	plato, platillo
meal (food)	comida
Enjoy your meal.	Buen provecho.
free meal	comida gratis
light meal	comida ligera, comida liviana
prix-fixe meal	comida de precio fijo
square meal	comida abundante
The food is ready.	La comida está lista.
You can take your meal now.	Puede tomar su comida ahora.
You get one free meal per shift.	Ud. recibe una comida gratis por turno.
You may purchase extra meals at a discount.	Puede comprar otras comidas con un descuento.

Your meal is ready.   Su comida está lista.
picnic (the) . . . .   picnic, jira
   picnic dinner . . . .   cena de picnic
   picnic lunch . . . .   almuerzo de picnic
salad bar . . . .   mesa de ensaladas
snack . . . .   snack, tentempié, refrigerio, merienda,
                                                    botana (Mex)
specials . . . .   están en oferta, están en especial
   daily special . . . .   especiales del día
   dessert specials . . . .   especiales de postres
   dinner specials . . . .   especiales de la cena
   house specials . . . .   especiales de la casa
   lunch specials . . . .   especiales del almuerzo
   two for one special . . . .   dos por el precio de uno, compra uno y
                                               el segundo le sale gratis
specialties . . . .   especialidades
   Do you have any specialties? . . . .   ¿Cúales son las especialidades de la
                                               casa?
starter . . . .   primer plato, entrante (Sp)
table scraps . . . .   restos, sobras, bazofia (sl)

Meats
carnes

Meat
carne

barbecue	parrillada
barbecue meat	churrasco
beef	carne vacuna, carne res (Mex, AmC), ternera (Sp), carne de vaca
corned beef	carne en conserva, carne salmuera de vaca
ground beef	carne molida, carne picada
jerked beef	carne seca, tazajo
roast beef	rosbif, rosbeef, carne asada de vaca
beef casserole	carne estofada, carne guisada, estofado de carne, guisado de res
beef chop	chuletón
beef jerky	carne desecada de vaca
boar	jabalí
buffalo	búfalo, bisonte
burger	hamburguesa
cheeseburger	hamburguesa con queso
carpaccio	carpaccio
beef carpaccio	carpaccio de res
chop	chuleta
chuck round	corte de carne del cuarto trasero
cold cuts	carnes embutidas, carnes frías
deer	venado
fat	grasa
Trim the fat off the meat.	Quiete la grasa a la carne.
filet mignon	filet mignon, miñón, lomo (Arg)
fricassee	fricasé, fricandó
hamburger	hamburguesa, torta de carne
extra-lean hamburger	hamburguesa magra extra
lean hamburger	hamburguesa magra
hash	carne guisada, picadillo de carne, salpicón, jigote, carne y verduras picadas y doradas
corned beef hash	salpicón de carne salmuera de vaca
lamb	cordero
leg of lamb	pierna de cordero
rack of lamb	costilla de cordero, rack de cordero
lamb chop	chuleta de cordero
marbling	vetas de grasa
meat	carne
baked meat	carne guisada al horno, carne cocida al horno
broiled meat	carne asada, carne asada a la parrilla

cooked meats	carnes cocidas
cut of meat	un corte de carne
dark meat	carne oscura, carne negra
deli meats	carnes embutidas, carnes frías
ground meat	carne molida, carne picada
How do you like your meat?	¿Cómo le gusta su carne?
kosher meat	carne kosher
lean meat	carne magra
mince meat	carne mezcla de fruta picada, sebo, y especias
red meat	carne roja
roasted meat	carne asada
shredded meat	carne picada
white meat	carne blanca
meatballs	albóndigas
meat cooked on charcoal	carne a las brasas, carne a la parrilla
meat juice	jugo de la carne
meatloaf	pan de carne, torta de carne, pastel de carne
meat pie	budín de carne
meat stew	guiso de carne
mixed grill	plato de carne a la parrilla con verduras
mutton	carnero
mutton chop	chuleta de carnero
sinew	nervio
pork	cerdo, carne de cerdo, puerco (Mex), carne de puerco (Mex), marrano
pork chop	chuleta de cerdo
spicy marinated pork	cerdo en adobo muy condimentado
rabbit	conejo
rabbit stew	conejo guisado
ribs	costillas
barbecue ribs	costillas en barbacoa
beef ribs	costillas de vaca
pork ribs	costillas de puerco
short ribs	costillas cortas
spare ribs	costillas con poca carne
roast	carne al horno
roe deer	corzo
sirloin	solomillo
steak	bistec, filete, churrasco, bife (Bol, RPI)
entrecote	bife de ancho (RPI)
fillet steak	bistec de lomo, bife de lomo (RPI)
flank steak	falda de res, matambre (RPI), malaya (Ch), sobrebarriga (Col)
New York steak	bistec de Nueva York, bife de chorizo (Arg)
rib eye steak	lomo de res, tira de asado (Arg)
rump steak	bistec de caudril, bife de caudril (RPI)
T-bone steak	chuletón de buey
steak and kidney pie	pastel de carne y riñones
steak tartare	bistec alemán, carne cruda, bistec tartare
stew	estofado, carne guisada
tenderloin	filete, solomillo (Sp)
tournedos	turnedó, turnedos

veal . . . . ternera
   braised veal . . . . ternera en su jugo
veal cutlet . . . . chuleta de ternera
venison . . . . venado, carne de venado

Variety Meats
carnes variadas

brains . . . . sesos, cerebros
   calf's brains . . . . sesos de ternero
   lamb's brains . . . . sesos de cordero
   veal brains . . . . sesos de ternera
giblets . . . . menudillos, menudos
head . . . . cabeza
   calf's head . . . . cabeza de ternero
   pig's head . . . . cabeza de cerdo, cabeza de chancho
   sheep's head . . . . cabeza de oveja
heart . . . . corazón
   beef heart . . . . corazón de res
   chicken heart . . . . corazón de pollo
kidney . . . . riñón
   beef kidney . . . . riñón de res
   lamb kidney . . . . riñón de cordero
   pork kidney . . . . riñón de puerco, riñón de cerdo, riñón
                                      de chancho
   veal kidney . . . . riñón de ternera
liver . . . . hígado
   beef liver . . . . hígado de res
   chicken liver . . . . hígado de pollo
   duck liver . . . . hígado de pato
   goose liver . . . . hígado de ganso
   lamb liver . . . . hígado de cordero
   pork liver . . . . hígado de cerdo, hígado de chancho
   veal liver . . . . hígado de ternera
marrow . . . . tuétano
marrowbones . . . . huesos con tuétano, huesos con caracú
                                      (RPl)
oxtail . . . . rabo de buey
pig's feet . . . . patas de cerdo
pig's tail . . . . rabo de cerdo, rabo de chancho
sweetbreads . . . . mollejas, lechecillas, checillas (Sp)
tongue . . . . lengua
   beef tongue . . . . lengua de res
   lamb tongue . . . . lengua de cordero
   veal tongue . . . . lengua de ternera
tripe . . . . mondongo, tripal, tripa, callos (Mex),
                                      pancita, guatitas (Ch), trapita (sl)

Preserved Meats, Bacons & Sausages
carnes, tocinos y salchichas embutidas

Ardennes ham . . . . jamón belga
bacon . . . . tocino, tocineta, bacón (Sp), beicon,
                                      panceta (Arg)

artificial bacon bits	pedacitos de sabor a tocino, pedacitos de tocino artificiales
bacon bits	pedacitos de tocino
Canadian bacon	tocino canadiense
center-cut bacon	tocino cortado de la parte central
flitch of bacon	hoja de tocino
slab bacon	hoja de tocino
thick-cut bacon	tocino cortado grueso
thick-sliced bacon	tocino rebanado grueso
bacon rind	corteza de tocino
bacon strip	tira de tocino
bologna	salchicha ahumada
chorizo	chorizo
cold cuts	fiambres
deli meat	carne del deli, carne embutida
frankfurter	salchicha de Francfort, salchicha de Viena, wiener
ham	jamón
apple-glazed ham	jamón glaseado con jugo de manzana
honey-glazed ham	jamón glaseado con miel
Parma ham	jamón italiano
slice of ham	tajada de jamón
Westphalian ham	jamón de Westphalia
hot dog	salchicha americana, perro caliente, pancho (Arg, Ur)
kosher hot dog	salchicha kosher
jerky	carne desecada
beef jerky	carne desecada de vaca
liverwurst	embutido de paté de hígado
pastrami	pastrami
pâté	paté
liver pâté	paté de hígado
pâté en croute	paté en costra
salami	salami, salame
salt beef	carne de vaca curada en salmuera
sausage	salchicha, chorizo, embutido
beef sausage	salchicha de res
blood sausage	morcilla, moronga (Mex), prieta (Ch)
breakfast sausage	salchicha para el desayuno
chicken sausage	salchicha de pollo
chicken and apple sausage	salchicha de pollo y manzana
German sausage	salchicha alemana
Greek sausage	salchicha griega
Italian sausage	salchicha italiana
mild Italian sausage	salchicha italiana suave
spicy Italian sausage	salchicha italiana picante
large sausage	salchichón
pork sausage	salchicha de cerdo
skinless sausage	salchicha sin piel
spicy pork sausage	longaniza, sobrasada
sausage patty	porción de salchicha picada en forma de rueditas
zampon	salchicha de cerdo empata el cerdo

Fish & Seafood
pescados y mariscos

Fish
pescados

anchovy .... anchoa, anchoveta (Ch, Per), boquerón
                                        (CR, DR, PR)
   canned anchovy .... anchoa enlatada
anchovy paste .... pasta de anchoas
bacalao .... bacalao salado y ahumado
bass .... róbalo
   Chilean sea bass .... róbalo chileno
   sea bass .... lubina, corvina (CS)
brill .... rémol, rodaballo menor
catfish .... bagre, barbo (Sp), siluro
caviar .... caviar
   fresh caviar .... caviar fresco
cod .... bacalao
   cod's roe .... hueva de bacalao
cuttlefish .... sepia, jibia
dab .... platija, lenguado
eel .... anguila
   conger eel .... congrio
   smoked eel .... anguila ahumada
fish .... pescado
   battered fish .... pescado rebozado
   farm fish .... pescado de piscifactoría
   freshwater fish .... pescado de agua dulce
   wild fish .... pescado salvaje
fish bone .... espina
fish cake .... croqueta de pescado
fish fingers .... palito de bacalao, trozo de pescado
                                        rebozado y frito
fish paste .... paté de pescado
fish pie .... budín de pescado
fish stick .... palito de bacalao, trozo de pescado
                                        rebozado y frito
flounder .... platija
gray mullet .... lisa, mújol
haddock .... abadejo
   smoked haddock .... abadejo ahumado
hake .... merluza
halibut .... hipogloso, halibut
   smoked halibut .... halibut ahumado
hammerhead shark .... pez martillo
herring .... arenque
   fried herring .... arenque frito
   pickled herring .... arenque en vinagre
   smoked herring .... arenque ahumado
   soft herring roe .... lecha de arenque
kipper .... arenque salado y ahumado
mackerel .... caballa
   smoked mackerel .... caballa ahumada

95

monkfish . . . . rape
perch . . . . perca
pike . . . . lucio
plaice . . . . platija
pomfret . . . . japuta
red mullet . . . . salmonete
red snapper . . . . pargo, huachinango (Mex)
roe . . . . hueva
salmon . . . . salmón
  salmon roe . . . . hueva de salmón
  smoked salmon . . . . salmón ahumado
sardine . . . . sardina
  canned sardines . . . . sardinas en lata
  tinned sardines . . . . sardinas enlatadas
sea bass . . . . lubina, corvina (CS)
seafood . . . . mariscos
shad . . . . huevos de sábalo
shark . . . . tiburón
skate . . . . raya
smelt . . . . eperlano
snapper . . . . pargo, chillo (DR, PR), guachinango (Mex),
                                           huachinango (Mex)
  red snapper . . . . pargo rojo, huachinango
sole . . . . lenguado
  Dover sole . . . . lenguado
sprat . . . . espadín
  smoked sprat . . . . espadín ahumado
sturgeon . . . . esturión
  smoked sturgeon . . . . esturión ahumado
sushi . . . . sushi
swordfish . . . . pez espada, albacora (Ch)
trout . . . . trucha
  sea trout . . . . trucha marina
  smoked trout . . . . trucha ahumada
tuna . . . . atún
  albacore tuna . . . . atún de albacora
  canned tuna . . . . atún enlatado, atún de lata
  chunk-light tuna . . . . trozos de atún ligero
  solid-white tuna . . . . atún de albacora blanco sólido
  yellow fin tuna . . . . atún de aleta amarilla
tuna carpaccio . . . . carpaccio de atún
tuna casserole . . . . guiso de atún
tuna in oil . . . . atún en aceite
tuna in water . . . . atún en agua
tuna salad . . . . ensalada de atún
tuna tartare . . . . atún tártara, atún tartare
turbot . . . . rodaballo
  sea turbot . . . . abadejo
whitebait . . . . morralla, chanquetes (Sp), cornalitos (Arg),
                                           majuga (Ven)
whitefish . . . . pescado blanco, blanquillo (Ch)
  whitefish roe . . . . hueva de pescado blanco
whiting . . . . pescadilla

Mollusks & Crustaceans
moluscos y crustáceos

calamari . . . . calamari, calamar
carp . . . . carpa
clam . . . . almeja
cockle . . . . berberecho
crab . . . . cangrejo, jaiba, panorca (Ch)
   Alaskan crab . . . .   cangrejo de Alaska
   blue crab . . . .   cangrejo azul
   freshwater crab . . . .   jaiba
   king crab . . . .   cangrejo rey
   soft shell crab . . . .   cangrejo de concha suave
   spider crab . . . .   centolla
crab cake . . . . croqueta de cangrejo
crab legs . . . . ancas de cangrejo, patas de cangrejo
crayfish . . . . cangrejo de río, cigala, camarón de agua
                                     dulce (Ch), jaiba (Col, DR), juey (PR)
   grilled crayfish . . . .   cigala plancha
escargot . . . . caracol
frog's legs . . . . ancas de rana
lobster . . . . langosta
mollusks . . . . moluscos
mussels . . . . mejillones, chors (Ch)
octopus . . . . pulpo
oysters . . . . ostras, ostiones (Mex)
   oysters on the half shell . . . .   ostras en media concha
prawn . . . . gamba, camarón gigante (Ch), langostín,
                                      langostino (Mex, Pan, Sp, Cu, Col)
scallop . . . . venera, vieira (Arg, Ven), ostión (Ch),
                                      escalope, concha (ElS, Gua, Sp)
sea urchin . . . . erizo de mar
shellfish . . . . marisco
shrimp . . . . camarón (AmL), gamba, langostino (Mex,
                                      Pan, Sp, Cu, Col)
   large shrimp . . . .   camarón gigante (Ch)
   shrimp cocktail . . . .   cóctel de camarones
snails . . . . caracol
squid . . . . calamar, chipirón, pulpito
urchin . . . . erizo de mar
whelk . . . . buccino
winkle . . . . bígaro

Fowl
aves

breast . . . . pechuga
capon . . . . capón
chicken . . . . pollo, gallina (Pan)
   boiler chicken . . . .   gallina
   roast chicken . . . .   pollo asado

spit-roasted chicken	pollo al spiedo
chicken burger	hamburguesa de pollo
chicken casserole	pollo a la cacerola, pollo a la cazuela, guisado de pollo
chicken pot pie	estofado de pollo y verduras cubiertas de masa hojaldrada
chicken salad	ensalada de pollo
Cornish game hen	codorniz
duck	pato
fricassee	fricasé, fricandó
goose	ganso
grouse	urogallo
Guinea fowl	gallina de Guinea
leg	pierna
partridge	perdiz
pheasant	faisán
ptarmigan	perdiz blanca
quail	codorniz, ave gallinácea
rock ptarmigan	perdiz blanca, perdiz nival
snipe	agachadaza, becacina
squab	pichón
thigh	muslo
turkey	pavo, guanajo (Cu), guajolote (Mex)
turkey burger	hamburguesa de pavo
turkey sausage	salchicha de pavo
woodcock	becada, chocha

Eggs
huevos

eggs	huevos
dried eggs	huevos duros en polvo
fried eggs	huevos fritos, huevos estrellados
hardboiled eggs	huevos duros
over-easy eggs	huevos ligeramente volteados
over medium	huevos volteados medianamente
poached eggs	huevos escalfados, huevos pochés
scrambled eggs	huevos revueltos
shirred eggs	huevos a la mantequilla
soft-boiled eggs	huevos tibios, huevos pasados por agua
sunny-side-up eggs	huevos con la yema arriba
eggs Benedict	huevos Benedict, huevos estilo Benedict, huevos holandeses
eggs Florentine	huevos florentinos
egg shell	cascarón
egg white	clara, blanquillo (Mex, fam)
egg yolk	yema
frittata	fritata
omelet, omelette	omelet, tortilla de huevos, tortilla francesa
egg white omelet	omelet de claras de huevos
Spanish omelet	omelet de papas, omelet de patatas, tortilla española

quiche .... quiche

Fats & Dairy Products
grasas y productos lácteos

butter .... mantequilla, manteca (Arg)
   clarified butter .... mantequilla clarificada
   hormone-free butter .... mantequilla sin hormonas
   melted butter .... mantequilla derretida
   nondairy butter .... mantequilla no láctea
   pad of butter .... pastilla de mantequilla
   raw butter .... mantequilla sin pasteurizar
   salted butter .... mantequilla salada, mantequilla con sal
   soft butter .... mantequilla suave
   stick of butter .... bloque de mantequilla, barra de
                          mantequilla, barrita de mantequilla
   unsalted butter .... mantequilla sin sal
   whipped butter .... mantequilla cremosa
butterfat .... crema de la leche
cheese .... queso
   American cheese .... queso americano
   blue cheese .... queso azul
   brie .... brie
   camembert .... camembert
   cheddar cheese .... queso Cheddar
   cottage cheese .... requesón
   cow's milk cheese .... queso de vaca
   cream cheese .... queso crema, queso para untar (Sp)
   goat cheese .... queso de cabra
   grated cheese .... queso rallado
   Gruyère .... gruyère, queso gruyère
   head cheese .... queso de cerdo, queso de chancho
                          (RPl), queso de puerco (Mex) queso
                          de cabeza (Ch), queso de jabalí (Sp)
   marbled cheese .... queso veteado, queso con vetas
   mozzarella cheese .... queso mozarela
     freshwater mozzarella .... queso mozarela en agua fresca
   parmesan cheese .... queso parmesano
   processed cheese .... queso fundido
   Roquefort .... Roquefort
   shaved parmesan cheese .... trozos de queso parmesano
   sheep cheese .... queso de oveja
   Stilton cheese .... queso azul de origen inglés
   Swiss cheese .... queso suizo
   This cheese is just right for eating. .... Este queso es bien para comer.
   vegetarian cheese .... queso hecho con cuajo vegetal
cream .... crema, nata
   chantilly cream .... crema chantilly, crema chantillí
   clotted cream .... crema espesa
   coffee cream .... crema para café
   double cream .... crema gruesa (Ven), crema doble (AmL)
   heavy whipping cream .... crema pesada batida
   single cream .... crema líquida, crema liviana

whipped cream .... crema batida
whipping cream .... crema batida
créme fraiche .... crema francesa
dairy .... lácteo
fat .... grasa
   saturated fat .... grasa saturada
   unsaturated fat .... grasa insaturada
ice cream .... helado, nieve
ice milk .... helado hecho con leche descremada
kefir .... kéfir
lard .... manteca, manteca de cerdo
margarine .... margarina
milk .... leche
   buttermilk .... suero de la leche
   canned milk .... leche enlatada
   chocolate milk .... chocolatada, leche con chocolate, leche
                                    achocolatada
   condensed milk .... leche condensada
   cow's milk .... leche de vaca
   dried milk .... leche en polvo
   evaporated milk .... leche evaporada
   goat's milk .... leche de cabra
   homogenized milk .... leche homogeneizada
   light milk .... leche semi descremada
   nonfat milk .... leche descremada
   1% milk .... leche con el uno por ciento de
                                    contenido de grasa
   pasteurized milk .... leche pasteurizada
   powdered milk .... leche en polvo
   skim milk .... leche descremada, leche desnatada
   sheep's milk .... leche de oveja
   2% milk .... leche con el dos por ciento de
                                    contenido de grasa
   whole milk .... leche entera
shortening .... manteca, manteca vegetal
   all-vegetable shortening .... manteca vegetal
   liquid shortening .... manteca líquida
sour cream .... crema agria, crema ácida
suet .... sebo, grasa de pella
yogurt .... yogur

Nondairy Products
productos no lácteos

bean curd .... queso de soya, queso de soja
dairy free .... sin lácteos
meat free .... sin carne
nondairy products .... productos no lácteos
reconstituted meat protein .... proteína de carne reconstituida
rice milk .... leche de arroz
soy .... soya, soja
soy milk .... leche de soya
tofu .... tofu, queso de soya

vegan . . . . totalmente vegetariano, vegetariano
                                                                          estricto
vegetarian . . . . vegetariano (product)
vegetarian burger . . . . hamburguesa vegetariana
vegetarian cheese . . . . queso hecho con cuajo vegetal
veggie burger . . . . hamburguesa vegetariana

Fruit
fruta

apple . . . . manzana
   apple sauce . . . . compota de manzanas, puré de
                                                                          manzanas (AmL)
   crab apple . . . . manzana silvestre
   custard apple . . . . chiramoya
apricot . . . . albaricoque, chabacano (Mex), damasco
                                                                          (Arg, Ch, Ur)
avocado . . . . aguacate, palta (Arg, Ch, Per, Ur)
banana . . . . plátano, banana (RPl, Per), banano (AmC,
                                                                          Col), cambur (Ven), guineo (Col, Ec,
                                                                          Pan, PR, DR), bananero (AmL)
banana peel, banana skin . . . . cáscara de plátano, cáscara de banana
                                                                          (RPl, Per), concha de cambur (Ven)
blackberry . . . . fruta de la zarzamora, mora
blueberry . . . . arándano, mora azul (Mex), mora (Per)
bread fruit . . . . fruto del árbol de pan
cantaloupe . . . . cantalope, melón chino, melón, calameño
                                                                          (Ch), catalupa (Cu)
cherry . . . . cereza, guinda
   maraschino cherry . . . . cereza al marrasquino
   pitted cherries . . . . cerezas deshuesadas, cerezas sin
                                                                          huesos (CS), cerezas descarozadas,
                                                                          cerezas sin carozo
clementine . . . . clementina
coconut . . . . coco
   shredded coconut . . . . coco rallado
cranberry . . . . arándano agrio, mora roja (Mex), cereza
                                                                          agria (Ven), cranberry (PR)
currant . . . . grosella
   black currant . . . . grosella negra (Mex, Col), pacita (Pan)

blueberry

arádano

red currant	grosella roja
date	dátil
fig	higo
fruit	fruta
dry fruit	fruta seca
mixed fruit	frutas surtidas
fruit cocktail	cóctel de frutas, ensalada macedonia
fruit handled by a lot of people	fruta manoseada
fruit in syrup	fruta en conserva
fruit pulp	pulpa de fruta
fruit salad	ensalada de frutas
fresh fruit salad	fruta fresca de temporada, ensalada de frutas frescas
gooseberry	grosella silvestre, grosella espinosa
grape	uva
bunch of grapes	racimo de uvas
champagne grapes	uvas de champaña
concord grapes	uvas grandes
green seedless grapes	uvas verdes sin pepitas, uvas verdes sin semillas
red seedless grapes	uvas rojas sin pepitas, uvas rojas sin semillas
seedless grapes	uvas sin pepitas, uvas sin semillas
grapefruit	toronja, pomelo (Arg, Ch, Sp, Ur)
guava	guayaba
honeydew melon	melón, melón de pulpa verdosa muy dulce
huckleberry	arándano,ráspano
japonica	níspero del Japón
kiwi	kiwi, guivi (Ur)
kumquat	naranjita china, kumquat, quinoto
lemon	limón, limón amarillo
lemon wedge	pedazo de limón, rojada de limón, tajada de limón
lemon zest	ralladura de limón
lichee, lychee	lichi, lychee
lime	limón verde, lima
loganberry	frambuesa de logan
mango	mango
melon	melón
mulberry	fruta del moral, mora
nectarine	nectarina, durazno pelado, ciruela (CR, DR), briñon (Sp), pelón (Ur)
orange	naranja, china (PR)
blood orange	naranja sanguina, naranja de sangre
Mandarin orange	mandarina
navel orange	naranja de ombligo, ombligona
orange zest	ralladura de naranja, cáscara de naranja rallada
papaya	papaya, fruta bomba (Cu), lechosa (DR, PR, Ven)
passion fruit	granadilla
peach	durazno, melocotón
pear	pera

persimmon . . . . caqui
pineapple . . . . piña, ananá (Ur)
plantain . . . . plátano grande, plátano (Col, Ven),
                                                      plátano macho (Mex)
plum . . . . ciruela
pomegranate . . . . granada
prune . . . . ciruela pasa
quince . . . . membrillo
raisin . . . . pasa, pacita
raspberry . . . . frambuesa
rhubarb . . . . ruibarbo
satsuma . . . . satsuma
strawberry . . . . fresa, frutilla (Arg)
   wild strawberry . . . . fresa silvestre
strawberry (large) . . . . fresón
tangerine . . . . mandarina, tangerina
ugli . . . . fruto cítrico de piel rugosa, cruce de
                                                      pomelo y mandarina
watermelon . . . . sandía, batatilla, melón de agua, melón
                                                      (PR)

Vegetables
verduras

artichoke . . . . alcachofa, alcaucil (Arg, Ur)
   artichoke hearts . . . . corazones de alcachofa
   Jerusalem artichoke . . . . aguaturma, pataca
asparagus . . . . espárrago
   green asparagus . . . . espárrago, espárrago normal, espárrago
                                                       verde
   white asparagus . . . . espárrago blanco
   wild asparagus . . . . espárrago triguero
asparagus tips . . . . puntas de espárrago
bamboo shoots . . . . brotes de bambú
beans . . . . frijoles, judías, porotos (Arg, CS, Ur),
                                                       frejoles (Ec), alubias (Sp), caraotas (Ven)
   baked beans . . . . frijoles horneados
   green beans . . . . habichuelas verdes, vainitas (DR, Ec,
                                                       Per, Ven), judías verdes (Sp), ejotes
                                                       verdes (Mex, ElS, Gua, Hon),
                                                       chauchas verdes (RPI), porotos
                                                       verdes (Ch)
bean sprouts . . . . germinados de soja, brotes de soja (Arg,
                                                       Ur), retoños de soya (ElS, Gua, Hon),
                                                       frijol nacido (Pan), habichuelas de soya
                                                       (Pr)
beet . . . . remolacha, betabel (Mex), betarraga (Bol,
                                                       Ch, Per)
broccoli . . . . brócoli
brussels sprouts . . . . coles de Bruselas, repollitos de Bruselas
                                                       (Ur, Arg), repollitos italianos (Ch)
cabbage . . . . repollo, col
   green cabbage . . . . repollo verde, lechuga repollada (DR)

red cabbage	repollo colorado, lombarda (Col), col morada (Mex)
round-head cabbage	repollo de cabeza redonda
savoy cabbage	repollo rizado, repollo de Milán, col rizada, col de Milán
white cabbage	repollo blanco, col blanca (Mex), col (Sp, Cu)
cactus	nopales
carrot	zanahoria
cauliflower	coliflor
cauliflower Mornay	coliflor con salsa de queso
celery	apio
celeriac	apio nabo, apio rábano
chard	acelga
chervil	perifollo
chicory	endivia
corn	maíz, elote, choclo (Col, Ch, Ecu, Per, Ur)
baby corn	elotitos tierno
blue corn	maíz azul
sweet corn	maíz tierno, elote (Mex), choclo (AmS), jojoto (Ven)
whole baby corn	elotitos tiernos enteros
corn cob	mazorca de maíz, elote (Mex, AmL)
corn husk	tusa
corn kernel	grano de maíz
corn on the cob	mazorca de maíz (Cu), elote (Mex)
courgette	calabacín, calabacita (Mex), zapallito
cress	berro, mastranzo
crudités	verduras crudas
cucumber	pepino, pepinillo (PR)
English cucumber	pepino de Inglaterra, pepino inglés
hothouse cucumber	pepino de invernadero
eggplant	berenjena
purple eggplant	berenjena morada
white eggplant	berenjena blanca
endive	escarola, endibia (Sp, Arg, Col), endivia (Col)
Belgian endive	endivia belga
escarole	escarola
fennel	hinojo
fungi	champiñón, hongo, seta (Sp)
garlic	ajo
ginger	jengibre, yinyer, ginger
greens (lettuce)	lechugas
baby greens	lechugas finas
European greens	lechugas europeas
mixed greens	lechugas mezcladas
greens (vegetables)	vegetales verdes, verduras
hearts of palm	corazón de palma, palmitas (Arg)
hominy	maíz descascarillado
horseradish (fresh)	rábano picante
jícama	jícama
kale	rizada
kohlrabi	colinabo

leek .... puerro, porro, poro (Mex)
lettuce .... lechuga
   cos lettuce .... lechuga romana
   green leaf lettuce .... lechuga de hoja verde
   iceberg lettuce .... lechuga repollada, lechuga de iceberg
   organic lettuce .... lechuga orgánica
   red leaf lettuce .... lechuga de hoja roja
   romaine lettuce .... lechuga romana
marrow .... tipo de calabaza alargada y de cáscara
                                              verde
morel, morel mushroom .... morilla, colmenilla
mushroom .... champiñón, hongo, seta (Sp), callampa
   button mushroom .... champiñón pequeño
   portabella mushroom .... champiñón portabella, hongo portabella
   shitaki mushroom .... champiñón shiitaki, hongo shiitaki
nettle .... ortiga
okra .... quingombó, calalú, okra (Mex), molondrón
                                              (DR), abelmosco
onion .... cebolla
   cocktail onion .... cebolla para cócteles
   green onion .... cebolleta, cebollino, cebolla de verdura
                                              (RPI), cebollín (Ch)
   red onion .... cebolla roja, cebolla colorada (Ecu),
                                              cebolla morada (Mex)
   Spanish onion .... cebolla española
   spring onion .... cebolla verde, cebolla larga, cebolleta,
                                              cebollín, cebollina (Pan), cebollino
                                              (Mex)
   sweet onion .... cebolla dulce
   Vidalia onion .... cebolla vidalia
   white onion .... cebolla blanca
organic vegetables .... verduras orgánicas
parsnip .... chirivía, pastinaca (Ur)
peapod .... vaina de arveja, vaina de guisante, vaina
                                              de chícharo
peas .... arvejas, chícharos (Mex), guisantes (AmL)
   canned peas .... arvejas en latas
   green peas .... guisantes, chícharos, arvejas, arvejitas
                                              (Per)
   snow peas .... arvejas de nieve
pepper .... pimiento
   bell pepper .... pimiento, pimentón, ají
   green pepper .... pimiento verde
   hot pepper .... chile, chile picante, pimiento picante, ají
                                              picante, guindilla (Sp), rocote (AmS),
                                              rocoto (AmS)
   jalapeno pepper .... chile jalapeño
   red pepper .... pimiento rojo
   sweet red pepper .... pimiento morrón, chile dulce (CR),
                                              pimentón
   yellow pepper .... pimiento amarillo
potato .... papa, patata
   baked potato .... papa asada, papa al horno, patata
                                              asada, patata al horno

hashed brown potatoes, hashed browns, hash brown potatoes	papas y cebolla doradas en la sartén
mashed potatoes	puré de papas
new potato	papa nueva
red potato	papa roja
russet potato	papa oscura, papa color café
scalloped potatoes	papas gratinadas, papas al gratén
shepherd's pie	pastel de papas
white potato	papa blanca
pumpkin	calabaza, zapallo (Bol, Ch, Pan), auyama (Ven, Col, CR, DR)
radish	rábano
daikon radish	rábano japonés
Japanese radish	rábano japonés
red radish	rábano rojo
white radish	rábano blanco
rhubarb	ruibarbo
rutabaga	rutabaga, nabo sueco
savoy cabbage, savoy	repollo rizado, repollo de Milán, col rizada, col de Milán
scallion	cebolla verde, cebolla larga, cebolleta, cebollín, cebollina (Pan), cebollino (Mex)
seaweed	alga marina
shallot	chalote, chalote ascalonia, chalota
sorrel	acedera, hierba salada
soybeans	frijoles de soja, soja (Sp, Ch), semillas de soy (Col, Gua), porotos de soja (Ur)
spinach	espinaca
sprouts	brotes
alfalfa sprouts	brotes de alfalfa
bean sprouts	germinados de soja, brotes de soja (Arg, Ur), retoños de soya (ElS, Gua, Hon), frijol nacido (Pan), habichuelas de soya (PR)
squash	calabaza, chilacayote, zapallito (Bol), auyama (DR, Ven, Col, CR)
acorn squash	calabaza pequeña de corteza verde y forma de bellota
sugarcane	caña de azúcar
sweet potato	boniato, batata, camote (Andes, Mex), papa dulce
red sweet potato	boniato rojo
white sweet potato	boniato blanco
tomato	tomate, jitomate (Mex)
beefsteak tomato	tipo de tomate grande, jitomate bola (Mex)
cherry tomato	tomate cherry
crushed and peeled tomatoes	tomates pelados y machacados
green tomatoes	tomates verdes
stewed tomatoes	tomates guisados
sun-dried tomatoes	tomates secos al sol
vine-ripened tomato	tomate madurados en la planta
whole tomatoes	tomates enteros
truffle	trufa
black truffle	trufa negra

turnip .... nabo
vegetable pulp .... pulpa vegetal
vegetables .... verduras, vegetales, legumbres,
                                                vegetables
    organic vegetables .... verduras orgánicas
yam .... ñame
zucchini .... calabacita verde (Mex), calabacín,
                                                zapallito

Dried Beans, Peas & Lentils
habas, arvejas y lentejas secas

beans .... frijoles, judías, porotos (Arg, Ur), fréjoles
                                                (Ec), alubias (Sp), caraotas (Ven)
    black beans .... frijoles negros, porotos negros (Col, Cu,
                                                ElS, Gua, Hon), frijoles (Arg, Ur)
    broad beans .... habas, chauchas (Arg, Ur)
    kidney beans .... frijoles colorados (Cu), judías, alubias
                                                rojas (Sp), habichuelas rojas (DR)
    lima beans .... frijoles de media luna, habas limas (Cu),
                                                habas (Sp)
    navy beans .... frijoles blancos
    pinto beans .... frijoles pintos, alubias pintas, porotos
                                                pintos
    white beans .... frijoles blancos
chickpeas .... garbanzos
flageolet .... flageolet, frijol de color verde claro
garbanzo beans .... garbanzos
lentil .... lenteja
    black lentil .... lenteja negra
    green lentil .... lenteja verde
    Indian brown lentil .... lenteja marrón de la India
    orange lentil .... lenteja anaranjada, lenteja color naranja
    red lentil .... lenteja roja
    yellow lentil .... lenteja amarilla
mung bean .... semilla cuyo brote se utiliza en la cocina
                                                oriental
popcorn .... poporopo (CA, Mex), palomitas de maíz,
                                                pochoclo (Arg)
soybean .... soya (AmL), soja (Sp, AmL)
    black soybean .... soya negra
    yellow soybean .... soya amarilla
split peas .... arvejas secas, guisantes secas, chícharos
                                                verdes secos (Mex)

Herbs, Spices, Seasonings & Seeds
hierbas, especias, sazones y semillas

allspice .... pimienta de Jamaica, pimienta inglesa
    ground allspice .... pimienta de Jamaica molida
angelica .... angélica
anise .... anís

chili pepper

pimienta chile

anise seeds	semillas de anís
basil	albahaca, basílico
bay leaf	hoja de laurel
bergamot	bergamota
black pepper	pimienta negra
ground black pepper	pimienta negra molida
whole black pepper	pimienta negra entera
borage	borraja
bouquet garni	ramito compuesto
caraway	alcaravea
caraway seeds	carvi, semillas de alcaravea
cayenne pepper	cayena, pimienta de cayena
ground cayenne pepper	cayena molida
celery seed	semillas de apio
chamomile	manzanilla, camomila
chili pepper	pimienta chile
chili pepper flakes	copos de pimienta
crushed red chili	chile rojo machacados
red chili	chile rojo
chili powder	chile en polvo
ground chili powder	chile molido en polvo
chives	cebollina
cilantro	cilantro, perejil iraní
cinnamon	canela
ground cinnamon	canela molida, clavo de olor (Arg)
pinch of cinnamon	pizca de canela
whole cinnamon	canela entera
cinnamon stick	canela entera
cloves	clavos de especia
ground cloves	clavos molidos
whole cloves	clavos enteros
comfrey	consuelda
coriander	cilantro, culantro, coriandro
coriander seeds	semillas de cilantro
cream of tartar	cremor tártaro
cumin	comino
curry	curry
curry powder	curry en polvo
green curry	curry verde
hot curry	curry picante
mild curry	curry suave
red curry	curry rojo
dill	eneldo
fennel	hinojo
dried fennel	hinojo seco

fennel seeds .... semillas de hinojo
ground fennel seeds .... semillas de hinojo molidas
whole fennel seeds .... semillas de hinojo enteras
fenugreek .... fenogreco, alholva
garam masala .... mezcla de especias de la India, mezcla de
                                    especias utilizadas en la cocina hindú
garlic .... ajo
chopped garlic .... ajo machucado
clove of garlic .... diente de ajo
dry minced garlic .... ajo picado y seco
minced garlic .... ajo picado
garlic paste .... pasta de ajo
garlic powder .... ajo en polvo
garlic salt .... sal de ajo
ginger .... jengibre yinger, ginger
ginger powder .... jengibre en polvo
ground ginger .... jengibre molido
horseradish .... rábano picante
dried horseradish .... rábano picante y seco
ground horseradish .... rábano picante molido
horseradish powder .... rábano picante en polvo
juniper .... enebrina
lemon balm .... melisa, toronjil
lemon grass .... limoncillo
lemon verbena .... Luisa, cedrón
marinade .... marinada, adobo
marjoram .... mejorana
ground marjoram .... mejorana molida
meat tenderizer .... suavizador de carne condimentado
mint .... menta
mixed spices .... mezcla de especias
MSG .... glutamato monosódico
mustard .... mostaza
ground mustard .... mostaza molida
mustard seeds .... semillas de mostaza
black mustard seeds .... semillas negras de mostaza
white mustard seeds .... semillas blancas de mostaza
nutmeg .... nuez moscada
ground nutmeg .... nuez moscada molida
whole nutmeg .... nuez moscada entera
onion flakes .... cebolla rallada
onion, minced .... cebolla picada
onion powder .... cebolla en polvo
oregano .... orégano
paprika .... paprika, pimentón rojo
ground paprika .... paprika molida
parsley .... perejil
parsley flakes .... perejil picado
pepper (spice) .... pimienta
black pepper .... pimienta negra
green pepper .... pimienta negra
ground black pepper .... pimienta negra molida
ground white pepper .... pimienta blanca molida
pink pepper .... pimienta rosa

red pepper	pimienta roja
white pepper	pimienta blanca
whole black pepper	pimienta negra entera
whole white pepper	pimienta blanca entera
peppercorns	granos de pimienta
black peppercorns	granos de pimienta negra
green peppercorns	granos de pimienta verde
pink peppercorns	granos de pimienta rosa
red peppercorns	granos de pimienta roja
white peppercorns	granos de pimienta blanca
poppy seeds	semillas de amapola
blue poppy seeds	semillas azules de amapola
ground poppy seeds	semillas de amapola molida
white poppy seeds	semillas blancas de amapola
whole poppy seeds	semillas enteras de amapola
pumpkin seeds	semillas de calabaza
red chili	chile rojo
crushed red chili	chile rojo machacado
rosemary	romero, rosmarino
saffron	azafrán
sage	salvia
dried sage	salvia seca
ground sage	salvia molida
salt	sal
flake salt	sal en copos
garlic salt	sal de ajo
iodized salt	sal yodada
kitchen salt	sal de cocina
kosher salt	sal kosher
onion salt	sal de cebolla
pickling salt	sal para escabechado
pure salt	sal pura
rock salt	sal en roca
sea salt	sal de mar
seasoning salt	sal para sazonar
table salt	sal de mesa
savory	ajedrea
seasoning	sazón, adobo
packet of seasoning	sobre de sazón
seed	semilla
sesame seeds	semillas de ajonjolí, semillas de sésamo
black sesame seeds	semillas negras de ajonjolí, semillas negras de sésamo
white sesame seeds	semillas blancas de ajonjolí, semillas blancas de sésamo
whole sesame seeds	semillas enteras de ajonjolí
spearmint	menta verde
sunflower seeds	semillas de girasol, semillas de maravilla (Ch), semillas de pipa (Sp)
tamarind	tamarindo
tarragon	estragón
thyme	tomillo
wild Spanish thyme	tomillo silvestre español
turmeric	cúrcuma, azafrán de las Indias
ground turmeric	cúrcuma molida

watercress .... berro
white pepper .... pimienta blanca
   ground white pepper .... pimienta blanca molida
   whole white pepper .... pimienta blanca entera
yarrow .... milenrama
   dried yarrow leaves .... hojas secas de milenrama
   yarrow seeds .... semillas de milenrama
wasabi .... rábano picante en polvo

Nuts
nueces

almond .... almendra
Brazil nut .... nuez del Brasil, castaña de Pará (RPI)
cashew .... marañón, nuez de la India (Mex), castaña
                                     de cajú (Arg, Ur), castaña (Ch), anacardo
                                     (Cu), semilla de caujil (DR), pepita de
                                     marañón (Pan)
chestnut .... castaña
   dried chestnut .... castaña pilonga
filbert .... avellana
hazelnut .... avellana, coquito (DR)
nut .... nuez
   candied nuts .... nueces confitadas
peanut .... maní, cacahuate (Mex), cacahuete (Sp)
pecan .... pacana, pecana (Bol, EIS, Gua, Hon),
                                     nuez pacana (Mex)
pignolia, pine nut .... pignola
pistachio .... pistacho, pistache (Mex)
trail mix .... suntuosa mezcla de tentempié para el
                                     camino
walnut .... nuez de nogal, nuez de Castilla (Mex)

Grains & Cereals
granos y cereales

barley .... cebada
   pearl barley .... cebada perlada
bran .... afrecho
cereal .... cereal
   whole grain cereal .... cereal de grano entero
corn .... maíz
   cornflakes .... copos de maíz, hojuelas de maíz
corn meal .... harina de maíz
flour .... harina
   all-purpose flour .... harina, harina normal
   barley flour .... harina de cebada
   bran flour .... harina de salvado
   bread flour .... harina de pan
   buckwheat flour .... harina de trigo rubión
   cake flour .... harina para torta
   corn flour .... harina de maíz

111

extra-fine flour	harina extra fina
gluten-free flour	harina sin gluten
high-gluten flour	harina con alto contenido de gluten
lotus root flour	harina de raíz de loto
maize flour	harina de maíz
pastry flour	harina para postres
potato flour	harina de papas
rice flour	harina de arroz
rye flour	harina de centeno
self-rising flour	harina leudante, harina con levadura, harina esponga
soy flour	harina de soya, harina de soja
wheat flour	harina de trigo
wheat-free flour	harina sin trigo
white flour	harina blanca
whole wheat flour	harina de trigo entero
gluten	gluten
millet	mijo
oatmeal	avena, Quáker®
oatmeal with fruit	avena con frutas
oats	avena
rolled oats	copos de avena, hojuelas de avena
rice	arroz
basmati rice	arroz basmati
brown rice	arroz integral
enriched parboiled rice	arroz hervido enriquecido
jasmine rice	arroz jazmín
long-grain rice	arroz de grano largo
medium-grain rice	arroz de grano mediano
short-grain rice	arroz de grano corto
white rice	arroz blanco
wild rice	arroz salvaje
risotto	arroz italiano
rye	centeno
sago	sagú
semolina	sémola
sourdough starter	masa fermentada, masa agria
tapioca	tapioca
wheat	trigo
buckwheat	trigo rubión, trigo sarraceno, alforfón
cracked wheat	trigo cascado
durum wheat	trigo candeal, trigo común
hard wheat	trigo duro
soft wheat	trigo blando
wheat free	sin trigo
wheat germ	germen de trigo

Noodles & Pasta
fideos y pasta

cannelloni	canelones
gnocchi	ñoquis
lasagna	lasaña

macaroni . . . . macarrones
   macaroni and cheese . . . . macarrones con queso
noodles . . . . fideos, tallarines
pasta . . . . pasta
pasta salad . . . . ensalada de pasta
ravioli . . . . ravioles
spaghetti . . . . espaguetis, spaguetti

Stocks & Soups
caldos y sopas

au jus . . . . salsa francesa, en su jugo
bisque . . . . sopa de pescado o mariscos
bouillabaisse . . . . bouillabaisse
bouillon cubes . . . . cubitos de caldo
   beef-flavored bouillon cubes . . . . cubitos de caldo sabor a res
   chicken-flavored bouillon cubes . . . . cubitos de caldo sabor a pollo
brine . . . . salmuera, escabeche
broth . . . . consomé, caldo
   beef broth . . . . consomé de res, caldo de carne de res
   chicken broth . . . . consomé de pollo
   fish broth . . . . consomé de pescado
   vegetable broth . . . . consomé de vegetales, caldo de
                       verduras
chowder . . . . sopa de pescado
   clam chowder . . . . sopa de almejas
consommé . . . . consomé
gazpacho . . . . gazpacho
ratatouille . . . . pisto
soup . . . . sopa
   chicken noodle soup . . . . sopa de pollo y fideos
   cold soup . . . . sopa fría
   cream of mushroom soup . . . . crema de champiñones
   dairy-free soup . . . . sopa sin lácteos
   French onion soup . . . . sopa francesa de cebolla
   fruit soup . . . . sopa de fruta
   hot soup . . . . sopa caliente
   lentil soup . . . . sopa de lentejas
   onion soup . . . . sopa de cebolla
   oxtail soup . . . . sopa de rabo de buey
   packaged soup . . . . sopa de sobre
   pea soup . . . . sopa de arvejas, crema de arvejas
   soup of the day . . . . sopa del día
   tomato soup . . . . sopa de tomates
   vegetable soup . . . . sopa de verduras
   vegetarian soup . . . . sopa vegetariana
   watery soup . . . . sopa aguada
soup base . . . . base de sopa
   beef base . . . . base de carne de res de primera
                       calidad
   chicken base . . . . base de pollo de primera calidad
soup base with beef flavor . . . . base de sopa con sabor a res
soup base with chicken flavor . . . . base de sopa con sabor a pollo

stock	caldo, consomé
beef stock	caldo de res
chicken stock	caldo de pollo
fish stock	caldo de pescado
soup stock	concentrado para sopa (de res, pollo, pescado, etc.)
vegetable stock	caldo de verduras

Pickles, Chutneys & Pastes
encurtidos, chutneys y pastas

caper	alcaparra
Spanish caper	alcaparra española
chutney	chutney
cucumber chutney	chutney de pepino
mango chutney	chutney de mango
tomato chutney	chutney de tomates
cornichon	pepino miniatura
gherkin	pepinillo
olive	aceituna, oliva (CR)
black olive	aceituna negra
green olive	aceituna gordal, aceituna verde
pitted olive	aceituna sin pepa, aceituna sin hueso, aceituna sin pepita
ripe olive	aceituna madura
stuffed olive	aceituna rellena
olive pit	hueso de aceituna, cuesco de aceituna, carozo de aceituna (CS), pepa de aceituna (Col)
olives in brine	aceitunas en salmuera
olives stuffed with almonds	aceitunas rellenas con almendras
paste	pasta
almond paste	mazapán
anchovy paste	pasta de anchoas
fish paste	paté de pescado
garlic paste	pasta de ajo
macaroon paste	pasta de macarrón
tomato paste	pasta de tomate
peanut butter	manteca de maní, mantequilla de maní, crema de maní, mantequilla de cacahuete (Sp), mantequilla de cacahuate (Mex)
chunky peanut butter	manteca de maní con trocitos de maní
creamy peanut butter	manteca de maní cremosa
pickled onion	cebolla en vinagre, cebolla escabechada, cebolla envinagrada, encurtido de cebolla
pickled red cabbage	repollo colorado escabechado
pickles	pepinos enteros encurtidos, encurtidos, pickles
dill pickles	pepinos enteros encurtidos
pickle chips	rajadas de pepinos encurtidos
sweet pickles	pepinos enteros dulces

relish .... encurtido de pepino
  dill relish .... encurtido de pepino al eneldo
  hamburger relish .... encurtido de pepino para
    hamburguesas
  hotdog relish .... encurtido de pepino para salchichas
    americanas
  individual packets of relish .... paquetes individuales de encurtido de
    pepino
  sweet relish .... encurtido de pepino dulce
sauerkraut .... col ácida, sauerkraut
tomato puree .... puré de tomate, concentrado de puré de
    tomate, pomidoro (UR), pomarola (CH)
tapenade .... puré de aceituna

Oils, Condiments, Sauces & Dressings
aceites, condimentos, salsas y aderezos

anchovy sauce .... salsa de anchoa
aspic .... galantina
barbecue sauce .... salsa de barbacoa
Béarnaise sauce .... salsa bearnaise
Béchamel .... bechamel
catsup .... salsa de tomate, catsup, ketchup
cocktail sauce .... salsa para mariscos
coleslaw dressing .... aderezo para ensalada de col
cranberry sauce .... salsa de arándano
dressing .... aderezo, condimento para ensalada
  blue cheese dressing .... aderezo de queso azul
  diet dressing .... aderezo dietético
  fat-free dressing .... aderezo sin grasa
  French dressing .... aderezo francés
  Italian dressing .... aderezo italiano
  lite dressing .... aderezo suave, aderezo ligero
  oil and vinegar dressing .... aderezo de aceite y vinagre
  ranch dressing .... aderezo ranchero
gravy (chicken) .... jugo de pollo
gravy (meat) .... jugo de carne, salsa de carne
horseradish (sauce) .... salsa de rábano picante
hot sauce .... salsa picante
hummus .... puré de garbanzos al estilo griego,
    hummus
ketchup .... salsa de tomate, catsup, ketchup
  individual packets of ketchup .... paquetes individuales de salsa de
    tomate
mayonnaise .... mayonesa
  fresh mayonnaise .... mayonesa fresca
  garlic mayonnaise .... ajociete, mayonesa con ajo
  individual packets of mayonnaise .... paquetes individuales de mayonesa
  whole-egg mayonnaise .... mayonesa hecha con huevos
    completos
mint sauce .... salsa de menta
Mornay sauce .... salsa de queso
mustard .... mostaza

American mustard	mostaza americana
Chinese mustard	mostaza china
coarse-grained mustard	mostaza de grano grueso
Dijon mustard	mostaza de Dijon
English mustard	mostaza inglesa
French mustard	mostaza francesa
German mustard	mostaza alemana
hot mustard	mostaza picante
individual packets of mustard	paquetes individuales de mostaza
tarragon Dijon mustard	mostaza de Dijon con estragón
yellow mustard	mostaza amarilla
oil	aceite
almond oil	aceite de almendra
avocado oil	aceite de aguacate, aceite de palta
canola oil	aceite de canola
corn oil	aceite de maíz
grapeseed oil	aceite de semillas de uvas
nut oil	aceite de nueces
olive oil	aceite de oliva
pan & griddle oil	aceite para ollas y planchas
peanut oil	aceite de maní, aceite de cacahuete (Sp), aceite de cacahuate (Mex)
popping oil	aceite para preparar palomitas de maíz, aceite para hacer palomitas de maíz
salad oil	aceite para ensalada
sesame oil	aceite de ajonjolí, aceite de sésamo (Bol, CS, Per)
soybean oil	aceite de soya, aceite de soja
sunflower oil	aceite de girasol
truffle oil	aceite de trufa
vegetable oil	aceite de verduras
walnut oil	aceite de nuez, aceite de nuez de Castilla (Mex)
white truffle oil	aceite de trufa blanca
oil and vinegar	aceite y vinagre
oyster sauce	salsa china de jugo de ostra
pesto, pesto sauce	salsa albahaca, salsa italiana con albahaca y ajo, salsa italiana, pesto
puree (the)	puré
reduction	reducción
roux	roux, salsa compuesta de harina y mantequilla
salad dressing	aderezo, condimento para ensalada, aderezo para ensalada
blue cheese dressing	aderezo de queso azul
diet dressing	aderezo dietético
fat-free dressing	aderezo sin grasa
French dressing	aderezo francés, salsa francesa
Italian dressing	aderezo italiano
lite dressing	aderezo suave, aderezo ligero
oil and vinegar dressing	aderezo de aceite y vinagre
ranch dressing	aderezo ranchero
salad dressing on the side	aderezo para ensalada al lado, aderezo para ensalada al costado, aderezo para ensalada por separado

salsa .... salsa
   extra hot salsa .... salsa muy picante, salsa extra picante
   fresh salsa .... salsa fresca
   hot salsa .... salsa picante
   mild salsa .... salsa medio picante
sauce .... salsa
   Mornay sauce .... salsa de queso
   oyster sauce .... salsa china de jugo de ostra
   white sauce .... salsa blanca, bechamel
seasoning sauce .... sofrito
soy sauce .... salsa de soya, salsa de soja (Sp)
spaghetti sauce .... salsa de espaguetis, salsa para spaguetti
steak sauce .... salsa agridulce con especias
sweet-and-sour sauce .... salsa agridulce
Tabasco, Tabasco sauce .... tabasco, salsa picante
tartare sauce .... salsa tártara
teriyaki sauce .... salsa japonesa
vinaigrette .... vinagreta
vinegar .... vinagre
   apple cider vinegar .... vinagre de jugo de manzana
   balsamic vinegar .... vinagre balsámico, aceto balsámico
   chili vinegar .... vinagre con esencia de chile
   cider vinegar .... vinagre de jugo de manzana
   dill vinegar .... vinagre de esencia de eneldo
   distilled malt vinegar .... vinagre de malta destilada
   distilled white vinegar .... vinagre blano destilado
   malt vinegar .... vinagre de malta
   red wine vinegar .... vinagre de vino tinto
   unfiltered vinegar .... vinagre desfiltrado
   white vinegar .... vinagre blanco
   white wine vinegar .... vinagre de vino blanco
vinegar and oil .... aceite y vinagre
white sauce .... salsa blanca, bechamel
Worcestershire sauce .... salsa inglesa, salsa tipo inglesa

Raising, Thickening, Flavoring & Coloring Agents
agentes de levadura, espesantes, esencias y colorantes

arrowroot .... arrurruz, maranta
baking ammonia .... amoníaco de hornear
baking powder .... polvo para hornear, levadura en polvo
   double-action baking powder .... levadura en polvo de doble acción,
                                      polvo de hornear de doble acción
   single-action baking powder .... levadura normal
baking soda .... soda, bicarbonato de soda
bicarbonate of soda .... bicarbonato de soda, soda de sosa (Sp)
extract .... extracto
   almond extract .... extracto de almendra
   cherry extract .... extracto de cereza
   cinnamon extract .... extracto de canela
   coffee extract .... extracto de café
   imitation almond extract .... extracto de almendra imitación
   imitation coconut extract .... extracto de coco imitación
   imitation vanilla extract .... extracto de vainilla imitación

lemon extract	extracto de limón
orange extract	extracto de naranja
peppermint extract	extracto de menta
pure almond extract	extracto de almendra puro
pure vanilla extract	extracto de vainilla puro
spearmint extract	extracto de menta verde
vanilla extract	extracto de vainilla
flavoring	esencia, condimento, sazón, saborizantes
almond flavoring	esencia de almendra
apple flavoring	esencia de manzana
artificial flavoring	aromatizante artificial
banana flavoring	esencia de plátano, esencia de banana (RPI, Per), esencia de banano (AmC, Col), esencia de cambur (Ven), esencia de guineo (Col, Ec, Pan, PR, DR), esencia de bananero (AmL)
blueberry flavoring	esencia de arádano
bourbon flavoring	esencia de bourbon, esencia de whisky americano
brandy flavoring	esencia de brandy
caramel flavoring	esencia de caramelo
chocolate flavoring	esencia de chocolate
mint flavoring	esencia de menta
natural flavoring	aromatizante natural
peach flavoring	esencia de durazno
pecan flavoring	esencia de pacana
peppermint flavoring	esencia de menta
raspberry flavoring	esencia de frambuesa
rum flavoring	esencia de ron
sherry flavoring	esencia de jerez
spearmint flavoring	esencia de menta verde
strawberry flavoring	esencia de fresas
vanilla flavoring	esencia de vainilla
food coloring	colorante alimenticio, colorante para alimentos
blue food coloring	colorante azul alimenticio
green food coloring	colorante verde alimenticio
red food coloring	colorante rojo alimenticio
yellow food coloring	colorante amarillo alimenticio
gelatin	gelatina
powdered gelatin	gelatina en polvo
gluten	gluten
leavening agent	levadura
orange flower water	agua de azahar
pectin	pectina
raising agent	levadura, agente leudante (AmL)
thickener	espesante
yeast	levadura
active yeast	levadura activa
brewer's yeast	levadura de cerveza
dried baker's yeast	levadura seca de panadero
fresh yeast	levadura fresca
instant dry yeast	levadura seca instantánea
yeast cake	pastel de levadura

Sweeteners
endulzantes

Confections
dulces

almond paste	mazapán
carob	algarroba
chocolate	chocolate
baker's chocolate	chocolate para hornear
baking chocolate	chocolate de hornear
bitter chocolate	chocolate amargo
bittersweet chocolate	chocolate agridulce
dark chocolate	chocolate amargo, chocolate oscuro
milk chocolate	chocolate claro
sweet chocolate	chocolate dulce
white chocolate	chocolate blanco
chocolate bar	barra de chocolate, tableta de chocolate
chocolate chips	pedacitos de chocolate
chocolate powder	polvo de chocolate
confectionery	productos de confitería, golosinas dulces
fondant	fondant
icing (hard)	glaseado, fondant
chocolate icing (soft)	baño de chocolate
lemon curd	crema de limón
marshmallow	malvavisco, bombón (Mex)
marzipan	mazapán
meringue	merengue
mincemeat	picadillo de frutas secas, grasa y especias
paste	pasta
almond paste	mazapán
macaroon paste	pasta de macarrón
pastry cream	crema pastelera
pie crust	base de masa, tapa de masa
double-crust pie	base y tapa de masa
single-crust pie	una base de masa individual, una base de masa
pie filling	relleno de pastel
apple pie filling	relleno de pastel de manzana
custard pie filling	relleno de pastel de natillas
peach pie filling	relleno de pastel de durazno
pecan pie filling	relleno de pastel de pacana
pumpkin pie filling	relleno de pastel de calabaza
strawberry pie filling	relleno de pastel de fresa
pie shell	base de masa para pasteles
praline	praline
sauce	salsa
caramel sauce	salsa de caramelo, caramelo
chocolate sauce	salsa de chocolate
lemon sauce	salsa de limón

Sugars & Syrups
azúcares y jarabes

black treacle, molasses .... melaza negra
corn syrup .... jarabe de maíz
   dark corn syrup .... jarabe de maíz oscuro
   light corn syrup .... jarabe de maíz claro
fructose .... fructosa
honey .... miel
   clover honey .... miel de trébol
   eucalyptus honey .... miel de eucalipto
   heather honey .... miel de brezo
   lavender honey .... miel de lavanda, miel de espliego
   orange blossom honey .... miel de azahar
   raw honey .... miel cruda, miel virgen, miel natural
   sunflower honey .... miel de girasol
honeycomb .... panal
maple sugar .... arce del Canadá, arce de azúcar
maple syrup .... sirope de arce, jarabe de arce
molasses .... melaza
Nutrasweet .... azúcar de dieta, Nutrasweet (spl),
                                              edulcorante
saccharin .... sacarina
sauce .... salsa
   caramel sauce .... salsa de caramelo, caramelo
   chocolate sauce .... salsa de chocolate
   lemon sauce .... salsa de limón
sucrose .... sacarosa
sugar .... azúcar
   beet sugar .... azúcar de remolacha
   brown sugar .... azúcar morena
   cane sugar .... azúcar de caña
   caramelized sugar .... azúcar acaramelada
   confectioners' sugar .... azúcar glasé, azúcar flor (Ch), azúcar en
                                            polvo (Col), azúcar impalpable (RPl)
   granulated sugar .... azúcar granulada
   How many sugars do you take? .... ¿Cuánta azúcar quiere? ¿Cuántos
                                            terrones de azúcar quiere? ¿Cuántas
                                            cucharaditas de azúcar quiere?
   icing sugar .... azúcar
   raw sugar .... azúcar cruda, azúcar pura

maple syrup

sirope de arce

refined sugar . . . .   azúcar refinada
white sugar . . . .   azúcar blanca, azúcar normal, azúcar
                                                                   blanquilla
sugar cubes . . . .   azúcar en cubos
sugar free . . . .   sin azúcar
sugar lumps . . . .   azúcar en terrones, azúcar en pancitos
sweetener . . . .   endulzante
sweetener (artificial) . . . .   edulcorante
Sweet & Low . . . .   azúcar de dieta, Sweet & Low,
                                                                   edulcorante
sweet tooth (to have a) . . . .   ser goloso
syrup . . . . jarabe, almíbar, sirope (AmL)
    corn syrup . . . .   jarabe de maíz
    dessert syrup . . . .   jarabe para postre
    malt syrup . . . .   jarabe de malta
    maple syrup . . . .   sirope de arce, jarabe de arce
    simple syrup . . . .   jarabe simple

Jams, Marmalades & Jellies
mermeladas y jaleas

jam . . . .   mermelada, dulce, mermelada de fruta
    blackberry jam . . . .   mermelada de mora
    cherry jam . . . .   mermelada de cereza
    fig jam . . . .   mermelada de higo
    gooseberry jam . . . .   mermelada de grosella silvestre
    peach jam . . . .   mermelada de durazno
    pineapple jam . . . .   mermelada de piña
    plum jam . . . .   mermelada de ciruela
    raspberry jam . . . .   mermelada de frambuesas
    strawberry jam . . . .   mermelada de fresas
jelly . . . .   jalea, gelatina (Arg)
    apple jelly . . . .   jalea de manzana
    crab apple jelly . . . .   jalea de manzana silvestre
    currant jelly . . . .   jalea de grosellas
    mint jelly . . . .   jalea de menta
marmalade . . . .   mermelada de cítricos
    orange marmalade . . . .   mermelada de naranja
    thick-cut marmalade . . . .   mermelada espesa de naranja
preserves . . . .   confitura, mermelada (Per, Sp)
    peach preserves . . . .   duraznos en conserva

Flour & Bread Products
productos de harina y pan

bagel . . . .   rosca de pan, bagel
baguette . . . .   baguette, pan francés, pan flauta, barra
                                                                       de pan
beignet . . . .   buñuelo
biscuit . . . .   bizcocho, galleta, galletita (Arg),
                                                                       bizcochito (DR), bisquet (Mex),
                                                                       panecillo (PR)
    small biscuit . . . .   bizcochito

biscuits with gravy	bizcochos con jugo
bread	pan
brown bread	pan moreno
corn bread	pan de maíz
French bread	pan francés
garlic bread	pan con mantequilla y ajo
gingerbread	pan de jengibre
gluten-free bread	pan sin gluten
loaf of bread	hogaza
onion bread	pan de cebolla
pita bread	pan árabe, pita
rye bread	pan de centeno, pan negro, pan centeno (Ch)
sliced bread	pan de molde, pan lactal (Arg), pan tajado (Col), pan cortado (CR), pan de sandwich (DR), pan de caja (Mex), pan especial (PR), pan en rodajas (Ven)
Slice the bread.	Corte el pan.
sourdough bread	pan de masa agria
stale bread	pan duro, pan tierno
sugar-free bread	pan sin azúcar
sweet bread	pan dulce
Take bread to table number ___.	Lleve el pan a la mesa número ___.
wheat-free bread	pan sin trigo
white bread	pan blanco, pan blanco tajado, pan de molde (Cu), pan blanco rebanado (Ur)
whole wheat bread	pan integral, pan de trigo
bread crumbs	migas de pan, migajas de pan
bread stick	pan francés
brioche	bollo de leche, brioche
bun	bollo, panecillo, pancito (Arg, Ur), panillo, pan pequeño (Col), bollito (CR)
hamburger bun	bollo para hamburguesa, pan para hamburguesas (Mex, Pan)
hot dog bun	bollo para salchicha americana, pan para salchicha americana (Mex)
canapé	canapé, bocadito
cereal	cereal
whole grain cereal	cereal de granos enteros
chapati	pan ácimo indio
chips	tortillas fritas, chips
potato chips	papitas, papas fritas
tortilla chips	totopos, tortillas tostadas
cornflakes	hojuelas de maíz, copos de maíz
Cornish pasty	empanadilla de papa, cebolla y carne
cracker	galleta, galleta de soda (Ven), galleta salada
salted cracker	galleta salada, galleta de sal
water cracker	galleta de agua
crepe	crepa, crep, crepe, filloa, panqueque (AmL, CS)
crumbs	migas, migajas
bread crumbs	pan rallado
croissant	croasan, croissant, cruasant (DR), cuernito (Mex), cachito (Per), medialuna (Arg)

crouton .... croûton, crutón, pedacitos de pan tostado

danish .... pan dulce (Mex), danesa (Pan), pastelillo
                                        de fruta y nueces

dough .... masa, amasijo

    sweet dough .... masa dulce

    yeast dough .... masa con levadura

doughnut .... buñuelo frito, dónut, rosca (Ch, Col), dona
                                        (Col, ElS, Mex, Pan, PR), rosquilla

dumpling .... bola de masa

    apple dumpling .... manzana al horno envuelta en masa

flapjack .... panqueque, panquec (sl), pancake (Cu,
                                        DR, Pan, PR)

French fries .... papas fritas, papas a la francesa, patatas
                                        fritas (Sp), papitas fritas (DR)

French toast .... tostada francesa, pan tostado a la
                                        francesa, pan francés

fritter .... buñuelo

granola .... granola

muffin .... muffin, mantecada (Mex)

    fat-free muffin .... muffin sin grasa

    wheat-free muffin .... muffin sin trigo

pancake .... panqueque, panquec (sl), panqueca (Ven),
                                        panqué (AmC, Col) pancake (Cu, DR,
                                        Pan, PR), crepa (Mex)

pancake batter .... masa, masa de panqueque

puff pastry .... pasta de hojaldre, hojaldre, masa de mil
                                        hojas (Arg, Ch), milhoja (Ven),
                                        champechana (Mex)

roll .... panecillo, pancito, bolillo (Mex)

    cinnamon raisin roll .... panecillo de canela y pasas

    cinnamon roll .... panecillo de canela

    crescent roll .... panecillo media luna

    hard roll .... panecillo duro

    kaiser roll .... panecillo con semillas de amapola

    onion roll .... panecillo de cebolla

    spring roll .... panecillo primavera, rollito primavera

    sweet roll .... panecillo dulce

    Swiss roll .... rollo, brazo de gitano (Sp), rosca (Ur),
                                           bollo de pan (Ven)

sandwich .... sándwich, emparedado, bocadillo (Sp)

    club sandwich .... sándwich club, sándwich de dos pisos

    cold sandwich .... sándwich frío

    hot sandwich .... sándwich caliente

    submarine sandwich .... sándwich hecho con una barra entera
                                           de pan, lonche (Mex)

    toasted sandwich .... sándwich caliente, bocadillo tostado

scone .... scone, bísque

toast .... pan tostado, tostada

    dry toast .... tostada seca

toast with butter .... pan tostado con mantequilla

waffle .... waffle, gofre, barquillo (Col), wafle (Gua)

Welsh rarebit .... tostada con queso derretido

Prepared Dishes
platos preparados

au gratin potatoes .... papas al gratén, patatas al gratén
baked beans .... frijoles cocidos
beef casserole .... carne estofada, carne guisada, guiso de
                               carne, guisado de res (Mex)
casserole (meat based) .... guiso, guisado (Mex)
   beef casserole .... carne estofada, carne guisada, estofado
                               de carne, guisado de res
   chicken casserole .... pollo a la cacerola, pollo a la cazuela,
                               guisado de pollo
   tuna casserole .... guiso de atún
casserole (noodle, potato, dumpling, etc.) .... cazuela
cauliflower Mornay .... coliflor con salsa de queso
chicken biryani .... biryani de pollo
chicken pot pie .... estofado de pollo y verduras cubiertas de
                               masa hojaldrada
chicken salad .... ensalada de pollo
corned beef hash .... salpicón de carne de vaca en media
                               salmuera
goulash .... estofado con pimentón al estilo húngaro,
                               goulash
hashed brown potatoes, hashed browns, hash
   brown potatoes .... papas y cebolla doradas en la sartén
meat (dried) fried with eggs and onions ...... machaca
meat pie .... budín de carne
meat stew .... guiso de carne
mixed grill .... plato de carne a la parrilla con verduras
ossobuco .... ossobuco, ossobuco de cordero
salad .... ensalada
   Caesar salad .... ensalada César
   chef salad .... ensalada de chef, ensalada de
                               cocinero, ensalada grande
   chicken salad .... ensalada de pollo
   Cobb salad .... ensalada de Cobb
   dinner salad .... ensalada para cena
   garden salad .... ensalada de jardín
   Niçoise salad .... ensalada Niçoise
   pasta salad .... ensalada de pasta
   side salad .... ensalada al lado, ensalada al costado
   three-bean salad .... ensalada de tres clases de frijoles
salad bar .... mesa de ensalada
scalloped potatoes .... papas gratinadas, papas al gratén,
                               patatas a gratén
shepherd's pie .... pastel de papas
steak and kidney pie .... pastel de carne y riñones
stew .... guiso, guisado

Desserts
postres

baked Alaska .... Alaska al horno
baklava .... baklava

banana split	banana split
Bavarian cream	crema bávara
blancmange	compuesto de gelatina, crema de maizena
bombe	helado en molde
bonbon	bombón
assorted bonbons	bombones surtidos
mixed bonbons	bombones surtidos
brownie	pastelito de chocolate
cake	pastel, torta, queque (Bol, CR, Per), cake (Cu), dulce (Pan), bizcocho (DR, PR), tarta (Sp), ponqué (Ven, Col)
angel food cake	pastel de ángel
birthday cake	pastel de cumpleaños
Black Forest cake	pastel Selva Negra
cheesecake	pastel de queso, cheesecake
chocolate cake	pastel de chocolate
coffee cake	pastel para el café
cupcake	pastelito
fruitcake	budín inglés
sponge cake	bizcocho, queque (AmL), bizcochuelo, ponqué (Col, Ven)
wedding cake	pastel de boda, torta de casamiento (Arg)
candy	caramelo, dulce
candy (confectionery)	golosinas dulces
candy apple	manzana acaramelada
candy bar	golosina en barra
chantilly cream	crema chantilly, crema chantillí
chewing gum	chicle, goma de mascar
chiffon	chiffón
chocolate bar	pastilla de chocolate
cobbler	pastel con fruta, pastel
compote	compota
confectionery	productos de confitería
cookie	galleta, macita (Arg), galletita (CR, PR, Ur), pasta (Sp), galletica (Cu)
assorted cookies	galletas surtidas
gingerbread cookie	galleta de jengibre
cream puff	repolla, bolla de crema (Bol, ElS, Gua, Hon), repollito (Ch)
crème caramel	flan
crust	base
crumb crust	base de migas
double pie crust	base y tapa de masa
graham cracker crust	base de galleta integral
pie crust	base de masa, tapa de masa, base de masa para pastel
single pie crust	una base de masa
custard	flan, natillas
dessert	postre
I didn't get any dessert.	Me quedé sin postre.
Save the leftover desserts.	Guarde los pasteles que sobren.
Take the dessert out of the refrigerator.	Saque el postre del refrigerador.
doughnut	dónut, rosquilla
éclair	pastel relleno de crema, palo de nata (Sp)

graham cracker .... galleta integral
hot fudge .... jarabe de chocolate caliente
   hot fudge sundae .... helado con jarabe de chocolate caliente,
                                             sundae con jarabe de chocolate
                                             caliente
ice cream .... helado, nieve
lemon drop .... caramelo de limón
macaroon .... macarrón
mincemeat .... picadillo de frutas secas y especias
mint .... menta
   breath mint .... pastilla de menta para el aliento
mousse .... mousse, espuma
   chocolate mousse .... mousse de chocolate
   lemon mousse .... mousse de limón
   raspberry mousse .... mousse de frambuesa
nougat .... turrón
parfait .... postre helado
pastry .... pastel, parva
petit four .... petit-four, pastelillo
pie .... pastel, tarta, kuchen, tartaleta (Ven), pay
                                             (Mex), pai (sl)
   apple pie .... pastel de manzana, pay de manzana
                                             (Mex), kuchen de manzanas (Ch)
   baked pie .... pastel horneado
   chocolate cream pie .... pastel de crema de chocolate
   lemon meringue pie .... pastel de limón con merengue
   mincemeat pie, mince pie .... pastel de frutas secas y especias
   peach pie .... pastel de durazno, pastel de melocotón
   pecan pie .... pastel de pacana
   pumpkin pie .... pastel de calabaza
   strawberry pie .... pastel de fresa
pie filling .... relleno de pasteles
   apple pie filling .... relleno de manzana
   custard pie filling .... relleno de natillas
   peach pie filling .... relleno de durazno
   pecan pie filling .... relleno de pacana
   pumpkin pie filling .... relleno de calabaza
   strawberry pie filling .... relleno de fresas
praline .... praliné
profiterole .... bocadito de nata, profiterole
pudding .... budín, pudín, pudding
   apple pudding .... budín de manzana
   baked pudding .... budín horneado
   bread pudding .... budín de pan
   chocolate pudding .... budín de chocolate, crema de
                                               chocolate
   rice pudding .... arroz con leche
   steamed pudding .... budín al vapor
sherbet .... sorbete, helado de agua, nieve (Cu, Mex,
                                               PR)
shortbread .... galleta dulce de mantequilla, galletitas de
                                               manteca (Arg)
shortcake .... tarta de frutas
   strawberry shortcake .... tarta de fresas

sorbet, sorbete . . . . sorbete, helado de agua, nieve (Cu, Mex,
                                                                         PR)
   lemon sorbet . . . .   sorbete de limón
soufflé . . . . suflé
sundae . . . . helado con salsa de frutas y nueces,
                                                                         sundae
   hot-fudge sundae . . . .   helado con jarabe de chocolate
                                                                              caliente, sundae con jarabe de
                                                                              chocolate caliente
   ice cream sundae . . . .   helado con salsa de frutas y nueces,
                                                                              sundae
sweets . . . . dulces
   I like sweets. . . . .   Me gustan los dulces.
sweet snack . . . . golosina
tart (large) . . . . tarta, kuchen (Ch), modecito, torta, dulcito
                                                                         relleno (DR), pastelito (Gua)
   apple tart . . . .   tarta de manzana
   chocolate tart . . . .   tarta de chocolate
   custard tart . . . .   tarta de crema
   fruit tart . . . .   tarta de fruta
   lemon tart . . . .   tarta de limón
   pear tart . . . .   tarta de pera
   plum tart . . . .   tarta de ciruela
tart (small) . . . . tartaleta, tartaleta (RPl)
tartlet . . . . tartaleta, tartaleta (RPl)
truffle . . . . trufa, trufa de chocolate

Basics
productos básicos

bones . . . . huesos
   chicken bones . . . .   huesos de pollo
   fish bones . . . .   espinas de pescado
   meat bones . . . .   huesos de carne
   soup bones . . . .   huesos de sopa
canned food . . . . alimentos enlatados, latas de conservas
                                                                         (Ch), comida enlatada (Col, Cu, DR,
                                                                         Pan)
canned goods . . . . conservas
carbohydrate . . . . carbohidrato
carnivore . . . . carnívoro
chlorophyll . . . . clorofila
condiments . . . . condimentos, aliños
curd . . . . cuajada, requesón
fixings . . . . guarnición, acompañamiento
garnish . . . . aderezo, adorno, guarnición,
                                                                         acompañamiento, toques
garnish (drink) . . . . toques para bebida
groceries . . . . abarrotes, alimentos, comestibles
nutrient . . . . nutriente
pit (fruit) . . . . hueso, cuesco, semilla, carozo (CS), pepa
                                                                         (Col)
products . . . . productos

protein	proteína
protein rich	rico en proteínas
salmonella	salmonella
salmonella poisoning	intoxicación por salmonella, salmonelosis
starch	almidón
trimmings	guarnición
vitamins	vitaminas
vitamin rich	rica en vitaminas
zest	ralladura

Common Food Adjectives
adjetivos asociados con la comida

acid	ácido
appetizing	apetecible, apetitoso
baked	guisado, cocido, horneado, cocinado
bitter	amargo
bland	desabrido, insípido
blended	licuado
boiled (ham)	cocido
boiled (rice, potato, etc.)	hervido
breaded	empanado, empanizado
broiled	asado
bruised	golpeada
bruised fruit	fruta golpeada, fruta machucada
burned	quemado
buttery	mantecoso
a buttery taste	un sabor a mantequilla
candied	confitado
chewy	fibroso
chewy (candy)	masticable
chewy (meat)	correoso, duro, latigudo (Ch, sl)
chilled	frío
chopped	picado
finely chopped	finamente picado
coarse-grained	de grano grueso
cold	frío
ice-cold	helado
The soup is cold.	La sopa está fría.
This is too cold.	Esto está muy frío.
Your dinner is getting cold.	Se le está enfriando la comida.
cooked	cocinado, cocido
It's not yet cooked.	Le falta un poco todavía.
creamy (consistency)	cremosa
creamy (containing cream)	con crema
crispy	crocante
culinary	culinario
delicacy	manjar
Caviar is a real delicacy.	El caviar es un verdadero manjar.
delicious	delicioso, sabroso
So delicious.	¡Qué delicioso!
diet	de dieta
dietetic	dietético

dried	secado
dry	seco
expired	vencido
famished	famélico, hambriento
fat-free	sin grasa
fermentation	fermentación
fermented	fermentado
flaky	hojaldrado
flavor	sabor
The flavor lasts longer.	El sabor dura más.
flavorful	sabroso
floury (bread, rolls, etc.)	cubierto de harina
floury (hands, face, etc.)	lleno de harina, enharinado
foamy	espumoso
free-range	de granja
fresh	fresco
fresh water	de agua dulce, de agua fresca
fried	frito
deep-fried	frito en mucho aceite, frito en aceite abundante
fried food	fritura
frozen	congelado
garlicky	a ajo, tiene mucho ajo
Her breath was very garlicky.	Su aliento olía a ajo.
gelatinous	gelatinoso
glazed	glaseado
gourmet	gourmet, gastrónomo
grated	rallado
greasy	grasoso
grilled	asado
ground	molido
hard	duro
hard boiled	duro
homemade	casero
hot (spicy)	picante
hot (temperature of food)	caliente
iced (chilled)	helado
iced (covered in, a cake)	con baño de fondant
iced (covered in, a cookie)	glaseado
juicy	jugoso
kosher	comida preparada conforme a la ley judía
leafy	frondoso
leftover	sobrante, sobra
mealy	harinoso
medium (meat)	cocinado a punto medio
medium rare	medio al rojo, casi crudo
medium well	casi cocido, mediano completo
milky	lechoso
minced	picadito
moist	húmedo
moldy	mohoso
mouth-watering	delicioso
natural	natural
nonstick	antiadherente

off, rancid, turned	revenido (colloq)
odorless	inodoro
oily	aceitoso, grasiento, grasoso
organic	orgánico
out of date	vencido, caducado
The milk is out of date.	La leche está vencida.
oven-baked	hecho al horno
oven-ready	listo para el horno
overcooked	demasiado cocido
over easy	ligeramente volteado
over medium	volteado medianamente
overripe	demasiado maduro
pasteurized	pasteurizada, pasterizada
peeled	pelado
pickled	encurtido, escabechado, en vinagre
poached	escalfado
precooked	precocido
protein rich	rico en proteínas
pureed	en puré
rare	poco cocida
raw	crudo
ripe	maduro
not ripe	no maduro
roasted	asada
room temperature	temperatura ambiente
rotten	podrido
saccharine	empalagoso
salty	salado
sautéed	salteado
savory	sabroso, ajedrea
scrambled	revuelto
seared	chamuscado, sellado
seasoned	sazonado, condimentado
highly seasoned	muy sazonado
serrated	serrado, dentado
shredded	picado
slice (of bread)	rebanada
slice (of cake)	trozo, pedazo
slice (of ham, salami, etc.)	tajada, loncha, lonja, feta (RPl)
slice (of meat)	tajada
slice (of melon)	raja
sliced	rebanado
smelly	maloliente
smoked	ahumado
soft	suave
soft boiled	pasado por agua
sour	agrio

serrated

serrado

spicy .... condimentado, sazonado
spicy (hot) .... picante
spoiled .... estropeado, podrido
stale .... viejo, duro
   stale bread .... pan viejo, pan duro
starchy .... feculento, lleno de almidón
   starchy diet .... dieta feculenta
steamed .... al vapor
sugar-coated .... garapiñado, cubierto de azúcar
sugar-free .... sin azúcar
sugary (sweet) .... azucarado, dulce
stuffed .... relleno
sweet .... dulce
sweet and sour .... agridulce
sweetened .... azucarado
tart .... ácido, agrio
tasteless .... desabrido
tastiness .... sabroso
tasty .... sabroso, gustoso
   so tasty .... muy sabroso
thick (bread, etc.) .... grueso
   He cuts the bread too thick. .... Él corta el pan demasiado grueso.
thick (sauce) .... espeso
thin (tomato, etc.) .... fino
   thinly sliced tomatoes .... tomates en rojadas finas
turned (spoiled) .... estropeado
undercooked .... poco hecha, poco cocida, semicocida
under ripe .... no maduro, no madurada
vegan .... totalmente vegetariano, vegetariano
                                                 estricto
vegetarian .... vegetariano
   lactovegetarian .... vegetariano que come verduras y
                                                 lácteos
   ovo-lactovegetarian .... vegetariano que come verduras, huevos
                                                 y lácteos
vinegary .... avinagrado
vitamin rich .... rico en vitaminas
warm .... tibio
watery .... aguado
well done .... bien cocido

Liquor & Spirits
licor y alcohol

alcohol . . . . alcohol, licor
  grain alcohol . . . . alcohol de granos, alcohol etílico
alcoholic beverage . . . . bebida alcohólica, trago (Ch, Arg)
  nonalcoholic beverage . . . . bebida sin alcohol
ale . . . . cerveza
  light ale . . . . cerveza rubia
aperitif . . . . aperitivo
beer . . . . cerveza, birra, birria (Mex, Nic, PR), prela (sl), cheve (sl), chevecha (sl), chela (sl), serpentina (sl)
  bottled beer . . . . cerveza en botella
  dark beer . . . . cerveza oscura
  domestic beer . . . . cerveza doméstica, cerveza del país, cerveza hecha en el país
  draft beer . . . . cerveza de barril
  ginger beer . . . . cerveza de jengibre
  glass of beer . . . . caña de cerveza
  imported beer . . . . cerveza importada
  keg of beer . . . . cuñete de cerveza
  lager . . . . cerveza que contiene poco lúpulo
  light beer . . . . cerveza light, cerveza de bajo contenido calórico
  liter of beer . . . . camargua (colloq)
  low-calorie beer . . . . cerveza de menos calorías, cerveza ligera
  micro-brewery beer . . . . cerveza de cervecería pequeña
  nonalcoholic beer . . . . cerveza sin alcohol
  pale beer . . . . cerveza blanca
  stale beer . . . . cerveza agriada
beer, large bottle of . . . . botella grande de cerveza, caguama (Mex)
belt (the) . . . . trago
bitters . . . . gotas amargas aromáticas, agrias
bootleg liquor . . . . licores de contrabandistas

beer
cerveza

booze (the)	bebida alcohólica, alcohol, licor, alipús (Mex), trago (Arg)
bourbon	bourbon, whisky americano
brandy	brandy, coñac
clear brandy	aguardiente
burgundy	borgoña, vino de borgoña
champagne	champaña, champagne, champán
claret	vino clarete
cocktail	cóctel
cognac	coñac
cordial	cordial
crème de cacao	crema de cacao
crème de menthe	crema de menta
drink (the, alcohol)	licor, trago, bebida con alcohol, bebida, copa (sl)
blended drink	licor mezclado
cold drink	licor fresco
cooling drink	refrescante
hot drink	licor caliente
mixed drink	licor combinado
nonalcoholic drink	bebida sin alcohol
eggnog	ponche de huevos y licor, rompope (Mex), ponchecrema (Ven)
fire water	aguardiente
gin	ginebra
grog	grog
hard cider	sidra
head	espuma
highball	bebida de whisky y agua, jaibol (Mex)
lager	cerveza rubia, cerveza que contiene poco lúpulo
lemon twist	limón enrollado
liquid refreshment	una copa
liquor	licor
hard liquor	licor espirituoso, licor fuerte, bebida alcohólica fuerte
malt liquor	cerveza
mint julep	cóctel de whisky con menta, cóctel de brandy con menta
moonshine	whisky destilado ilegalmente
muscatel	moscatel
port	oporto, vino de oporto
punch	ponche
rosé	vino rosado
rum	ron
dark rum	ron oscuro
rum and coke	cubalibre
white rum	ron blanco
sangría	sangría
scotch	escocés
sherry	vino de Jerez
soda water	agua mineral
tequila	tequila
tonic	tónica
tonic water	agua tónica

133

wine

vino

vermouth	vermut, vermouth
vodka	vodka
whiskey	whisky, escocés
corn whiskey	whisky de maíz
Irish whiskey	whisky irlandés, whisky americano, güisqui
malt whiskey	whisky de malta
rye whiskey	whisky de centeno
Scotch whiskey	whisky escocés, güisqui escocés
wine	vino
big wine	vino con sabor fuerte
California wine	vino de California
cooking wine	vino de cocinar
domestic wine	vino doméstico
dry wine	vino seco
French wine	vino francés
fruit wine	vino de frutas
fruity wine	vino con sabor de fruta
generous wine	licoroso
house wine	vino de la casa
imported wine	vino importado
Italian wine	vino italiano
light red wine	clarete
local wine	vino del país
red wine	vino rojo, vino tinto
rosé wine	vino rosado, vino clarete
sharp wine	vino de agujas, vino fuente
sparkling wine	vino espumante, vino espumoso
strong-bodied wine	vino con cuerpo
sweet wine	vino dulce, vino doncel
table wine	vino de mesa, vino común
white wine	vino blanco
wine punch	sangría

Nonalcoholic Beverages
bebidas sin alcohol

beverage	bebida
diet beverage	bebida dietética
café latte	café latte
iced café latte	café latte con hielo

cappuccino	cappuccino
iced cappuccino	cappuccino con hielo
nonfat cappuccino	cappuccino hecho con leche descremada
cider	zumo, jugo
apple cider	zumo de manzana
coffee	café, cofiro (sl)
American coffee	café americano
black coffee	café solo, café negro, café americano, café tinto, café puro (Ch)
caffeinated coffee	café con cafeína
coffee with milk	café con leche
decaffeinated coffee	café descafeinado, café sin cafeína
ground coffee	café molido
I am a coffee addict.	Yo soy muy adicto al café.
iced coffee	café helado
instant coffee	café instantáneo, café soluble
Irish coffee	café irlandés
medium-roast coffee	café mezcla
Turkish coffee	café turco
Viennese coffee	café vienés
coffee beans	grano entero de café, semillas de café tostadas, granos de café, café en grano
coffee crystals	cristales de café
decaffeinated coffee crystals	cristales de café descafeinado
coffee essence	esencia de café
coffee grounds	poso, café molido
coffee with cream	café con crema
coffee with cream and sugar	café con crema y azúcar
demitasse	tacita de café, tacita (Col), pocillito de café (PR), pocillo (Arg)
drink (beverage)	bebida
cold drink	bebida fresca
diet drink	bebida dietética
green drink	bebida de verduras
hot drink	bebida caliente
drinking chocolate	chocolate en polvo
espresso	expreso, café expres, café expreso
decaffeinated espresso	expreso descafeinado
espresso beans	granos enteros de expreso
ginger ale	gaseosa de jengibre, refresco de jengibre
hot chocolate	chocolate caliente, cocoa
hot chocolate mix	mezcla para chocolate caliente
ice	hielo
crushed ice	hielo molido
cubed ice	hielo en cubitos
ice cubes	cubos de hielo, cubitos de hielo
juice	jugo, zumo
apple juice	jugo de manzana
carrot juice	jugo de zanahoria
cranberry juice	jugo de arándano agrio
fresh fruit juice	jugo natural, jugo de frutas frescas
fresh-squeezed juice	jugo fresco exprimido, jugo recién exprimido

grapefruit juice	jugo de toronja, jugo de pomelo
lime juice	jugo de limón verde, jugo de lima
orange juice	jugo de naranja
tomato juice	jugo de tomate, jitomate (AmC)
lemonade	limonada
malt	malta, malteada
chocolate malt	malta de chocolate
vanilla malt	malta de vainilla
meat juice	jugo de carne
milk	leche
bottled milk	leche en botella
chocolate milk	chocolatada, leche con chocolate
homogenized milk	leche homogeneizada
ice milk	helado hecho con leche
malted milk	leche malteada
nonfat milk	leche descremada
organic milk	leche orgánica, leche natural
skim milk	leche descremada, leche desnatada
whole milk	leche entera
mineral water	agua mineral
mineral water with gas	agua mineral con gas
mineral water without gas	agua mineral sin gas
orangeade	naranjada
pop	soda, gaseosa, refresco
diet pop	soda dietética
refill (the)	recambio
Are refills free?	¿Son gratis los recambios?
free refills	gratis al recambios
no free refills	no hay recambios gratis
shake	malteada, merengada, batido
milk shake	malteada, licuado, batido de leche malteada
smoothie	licuado de fruta
soda	soda, gaseosa, refresco
diet soda	soda dietética
ice cream soda	soda efervescente mezclada con helado
soft drink	refresco, soda, gaseosa
tea	té
black tea	té negro
chamomile tea	té de manzanilla
decaffeinated tea	té descafeinado
green tea	té verde
herbal tea, herb tea	té herbal, té de hierba, infusión
hot tea	té caliente
ice tea	té frío, té helado, té con hielo
tea bag	bolsita de té
tea with lemon	té con limón
tea with milk	té con leche
water	agua
bottled water	agua embotellada
cold water	agua fría
distilled water	agua destilada
drinking water	agua potable
fresh water	agua dulce

hard water	agua dura
hot water	agua caliente
hot water with lemon	agua caliente con limón
ice water	agua helada, agua con hielo
purified water	agua purificada
salt water	agua salada
Seltzer water	agua de Seltz
soda water	agua de Seltz, agua mineral
tap water	agua del grifo
tonic water	agua tónica

Maintenance & Transportation
mantenimiento y transporte

Maintenance
mantenimiento

Pest Control
control de insectos y roedores

ant trap	trampa para hormigas
cockroach	cucaracha
fly paper	tira matamoscas
fly swatter	matamoscas
fruit fly	mosca de la fruta, mosca
mouse	ratón
mouse droppings	cagarrutas de ratón
mousetrap	ratonera
pest control (insects)	contra los insectos
pest control (rats/mice)	contra ratas y ratones, desratización
pesticide	pesticida
rat	rata
rat poison	matarratas, raticida
rat trap	cagarrutas de rata, trampa para ratas
rodent	roedor
trap (to set a)	tenderle la trampa

Maintenance
mantenimiento

break (to)	romper
If anything breaks, carefully pick up all the pieces.	Si algo se rompe, recoja con cuidado todos los pedazos.
break down (to)	romperse
The washing machine broke down.	La lavadora se rompió. La lavadora se descompuso.
broken (to be)	estar roto
The dishwasher is broken.	El lavaplatos está roto.
The toilet is broken.	El excusado está roto.
bus (to)	limpiar
Bus the table.	Limpie la mesa.
carry (to)	llevar
Carry the bucket.	Lleve el balde.

mousetrap

ratonera

change (to) .... cambiar
   Change the towels. .... Cambie las toallas.
clean (to) .... limpiar, lavar
   Clean inside the refrigerator. .... Limpie el refrigerador.
   Clean inside the oven. .... Limpie el horno.
   Clean the bathrooms. .... Limpie los baños.
   Clean the toilets. .... Limpie los inodoros. Limpie los
      escusados.
   Clean this. .... Limpie esto.
   Clean up that spill. .... Limpie lo que se derramó.
   It needs a good cleaning. .... Necesita una buena limpieza.
   Just give it a quick cleaning. .... Dele una repasadita. (fam)
clean (to deep) .... limpiar a fondo
clean up (to) .... limpiar
clear (to) .... limpiar
   Clear the tables. .... Limpie las mesas.
destain (to) .... desmanchar
disinfect (to) .... desinfectar
do the dishes (to) .... fregar los platos, lavar los platos, lavar los
      trastes
dust (to) .... quitar el polvo, sacudir, polvorear
   Dust the counters. .... Sacuda los mostradores.
   There is a lot of dust. .... Hay mucho polvo.
empty (to) .... vaciar
   Empty the ___. .... Vacíe el ___.
filth .... mugre
fix (to) .... fijar
flush (to) .... funcionar
   The toilet won't flush. .... El inodoro no funciona.
flush the toilet (to) .... Tirar de la cadena, jalarle la cadena
fumigate (to) .... fumigar
garbage .... basura
grime .... mugre
hose (to wash) .... lavar
   Hose down the patio. .... Lave el patio. Riegue el patio.
hose (to water) .... regar
hose down (to) .... lavar con manguera
install (to) .... instalar
leak (the) .... gotera
leak (to) .... gotear, pedir
lift (to) .... levantar
lower (to) .... bajar
maintenance .... mantenimiento
   preventative maintenance .... mantenimiento preventivo
mop (to) .... trapear
   Mop the floor. .... Trapee el piso.
plug (to become) .... tapar
   The toilet is plugged. .... El inodoro está tapado.
plunge (to) .... destapar, desatrancar
   Plunge the sink. .... Destape el lavabo.
   Plunge the toilet. .... Destape el inodoro. Desatranque el
      escusado.
polish (to) .... pulir
recycle (to) .... reciclar

We recycle.	Reciclamos.
We recycle cardboard.	Reciclamos cartón.
We recycle glass.	Reciclamos vidrio.
We recycle paper.	Reciclamos papel.
recycling	reciclando
repair (to)	reparar
Please repair this.	Por favor, repare Ud. esto.
replace (to)	reponer
Replace the paper towels.	Reponga las toallas de papel.
rinse plate (to)	enjuagar
scrub (to)	fregar
Please scrub ___.	Por favor, friegue la ___.
scrub the floor (to)	fregar el suelo
You need to scrub the floor.	Necesita fregar el suelo.
shine (to)	abrillantar
sweep (to)	barrer
Sweep behind and next to the stove.	Barra detrás de la estufa y al lado.
Sweep the floor.	Barra el piso.
Sweep this area.	Barra esta área.
Sweep up the broken glass.	Barra el vidrio roto.
You have to sweep.	Tiene que barrer.
trash	basura
Empty the trash.	Vacíe la basura. Tire la basura. Bote la basura.
Put the boxes in the trash.	Tire las cajas en la basura.
unplug (to, a toilet, sink, etc)	quitar
unload (to)	descargar
vacuum (to)	aspirar, pasar la aspiradora
Vacuum the carpet.	Aspire la alfombra. Pase la aspiradora en la alfombra.
wash (to)	lavar, bañar
Wash the floor mats.	Lave los tapetes del piso. Lave las esteras.
Wash the windows.	Lave las ventanas.
Wash this.	Lave esto.
wash dishes (to)	lavar los platos, fregar los platos (Cu)
Wash the dishes.	Lave los platos.
water (to)	regar
Water the plants.	Riegue las plantas.
wipe clean (to)	enjugar
wipe down (to)	limpiar, pasar el trapo
wipe out (bowl, pot, etc)	limpiar
whisk (to, clean)	sacudir

Maintenance Supplies
provisiones de mantenimiento

Ajax	Ajax
ammonia	amonia, amoníaco
bar rinse	desinfectante, desinfectante para la barra
bleach	blanqueador, desmanchador, agua de Cuba (Ch), agua Jane® (UR)
Brillo pad	estropajo metálico, esponjita metálica
cleaner	limpiador

bowl cleaner	limpiador líquido de inodoros
carpet cleaner	limpiador para alfombras
deep-fat-fryer cleaner	limpiador para ollas de freír
glass and hard surface cleaner	limpiador para vidrios y superficies duras
glass cleaner	líquido para limpiar espejos
mirror cleaner	líquido para limpiar vidrios
oven cleaner	limpiador de horno
toilet bowl cleaner	limpiador líquido de inodoros
cleaning solution	solución para limpiar, líquidos preparados para limpiar, líquidos preparados para el limpieza, líquido limpiador (Mex)
cleaning supplies	suministros de limpieza
cleanser	polvo para limpiar
Chlorox	cloro
degreaser	limpiador desengrasador, líquido para quitar la grasa
detergent	detergente
dishwasher detergent	detergente de lavaplatos automático
hand wash pot and pan detergent	detergente para el lavado a mano de ollas y sartenes
dish cloth	paño de cocina, repasador, limpión (Col)
dish towel	paño de cocina, repasador, limpión (Col)
dishwashing liquid	limpiador para lavaplatos líquido, lavavajillas, detergente
disinfectant	desinfectante
drain opener	destapador cañerías
crystal drain opener	cristales para destapar cañerías
liquid drain opener	líquido para destapar cañerías
fabric softener	enjuague, suavizante para la ropa
facial tissue	papel sutil, klinex, toallitas de papel para la cara
floor stripper	removedor de cera
garbage bag	bolsa de la basura
gloves	guantes
latex gloves	guantes de látex
rubber gloves	guantes de goma
janitorial supplies	provisiones para la limpieza
Kleenex	papel sutil, klinex, toallitas de papel para la cara
light bulb	bombilla, foco, bombita de luz (Arg), amapola (Chi)
Change the dead light bulb.	Cambie la bombilla fundida. Cambie el foco fundido.
paper towel	toallas de papel, papel absorbente
Put paper towels in the bathrooms.	Ponga toallas de papel en los baños.
polish	crema para lustrar, abrillantador, cera
furniture polish	cera para muebles, lustramuebles
polish (brass)	crema para lustrar bronce
polish (floor)	abrillantador de suelos, abrillantador de piso (AmL)
polish (metal)	limpiametales
polish (silver)	crema para lustrar platería
polish (stainless steel)	cera para acero inoxidable

bar of soap
_____
barra de jabón

polish (wood) .... cera para muebles, lustramuebles
rag .... trapo, paño
scouring pad .... almohadilla restregadora
scrubber .... fregadero, almohadilla
   griddle scrubber .... fregadero para la plancha de cocina,
           almohadilla para la plancha de
           cocina, esponja para la plancha de
           cocina
   pot and pan scrubber .... fregadero para ollas y sartenes
   pot scrubber .... estropajo
scrubbing pad .... esponja metálica, brillo (sl)
soap .... jabón
   bar of soap .... barra de jabón, pastilla de jabón
   dishwasher soap .... jabón para la máquina lavaplatos,
           detergente para lavaplatos
   dishwashing soap .... jabón para lavaplatos, jabón para la
           máquina lavaplatos
   hand soap .... jabón para las manos, jabón de tocador
   liquid hand soap .... jabón líquido para manos
   liquid soap .... jabón líquido
   Put the soap in there. .... Ponga el jabón allí a dentro.
sponge .... esponja
suds .... jabonaduras, espuma de jabón
tissue .... papel sutil, klinex, toallitas de papel para
           la cara
toilet paper .... papel higiénico, papel higiénico de calidad,
           papel de baño, papel tualet (sl)
   Put toilet paper in the bathrooms. .... Ponga papel higiénico en los baños.
toilet seat cover .... protector para el inodoro de papel,
           protector de papel para el inodoro
towel .... toalla, paño
   bar towel .... toalla de barra
   dish towel .... paño de cocina, repasador, limpión (Col)
   kitchen towel .... toalla de cocina
   paper towel .... toalla de papel
trash bag .... bolsa de la basura
trash can liner .... bolsa de la basura, forro de latas de
           basura
vacuum bag .... bolsa de aspiradora
wax .... cera
   floor wax .... cera para el suelo, cera para el piso
           (AmL)
   furniture wax .... cera para muebles, lustramuebles (CS)

Windex . . . . líquido para limpiar espejos
window cleaner . . . . líquido para limpiar espejos

Maintenance Equipment
equipo de mantenimiento

bathroom tissue dispenser . . . . portapapel de baño
broom . . . . escoba
   small broom . . . . escobilla
brush . . . . cepillo
   bottle brush . . . . cepillo para botellas
   scrub brush . . . . cepillo para fregar
   toilet brush . . . . cepillo para el excusado
bucket . . . . balde, tobo, cubeta
cleaning equipment . . . . equipo de limpieza
dish tray . . . . charola, bandeja
dishwasher . . . . máquina de lavar platos, máquina
                                lavaplatos, lavaplatos, lavavajillas (Arg),
                                lavadora de platos
dishwasher rack . . . . rejilla
disposal . . . . triturador de basura
drill (the) . . . . taladro de mano, taladro (Ch), taladro
                                manual (Mex, Col)
dumpster . . . . basurero
dust buster . . . . aspiradora de mano
dustpan . . . . recogedor, pala de recoger basura
feather duster . . . . plumero
flashlight . . . . lámpara portátil
floor mats . . . . tapetes para el piso, tapetes para el suelo
   rubber floor mat . . . . tapetes de goma para el piso, estera de
                                goma
   Wash the floor mats. Lave los tapetes del piso. Lave las
                                esteras.
floor polisher . . . . enceradora
garbage can . . . . basurero, bote de la basura, lata para
                                basura
   Empty the garbage can. . . . . Vacíe el basurero.
garbage disposal . . . . vertedero, triturador, deshechador
   Don't put bones in the garbage disposal. . . . No ponga huesos en el triturador.
grease trap . . . . trampa de grasa, atrapagrasas
griddle block . . . . esponja para limpiar el griddle, rastrillo
                                para limpiar la plancha de cocina,
                                almohadilla para limpiar la plancha de
                                cocina
griddle polishing pad . . . . almohadilla limpiadora para planchas de
                                freír
griddle screen . . . . malla para plancha de cocina
hammer . . . . martillo
hose . . . . manguera
ladder . . . . escalera
   step ladder . . . . escalera de mano, escalera doble
mop . . . . trapeador, fregona (Sp), mopa, lampazo
                                (AmS)

mop wringer . . . . escurridor
nail . . . . clavo
rug shampooer . . . . máquina para lavar alfombras
scraper . . . . raspador
screwdriver . . . . destornillador
soap dish . . . . jabonera
soap dispenser . . . . dispensador de jabón
spic-and-span . . . . limpio como una patena, limpio y
                                                             ordenado, limpísimo, reluciente
squeegee . . . . escurridor de goma, enjuagador de goma
toilet plunger . . . . destapador del inodoro, sopapa (Arg)
trash can . . . . caneca, bote de la basura, balde de la
                                                             basura, basurero
   The trash can is full. . . . .   El basurero está lleno.
trash compactor . . . . comprimidor de basura
vacuum (the) . . . . aspiradora, aspirador
vacuum cleaner . . . . aspiradora, aspirador
waste paper basket . . . . papelero, papelera
water pail . . . . tobo, cubeta
whisk broom . . . . escobilla
wrench . . . . llave para las tuercas

Common Maintenance Adjectives
adjetivos asociados con el mantenimiento

clean . . . . limpio
cleanliness . . . . limpieza
corroded . . . . corroído
cracked . . . . agrietado
damaged . . . . dañado
dirty . . . . sucio
empty . . . . vacío
filthy . . . . cochambroso, mugriento, muy sucio
   The kitchen is filthy. . . . .   ¡Qué cochambre de cocina! ¡Qué
                                                             cocina tan sucia!
full . . . . lleno
grimy . . . . mugriento
lost . . . . perdido
ruined (building) . . . . ruinas
scuffed . . . . rayado
scum . . . . desecho
sewage . . . . desagüe, aguas sucias
sharp . . . . afilado
soapy . . . . jabonosa
   soapy water . . . .   agua jabonosa
stained . . . . manchado
torn . . . . rasgado
waste . . . . desperdicios

Transportation
transportación

accelerate (to) . . . . acelerar
accelerator . . . . acelerador

accident (the) .... accidente
accident (to have an) .... accidentarse
alley .... callejón
automobile .... automóvil, automovilístico
automobile accident .... accidente automovilístico, accidente de
                                            automóvil
back up (to) .... marcha atrás
    Do you know how to back up a truck? .... ¿Sabe dar marcha atrás al camión?
battery .... batería
bike .... bicicleta
    delivery bike .... bicicleta de repartos, bicicleta para
                                            pedidos, bicicleta de servicio a
                                            domicilio
blinker .... intermitente, luz intermitente, guiño (Arg),
                                            guiñador (Bol), luz direccional (Pan), luz
                                            de cruce (Ven)
blow out (to) .... reventarse
    His tire blew out. .... Se le reventó la llanta.
boarding pass .... pase de abordar (Mex)
brake (the) .... freno
brake (to) .... frenar
brake fluid .... líquido de frenos
bus (the) .... autobús, ómnibus (Arg, Per), bus (Arg,
                                            Col, Pan), colectivo (Bol), micro (Ch),
                                            buseta, guagua (Cu, DR, PR),
                                            camioneta (EIS, Gua)
bus (to) .... llevar en autobús, transportar en autobús
bus driver .... conductor de autobús, chofer, guagüero
                                            (Cu), camionero (Mex), busero (Pan)
bus fare .... boleto de autobús, billete de autobús,
                                            pasaje
    Do you have bus fare? .... ¿Tiene Ud. un pasaje de autobús?
bus pass .... pase de autobús
bus stop .... parada de autobús, parada de bús,
                                            parada del ómnibus (Arg, Per, Ur),
                                            parada de lata (CR), parada de bus
                                            (CR)
cab .... cabriolé, taxi, libre, cabina
car (the) .... carro, coche, automóvil, bólido (Sp)
    Do you have a car? .... ¿Tiene Ud. carro?
    Sometimes I have trouble with my car. .... A veces tengo problemas con mi carro.
car (to get out of a) .... bajarse del auto
carpool (to) .... compartir coches, hacer pool (Arg),
                                            compartir viajes en carro (Col), turnarse
                                            alternando coches (Mex), ir juntos en
                                            un carro (Ven)
clutch (the) .... embrague, clutch, cloche (Col, Ven)
    Do you know how to drive a clutch? ...... ¿Sabe manejar un vehículo con
                                            transmisión manual?
collision .... colisión, choque
    head-on collision .... choque de frente, choque frontal (Sp,
                                            Ur), colisión frente a frente (Col)
crash (to) .... chocar, estrellar (Col)
crosswalk .... paso de patrones, cruce peatonal (Col),
                                            acera (Cu), cruce de peatones (DR)

decelerate (to)	disminuir la velocidad, reducir la velocidad, desacelerar (Col, Cu)
dent (the)	abolladura
detour (the)	desvío, desviación
detour (to)	desviarse
dipstick	indicador del nivel de aceite, varilla de aceite (Ven)
dolly	plataforma rodante, doli, dolly
drive (to)	manejar, conducir (Ch, Col, Pan, Sp), guiar (PR)
Can you drive a manual transmission?	¿Puede Ud. manejar un vehículo con transmisión manual?
Can you drive a stick?	¿Puede Ud. manejar un vehículo con transmisión manual?
Can you drive a truck?	¿Puede Ud. manejar un camión?
Do you drive?	¿Maneja Ud.?
Do you know how to drive?	¿Sabe manejar vehículos?
Do you know how to drive a clutch?	¿Sabe manejar un vehículo con transmisión manual?
Drive carefully.	Circule con precaución.
drive drunk (to)	manejar borracho, manejar en estado de embriaguez (DR), conducir borracho (Sp), conducir ebrio (Sp)
driver	conductor
bad driver	mal conductor, dominguero (sl)
good driver	buen conductor
driver's license	licencia para manejar, licencia de conducir, permiso de conductor (Arg), carnet de conductor (Arg), pase para conducir (Col), carnet (Sp)
Do you have a U.S. driver's license?	¿Tiene Ud. licencia para manejar de los Estados Unidos?
I need your driver's license number.	Necesito el número de su licencia para manejar.
Show me your driver's license.	Enséñeme su licencia.
What is your driver's license number?	¿Cuál es el número de su licencia de conducir?
driver's seat	asiento del conductor, asiento del piloto (Ch), asiento del chofer (Cu)
driveway	entrada para vehículos
driving license	licencia para manejar, licencia de conducir, permiso de conductor (Arg), carnet de conductor (Arg), pase para conducir (Col)

driver's license
———————————
licencia para manejar

driving school . . . . autoescuela, escuela de conducir
engine . . . . motor
expressway . . . . autopista, vía rápida (Mex)
fan belt . . . . correa del ventilador, banda del ventilador
    (Mex)
flat tire (the) . . . . pinchazo, llanta desinflada, llanta
    reventada, ponchado (Mex), goma
    pinchada (Arg, DR), llanta pinchada (Bol),
    neumático pinchado (Ch), flat (Pan),
    goma vacía (PR)
flat tire (to get a) . . . . pinchar una llanta
  I arrived late because I got a flat. . . . . Llegué tarde porque se me pinchó una
    llanta.
freeway . . . . autopista, camino real
garage (repair) . . . . garaje, taller mecánico (Arg)
garage (storage) . . . . garaje, marquesina (DR)
gas . . . . gasolina, nafta (Arg)
  Step on the gas! . . . . ¡Apresúrese!
gas pedal . . . . acelerador, pedal de la gasolina, pedal de
    gasolina
gas station . . . . estación, bomba de gasolina
  Where is the gas station? . . . . ¿Dónde hay una estación de servicio?
gas tank . . . . tanque de gasolina, tanque de nafta (Arg),
    depósito de gasolina (Sp)
gas up (to) . . . . llenar el tanque con gasolina
gears . . . . marchas, velocidades, cambios (PR, Arg,
    Ch, Cu, DR, Pan)
headlights . . . . faros, focos, luces, faroles delanteros
    (Col)
highway . . . . autopista, camino real
hit-and-run driver . . . . un automovilista que se da la fuga
hydraulic fluid . . . . líquido hidráulico
insurance . . . . seguro
  automobile insurance . . . . seguro de automóvil
  comprehensive insurance . . . . seguro contra todo riesgo
  liability insurance . . . . seguro de responsabilidad social
  uninsured motorist insurance . . . . seguro de conductores sin seguro de
    automóvil
jack . . . . gato
key box . . . . caja de llaves
keys . . . . llaves
  car keys . . . . llaves del carro
  I left the keys in the car. . . . . Yo dejé las llaves en el carro.
lane . . . . carril, línea (Cu)
limousine . . . . limusina
median . . . . centro de la calle, isla de tráfico, bandejón
    (Ch), camellón (Mex), carril del centro
    (PR), mediana (SP)
median strip . . . . centro de la calle, isla de tráfico, bandejón
    (Ch), camellón (Mex), carril del centro
    (PR), mediana (SP)
motorist . . . . motorista, automovilista
oil . . . . aceite
  Check the oil. . . . . Compruebe el nivel del aceite.

motor oil	aceite de automóviles
oil gauge	indicador del nivel del aceite
oil pan	cárter
overpass	paso elevado
park (to)	parquear, aparcar, estacionar
Park the cars over there.	Parquee los carros allá. Estacione los carros allá.
parking	estacionamiento, parqueo
employee parking	estacionamiento para empleados
private parking	estacionamiento privado
staff parking	estacionamiento para empleados
valet parking	estacionamiento valet, estacionamento exclusivo
parking brake	freno de mano
parking garage	parking, estacionamiento
parking lot	estacionamiento, aparcamiento (Sp), parqueadero (Col)
parking meter	parquímetro
parking ticket	multa por estacionamiento indebido
parking zone	zona de parqueo
disabled parking zone	zona de parqueo para discapacitados solamente
emergency parking zone	zona de parqueo de emergencia solamente
no parking zone	zona de no parqueo, zona prohibido estacionar
restricted parking zone	zona de parqueo restringido
pothole	pozo, bache (Mex, Sp, Cu, Arg, Gua)
ride (a)	traiga (fam), una dejada
Do you have a ride to and from work?	¿Tiene quien lo traiga y lo llevo?
Would you give me a ride to	¿Me llevaría a ___?
ride the bus (to)	ir en autobús
ride (to, a bicycle)	montar
ride (to give someone a)	llevar en coche a alguien
ride (to go for a)	dar una vuelta
right of way	derecho de vía, prioridad, derecho de paso (Arg, Cu, PR)
road	calle, carretera, vía, camino, ruta
road block	control de carretera
road rage	agresión en la carretera
road safety	seguridad en la carretera
road sense	instinto de conductor
roadside	borde de la carretera, borde del camino
at the roadside	al borde de la carretera, al borde del camino
roadside repairs	auxilio de carretera, ayuda en carreteras
road sign	letrero de carretera, aviso vial (Col), cartel (Arg)
run down (to)	atropellar a, derribar a
run over (to)	atropellar a, derribar a
He ran over the pedestrian.	Él atropelló a un peatón.
rush hour	hora de máximo tránsito, hora pico, hora de tráfico, hora del tapón (RP), hora punta (Sp)

safety belt .... cinturón de seguridad, cinto de seguridad
   Always wear your safety belt. .... Use siempre el cinto de seguridad.
seat belt .... cinturón de seguridad, cinto de seguridad
shift gears (to) .... cambiar la velocidad, hacer un cambio
                         (Arg), cambiar de marcha (Sp)
side-view mirror .... espejo lateral
speed off (to) .... irse a toda velocidad
   He sped off. .... Él se fue a toda velocidad.
speed (the) .... velocidad
speed (to) .... ir a toda velocidad
speed bump .... badén, guardia tumbado, tope (Mex),
                         baden (Ch)
speeding ticket .... multa por exceso de velocidad
speed limit .... límite de velocidad, velocidad máxima
speedometer .... velocímetro, cuenta kilómetros (Ch),
                         cuentakilómetros (Cu)
speed up .... aceleración
steering wheel .... volante, manubrio (Ch), timón (Col, Cu,
                         Gua, Pan), guía (PR, DR)
stick shift .... palanca de cambios, marcha (CR), cambio
                         manual (Sp)
street .... calle, li (sl)
   dead-end street .... calle sin salida, calle cerrada
   one-way street .... calle de una mano, vía única (Ch), calle
                        de un solo sentido (Col, Mex, Per),
                        calle de dirección única (Sp)
street (to go down the) .... tomar por una calle
streetcar .... tranvía
subway .... metro, subterráneo (RPI), subte (Arg)
taxi .... cabriolé, taxi, libre (Ven)
taxi driver .... conductor de taxi, taxista
taxi stand .... parada de taxi, parada de libres (Ven),
                        sitio (Mex)
ticket .... multa
   parking ticket .... multa por estacionamiento indebido
   speeding ticket .... multa por exceso de velocidad,
                        infracción por exceso de velocidad,
                        boleta por velocidad (Pan)
   traffic ticket .... multa, infracción (Mex), boleta (Ven)
tire .... llanta, neumático, goma (Mex)
   flat tire (the) .... pinchazo, llanta desinflada, llanta
                        reventada, pinchadura (Mex), goma
                        pinchada (Arg, DR), llanta pinchada
                        (Bol), neumático pinchado (Ch), flat
                        (Pan), goma vacía (PR)
   spare tire .... llanta de repuesto, rueda de repuesto,
                        goma de auxilio (Arg), llanta de
                        refracción (Mex)
traffic .... tráfico, tránsito (Ch, CR, DR)
traffic jam .... congestionamiento, embotellamiento (Arg,
                        Per, Ur), atasco (CR, Sp), presa (CR),
                        tanque (Cu, Pan)
traffic light .... señal de tráfico, señal de tránsito,
                        semáforo

transmission .... transmisión
   automatic transmission .... transmisión automática, cambio
                                               automático (Sp)
   Can you drive a manual transmission? ..... ¿Puede Ud. manejar un vehículo con
                                               transmisión manual?
   Can you drive a stick shift? .... ¿Puede Ud. manejar un vehículo con
                                             transmisión manual?
   manual transmission .... transmisión manual
transmission fluid .... líquido de transmisión
trolley car .... tranvía
truck .... troque, camión
   delivery truck .... camión de entrega, camión de servicio
                                               a domicilio
   maintenance truck .... camión de mantenimiento
   pickup truck .... camioneta, camioneta pickup (Mex, Ven)
   tow truck .... grúa
truck driver .... camionero
trunk .... maletero, cajuela (Mex)
turn (the) .... giro, vuelto
   illegal turn .... giro ilegal
   legal turn .... giro legal
turn (to) .... girar
   no left turn .... prohibido girar a la izquierda
turn signal .... luz direccional, aguiño (Arg), luz del
                                            indicador (Ch), luz para doblar (Col),
                                            pidevías (Gua), señal intermitente (Ur),
                                            señal de luces (Ven)
U turn .... giro de 180 grados
underpass .... paso a desnivel
valet service .... servicio de valet
valet stand .... puesto del valet
van .... camioneta, furgoneta, carro de carga
delivery van .... camioneta de repartos
service van .... camioneta de servicio
vehicle .... vehículo
windshield .... parabrisas
wiper fluid .... líquido de limpiaparabrisas
wipers .... limpiaparabrisas, limpiavidrios (DR),
                                            limpiabrisas (Col)

Speaking & Calling
hablando y llamando

address (to, a person) . . . . dirigirse, llamar
  Address your employees with respect.
    (direct) . . . .   Diríjase a sus empleados con respeto.
  Address your employees with respect.
    (phone) . . . .   Llame a sus empleados con respeto.
answer (to) . . . . contestar
  Answer in English. . . . .   Conteste en inglés.
  Answer in Spanish. . . . .   Conteste en español.
area code . . . . código de área
argument . . . . discusión, disputa
argument (to get into) . . . . entrar en disputas
beeper . . . . llamador, marcador, buscapersonas, bip
                         (Mex), bíper (Mex)
call (the) . . . . llamada
  no personal calls . . . .   no llamadas personales
  personal call . . . .   llamada personal
  Please keep all calls short. . . . .   Por favor, haga sus llamadas breves.
  You have a phone call. . . . .   Tiene una llamada.
call (to) . . . . llamar
  Did anyone call today? . . . .   ¿Llamó alguien hoy?
  He called you __ times. . . . .   Él llamó __ veces.
  I will call back later. . . . .   Llamaré más tarde.
  Please call in if you are sick. . . . .   Llame cuando esté enfermo. Por favor,
                         llame si está enfermo.
  Who called? . . . .   ¿Quién llamó?
  Who is calling? . . . .   ¿Quién está llamando? ¿Quién llama?
call in sick (to) . . . . llamar por ausencia de enfermedad
check with (to) . . . . consultar
  Check with me before you leave. . . . .   Consúlteme antes de salir.
contact . . . . contacto
  How can we contact you? . . . .   ¿Cómo podemos ponernos en contacto
                         con Ud.? ¿Cómo podemos
                         contactarlo a Ud.?
conversation (the) . . . . conversación
conversation (to strike up a) . . . . entablar una conversación
dial (to) . . . . marcar
discuss (to) . . . . hablar de
  Discuss it with your boss. . . . .   Háblelo con su jefe.
first-name basis (to be on a) . . . . tutearse
  They are on a first-name basis. . . . .   Se tutean.
Goodbye! . . . . ¡Adiós! ¡Que le vaya bien! ¡Chau! ¡Chao!
                         (Ch), ¡Ciao! (Col)
  Thanks and goodbye. . . . .   Muchas gracias y adiós.
hear (to) . . . . oír
  Did you hear me? . . . .   ¿Me oye?

Excuse me, I didn't hear you. . . . .   Disculpe, no le oí.
Have a good time. . . . .   Qué lo pase bien.
Hello! (in person) . . . .   ¡Hola, ¡Qué habo! (sl)
Hello? (on the telephone) . . . .   ¿Dígame? ¿Hola? ¡Oigo! (Cu), ¿Bueno?
                                                         (Mex)
keep cool (to) . . . .   conservar la serenidad
listen (to) . . . .   escuchar
    Please listen. . . . .   Escuche por favor.
long distance . . . .   larga distancia
    Please do not make long-distance calls. . . . .   Por favor, no haga llamadas de larga
                                                             distancia.
mean (to) . . . .   decir
    What do you mean? . . . .   ¿Qué quiere decir Ud.?
meet (to) . . . .   encontrar, conocer
    It is a pleasure to meet you. . . . .   Un placer de conocerlo.
    Nice to meet you. . . . .   Encantado de conocerlo. Feliz en
                                                             conocerle.
message . . . .   mensaje
    Do I have any messages? . . . .   ¿Tengo mensajes?
    May I leave a message? . . . .   ¿Puedo dejar un mensaje?
    May I take a message? . . . .   ¿Puedo tomar un mensaje?
    Please write down all messages. . . . .   Por favor, escriba todos los mensajes.
mobile telephone . . . .   celular, teléfono móvil
number . . . .   número de teléfono
    home number . . . .   número de teléfono de casa
    I will be at this number. . . . .   Voy a estar en este número de teléfono.
    mobile number . . . .   número de celular, número de teléfono
                                                             móvil
    pager number . . . .   número del llamador
    telephone number . . . .   número de teléfono
    work number . . . .   número del teléfono de trabajo
page (to, a device) . . . .   llamar por llamador, llamar por
                                                             buscapersona
page (to, voice) . . . .   llamar por altavoz
pager . . . .   llamador, marcador, buscapersona
phone (the) . . . .   teléfono
    Answer the phone. . . . .   Conteste el teléfono.
    mobile phone . . . .   teléfono móvil, celular
phone (to) . . . .   llamar, telefonear
phone book . . . .   guía telefónica
phone booth . . . .   cabina de teléfono, cabina telefónica
remember (to) . . . .   acordarse, recordar
    Do you remember ___? . . . .   ¿Se acuerda Ud. de ___?

pager
llamador

say (to) .... decir
  How do you say ___? .... ¿Cómo se dice ___?
See you again. .... Hasta la vista.
See you later. .... Hasta luego.
See you tomorrow. .... Hasta mañana.
sincerely .... sinceramente
speak (to) .... hablar
  Do you speak English? .... ¿Habla Ud. inglés?
  Do you speak Spanish? .... ¿Habla Ud. español?
  English speaking .... de habla inglesa
  I do not speak English. .... No hablo inglés.
  I do not speak Spanish. .... No hablo español.
  I speak a little Spanish. .... Hablo poquito español.
  Is there someone there who speaks
    English? .... ¿Hay alguien allí que hable inglés?
  So to speak. .... Por decirlo.
  Spanish speaking .... de habla hispana
  Speak clearly. .... Hable claramente.
  Speak slowly please. .... Hable despacio, por favor.
  Speak with the boss. .... Hable con el jefe.
  Speak with the manager .... Hable con el gerente.
  Speak with the owner. .... Hable con el dueño.
  Who is speaking? .... ¿Quien habla? ¿De parte de quién?
speak broken English (to) .... hablar inglés con dificultad
speak out (to) .... hablar
speak up (to) .... hablar más alto
speak up for (to) .... salir en defensa de
talk (to) .... hablar
  It was a pleasure talking with you. .... Fue un placer hablar con Ud.
  May I talk to the headwaiter? .... ¿Puedo hablar con el encargado?
tell (to) .... decir
  Who told you that? .... ¿Quién le dijo eso?
telephone (the) .... teléfono
  Answer the telephone. .... Conteste el teléfono.
  Do you have a telephone? .... ¿Tiene Ud. teléfono?
  mobile telephone .... teléfono móvil, celular
  pay telephone .... teléfono público
  public telephone .... teléfono público
  Where is the telephone? .... ¿Dónde está el teléfono?
  You may use the telephone. .... Puede usar el teléfono.
telephone (to) .... llamar, telefonear, llamar por teléfono
telephone booth .... cabina telefónica, cabina de teléfono
telephone call (the) .... llamada telefónica
telephone call (to make) .... llamar por teléfono
telephone line .... línea telefónica
telephone message .... mensaje por teléfono
  Do I have any telephone messages? .... ¿Tengo algun mensaje?
telephone number .... número de teléfono
  What is your telephone number? .... ¿Cuál es su número de teléfono?
tell (to) .... decir
  I am going to tell you how to ___. .... Yo voy decirle como ___.
  Tell me. .... Dígame.
This is ___. .... Habla ___.
understand (to) .... entender, comprender

Do you understand?	¿Entiende Ud.?
Do you understand me?	¿Me entiende Ud.?
Now I understand.	Ya entiendo.
wait (to)	esperar
Please wait a moment.	Por favor, espere un momento.
yes	sí
Yes Sir!	¡Sí, Señor!

Personal Pronouns, Etcetera
pronombres personales, etcétera

aunt	tía
baby	niño, bebé, guagua (Ándes)
boy	muchacho, niño
boyfriend	novio
brother	hermano
brother-in-law	cuñado
child	niño
cousin	primo
daughter	hija
daughter-in-law	nuera
everybody	todo el mundo, todos
family	familia
Do you have a family?	¿Tiene Ud. familia?
Do you have family here?	¿Tiene Ud. familia aquí? ¿Vive aquí su familia?
father	padre
father-in-law	suegro
girl	muchacha, niña
girlfriend	novia
godfather	padrino
godmother	madrina
granddaughter	nieta
grandfather	abuelo
grandmother	abuela
grandparents	abuelos
grandson	nieto
he	él
hers	la, de ella
his	de él
husband	esposo
I	yo
it	lo, la
kid	niño, chamaco (sl), guagua (sl), pibe (Arg, sl)
lady	señora, señorita
lady-killer	un Don Juan, mujeriego
man	hombre, caballero
mine	mío
mother	madre
mother-in-law	suegra
nephew	sobrino
niece	sobrina

parents	padres
person	persona
relatives	parientes, familiares
she	ella
sister	hermana
sister-in-law	cuñada
someone	alguien
tattletale	comadre, chismosa (sl)
teenager	adolescente
teens	adolescencia
theirs	suyo
ours	nuestros
people	gente
person	persona
widower	viudo
wife	esposa
woman	mujer, señora
young woman	señorita
womanizer	mujeriego
you (familiar)	tú
you (formal)	Ud.
yours	tuyo

Miscellaneous Vocabulary
vocabulario variado

all	todos
another	otro
backwards	hacia atrás
because	porque
because of	a causa de, debido a
before (in front of)	adelante de, delante de
behind (direction)	atrás
believe (to)	creer
I don't believe it.	No lo creo.
belong to (to)	pertenecer a
benefit	beneficio
benefit of the doubt	un margen de confianza
benefit (to be of)	ser útil
It will be of benefit to us.	Nos será útil.
better	mejor
business (affair)	asunto
It is none of your business.	No es asunto tuyo.
It is not my business.	Eso no me atañe. Nada tengo que ver con eso.
What is your business here?	¿Qué lo trae por aquí? ¿Qué le trae a Ud. acá?
busy	ocupado
calm down (to)	calmarse
circumstances	circunstancias
under no circumstances	de ningún modo, en ningún caso
under the circumstances	dadas las circunstancias, en estas circunstancias

compliment (the)	cumplido, piropo (sl)
compliment (to)	felicitar
do over (to)	volver a hacer
He did the work over.	Volvió a hacer el trabajo.
end	fin
to the bitter end	hasta la muerte
Where will it all end?	¿Dónde va a parar esto?
end to it (to put an)	acabar con
enough	bastante, suficiente
errand	mandado, recado
errand (to run an)	hacer un mandado
errand (to send on an)	enviar a un mandado
I have sent him on an errand.	Le he enviado a hacer un mandado.
everything	todo
Everything is in order.	Todo está en orden.
everywhere	por todas partes, en todas partes
exactly	exacto
facts	hechos
Please give me the facts.	Por favor, deme los hechos.
fail (to)	faltar a, dejar a
He failed to show up for his appointment.	Faltó a la cita.
far	lejos
fast	rápido
fault	culpa
It's your fault.	La culpa es suya.
fault (to be at)	ser el culpable, tener la culpa
fault with (to find)	criticar, encontrar defectos en
find (to)	encontrar
I can't find it.	No lo encuentro.
foolproof method	método infalible
forward	hacia adelante
from	de, desde
___ feet from the entrance.	___ pies de la entrada.
front	frente
in front of	en frente de
have (to)	tener
Do you have ___?	¿Tiene Ud. que ___?
I have many things to do.	Tengo muchas cosas que hacer.
help (to)	ayudar
Do you want me to help you?	¿Quiere que lo ayude?
Help me please.	Ayúdeme, por favor.
May I help you?	¿Puedo ayudarlo en algo?
here	aquí, acá
in here	aquí adentro
It happened right here.	Pasó aquí adentro.
right here	aquí mismo
They are waiting in here.	Están esperando aquí adentro.
How?	¿Cómo?
How are you?	¿Cómo está Ud.?
How are you doing?	¿Cómo le va?
How awful!	¡Qué horrible!
How come?	¿Cómo es posible?
How did it go today?	¿Cómo le fue hoy?
How do you do?	¿Cómo ha estado?

How do you like your meat?	¿Cómo le gusta la carne?
hurry up (to)	apurarse
in general	por lo general, por regla general
keep an eye on (to)	vigilar a
Keep an eye on that waiter.	Vigile a ese camarero.
knock down (to)	derribar
He knocked down the door.	Derribó la puerta.
knock off (to)	rebajar
He knocked ten dollars off of the price. . . .	Rebajó el precio diez dólares.
left (direction)	izquierda
left (to be)	quedar
It is all I have left.	Es todo lo que me queda.
many	muchos
matter	material
It doesn't matter.	No importa. Es igual.
What's the matter?	¿Qué hay? ¿Qué pasa?
What's the matter with you?	¿Qué tiene Ud.? ¿Qué le pasa?
maybe	quizás
mistake	error
by mistake	por equivocación
I did it by mistake.	Lo hice por equivocación
most	mayoría, más
The most I can do.	Es todo lo que puedo hacer. Lo más que puedo hacer.
much	mucho
not much	no mucho
near	cerca
no	no
none	ninguno
of course	por supuesto
okay, OK	esta bien, por supuesto, bastante bien
only	sólo, solamente
please	por favor
Would you please ___.	Si es Ud. tan amable ___. Si me hace el favor de ___.
problem	problema
quickly	pronto
right (correct)	correcto, razón
You are right.	Tiene Ud. razón.
right (direction)	derecha
right of way	derecho de vía
same	igual, mismo
so	tanto
some	algún, alguno
sure	seguro
I am not sure.	No estoy seguro.
take care of (to)	ocuparse de, encargarse de
He took care of the problem.	Se ocupó de la problema.
Thank You.	Gracias.
Fine, thank you.	Bien gracias.
No, thank you.	No, gracias.
Thank you very much.	Muchas gracias.
Yes, thank you.	Sí, gracias.

157

that	ése, ésa, eso, que
I cannot believe that you're late again.	No puedo creer que Ud. haya llegado tarde otra vez.
It is not my business.	Eso no me atañe. Nada tengo que ver con eso.
That's it.	Eso es.
Use that plate.	Use ese plato.
there	allá, allí
over there	por allá, allá
Let's go over there.	Vamos allá.
thereabout	por ahí, por allá, por allí
thereafter	después de eso
this	éste, ésta, esto
This is the way.	De esta manera.
This is what I want.	Esto es lo que quiero.
This wasn't here yesterday.	Esto no estaba aquí ayer.
What is this?	¿Qué es esto?
throw out (to)	echar, expulsar
We threw him out of the club.	Lo echamos del club.
truth (the)	verdad
Please tell the truth.	Por favor, diga la verdad.
welcome (in presence)	bienvenido
not welcome (in presence)	no es bienvenido, persona no grata
what (not in a question)	que
What?	¿Qué?
What do you need?	¿Qué necesita?
What happened?	¿Qué pasó? ¿Qué sucedió?
What has gotten into him?	¿Qué mosca le ha picado?
What is that?	¿Qué es eso?
What is that for?	¿Para qué es eso?
What is the matter?	¿Qué sucede? ¿Qué pasa?
What is your name?	¿Cómo se llama Ud.? ¿Cuál es su nombre?
What's new?	¿Qué hace? ¿Qué hay de nuevo?
What's up?	¿Qué pasa? ¿Qué transas? (sl) ¿Qué onda? (sl)
where (not in a question)	donde
no where	en ninguna parte
Where?	¿Dónde?
Where were you?	¿Dónde estaba Ud.?
Where were you yesterday?	¿Dónde estaba Ud. ayer?
whereabouts	hacia a donde, por dónde
whereat	a donde
whereby	por donde
wherefore	por lo que
whereof	de lo cual
Which?	¿Cuál?
Which one?	¿Cuál?
Which way do I go?	¿En cuál dirección voy?
Who?	¿Quién?
Who is the boss?	¿Quién es el jefe?
Who is the owner?	¿Quién es el dueño?
Who is the manager?	¿Quién es el jefe? ¿Quién es el gerente?
Who is the supervisor?	¿Quién es el supervisor?

Whom?	¿Quién? ¿Cuál? ¿Qué?
Whom did you see?	¿A quién vio?
Whose?	¿De quién?
Whose bag is this?	¿De quién es esta bolsa?
Why?	¿Por qué?
Why didn't you call?	¿Por qué no me llamó?
with	con
with me	conmigo
with us	con nosotros
with you	contigo
without	sin
wrong	incorrecto

Salutations, Expressions & Exclamations
saludos, expresiones y exclamaciones

Be quiet!	¡Cállense!
Bless you!	¡Salud!
Bon Appétit!	¡Buen provecho!
Bye!	¡Adiós! ¡Qué le vaya bien! ¡Chau! ¡Chao! (Ch), ¡Ciao! (Col) ¡Bye! (DR)
Careful!	¡Cuidado!
Be careful!	¡Tenga cuidado!
Be careful not to fall!	¡Cuidado con caerse!
Come right now!	¡Venga ahora!
Congratulations!	¡Enhorabuena! ¡Felicitaciones! ¡Felicidades!
Darn!	¡Caramba!
Don't be silly.	No sea tonto.
Don't fight.	No peleen.
Don't worry.	No se preocupe.
Do you mind?	¿Me permite?
Excuse me.	Discúlpeme. Con permiso. Perdón. Perdone. Perdóname.
For heaven's sake.	Por el amor de Dios.
Get out!	¡Largo de aquí!
Good afternoon!	¡Buenas tardes!
Goodbye!	¡Adiós! ¡Qué le vaya bien! ¡Chau! ¡Chao! (Ch), ¡Ciao! (Col)
Good day!	¡Buenos días!
Good evening!	¡Buenas noches!
Good luck!	¡Buena suerte!
Good morning!	¡Buenos días! ¡Buen día!
Good night!	¡Buenas noches! ¡Hasta mañana! (Ecu)
Go safely!	¡Vaya con cuidado!
Happy Birthday!	¡Feliz cumpleaños!
Happy Easter!	¡Feliz Pascua!
Happy Holiday!	¡Feliz Día de Fiesta!
Happy New Year!	¡Feliz Año Nuevo!
Happy Thanksgiving!	¡Feliz día de acción de gracias! ¡Feliz día de gracias! ¡Acción de Gracias!
Have a nice day.	Tenga un buen día. Que tenga un buen día.
Heck!	¡Caramba!

Hi! . . . . ¡Hola!
Hold it! . . . . ¡Un momento!
Hurry! . . . . ¡Apúrese! ¡Dése prisa!
How awful. . . . . ¡Qué horrible!
Let's go! . . . . ¡Vamos!
I hope so. . . . . Espero que sí.
I'm coming! . . . . ¡Allá voy!
I'm kidding. . . . . Estoy bromeando.
I'm sorry. . . . . Lo siento. Disculpe.
I think so. . . . . Creo que sí.
It is up to you. . . . . Depende de Ud.
Merry Christmas! . . . . ¡Feliz Navidad!
My God! . . . . ¡Dios mío!
My goodness! . . . . ¡Dios mío!
No hard feelings. . . . . Sin resentimientos.
No way! . . . . ¡Qué va! ¡Claro! ¡Cómo no!
Of course! . . . . ¡Por supuesto!
See you later! . . . . ¡Hasta luego! ¡Hasta más tarde!
Send my regards. . . . . Déle mis saludos.
So long! . . . . ¡Adiós!
sorry . . . . perdone, perdón, lo siento
so-so . . . . más o menos
Take it easy! . . . . ¡Tómelo con calma!
To your health. . . . . ¡A su salud!
You're welcome. . . . . De nada. Para servirle. Por nada. Muy
                                                                  amable. No hay de qué. Con mucho
                                                                  gusto. A la orden.
What a pity! . . . . ¡ Qué lástima!
Who knows! . . . . ¡Quién sabe!

Days of the Week
días de la semana

Monday . . . . lunes
Tuesday . . . . martes
Wednesday . . . . miércoles
Thursday . . . . jueves
Friday . . . . viernes
Saturday . . . . sábado
Sunday . . . . domingo

Months of the Year
meses del año

January . . . . enero
February . . . . febrero
March . . . . marzo
April . . . . abril
May . . . . mayo
June . . . . junio
July . . . . julio

August .... agosto
September .... septiembre, setiembre
October .... octubre
November .... noviembre
December .... diciembre

Seasons
estaciones del año

spring .... primavera
summer .... verano
   Indian summer .... verano de San Martín, veranillo de San
                              Martín
autumn .... otoño
fall .... otoño
winter .... invierno

Holidays
días de fiesta

birthday .... cumpleaños
Christmas Eve .... Nochebuena
Christmas .... Navidad
   Christmas is almost here. .... La Navidad está próxima.
Christmas Day .... el Día de Navidad
Columbus Day .... Día de la Raza
Daylight Saving Time .... Hora de verano
Easter .... Pascua
Father's Day .... Día del Padre
Good Friday .... Viernes Santo
Hanukkah .... Januká, Hanukkah
holiday .... día de fiesta
Labor Day .... Día del Trabajador
Lent .... Cuaresma
May Day .... Día Primero de Mayo
Memorial Day .... el último lunes de Mayo
Mother's Day .... Día de las Madres
New Year .... Año Nuevo
New Year's Day .... Día del Año Nuevo
New Year's Eve .... Nochevieja
Our Lady of Guadalupe's Day .... Día de Nuestra Madre de Guadalupe
Palm Sunday .... Domingo de Ramos
Passover .... Pascua Judía
Queen's Birthday .... Día del Cumpleaños de la Reina
Rosh Hashanah .... el Año Nuevo Judío
Thanksgiving .... el Día de Acción de Gracias, Día de
                              Gracias
Valentine's Day .... Día de los Enamorados
Washington's Birthday .... Día del Presidente Washington
Yom Kippur .... el Día del Perdón, Yom Kippur

Words & Expressions About Time
palabras y expresiones sobre el tiempo

after	después de, después que
after hours	después de la hora
afternoon	tarde
every afternoon	todas las tardes, cada tarde
in the afternoon	por la tarde, en la tarde
late afternoon	atardecer
throughout the afternoon	por la tarde
again	otra vez, una vez más
as soon as	en cuanto, así que
as soon as possible	con la mayor brevedad, cuanto antes
at about	a eso de la
Come at about 4 P.M.	Venga a eso de las cuatro.
at last	finalmente, al fin, por fin
at once	a la vez, al mismo tiempo
before (time)	antes de
beginning	principio
clock	reloj
It is one o'clock.	Es la una.
It is three o'clock.	Son las tres.
daily	diario
date	fecha
day	día
business day	día laboral
each day	cada día
everyday	todos los días
one of these days	un día de éstos
two days ago	hace dos días
What day is today?	¿Qué día es hoy?
day (to call it a)	dar el día por terminado
day before yesterday	anteayer
daybreak	madrugada, alba, amanecer
day-in-and-day-out	día tras día
day-to-day	cotidiano
from day-to-day	de día en día
dawn	madrugada, alba, amanecer
dusk	anochecer, crepúsculo
end	término
eve	víspera
evening	tarde, anochecer, víspera
every evening	cada tarde, cada noche
this evening	esta tarde, esta noche
fortnight	quincena
from now on	de aquí en adelante
go (to, remaining)	quedarse
You have five minutes to go before we open.	Le quedan cinco minutos antes de que abramos.
hour	hora
hourly	horario
immediately	inmediatamente
Do it immediately!	¡Hágalo inmediatamente!

later	después, más tarde
a little later	un poco después, un poco más tarde
latest	último
at the latest	a más tardar
Come tomorrow at the latest.	Venga mañana a más tardar.
long ago	hace tiempo
How long ago	¿Hace cuánto tiempo? ¿Hace cuánto?
midday	mediodía
midnight	medianoche
minute	minuto
at the last minute	a última hora
last minute	de última hora
moment (the)	momento, tiempo
This is not the time to bring it up.	No es el momento de sacar el tema.
month	mes
last month	el mes pasado
next month	el próximo mes, el mes que viene
this month	este mes
toward the middle of the month	a mediados del mes
monthly	mensual, por mes
bimonthly	quincenal
morning	mañana
early morning	madrugada
every morning	cada mañana
in the morning	por la mañana, en la mañana
late in the morning	a última hora de la mañana, muy entrada de mañana
this morning	esta mañana
tomorrow morning	mañana por la mañana
next	próximo, siguiente
night	noche
at night	por la noche, en la noche
every night	cada noche
last night	anoche
overnight	de la noche a la mañana
tomorrow night	mañana por la noche
nightfall	anochecer, crepúsculo
at nightfall	al anochecer
noon	mediodía
not yet	todavía no
now	ahora
Do it now!	¡Hágalo ahora!
right now	ahora mismo
off season	fuera de temporada
once	una vez
prematurely	antes de tiempo
right away	ya mismo, enseguida, ahora mismo
seconds	segundos
sixty seconds	sesenta segundos
shortly	dentro de poco
soon	pronto, dentro de poco
suddenly	repentinamente
sunrise	salida del sol
sunset	puesta del sol, ocaso

then	entonces, luego
since then	desde entonces
until then	hasta entonces
time (the)	tiempo, ahora
ahead of time	con anticipación, con anterioridad, de antemano
a long time	tanto más o menos, hace mucho tiempo
around that time	por esos días, por esa época
at one time	el algún tiempo, un tiempo
at times	a veces
each time	cada vez
for the time being	por ahora
from that time on	desde entonces
from time to time	de vez en cuando
How many times?	¿Cuántas veces?
in due time	a su tiempo
in one's spare time	en el tiempo libre
just in time	justo a tiempo
She does not have time.	Ella no tiene tiempo.
short time ago	hace poco
spare time	tiempo libre
Time is money.	El tiempo es oro. Tiempo es dinero.
time (by the clock)	hora
anytime	a cualquier hora, en cualquier momento
at a set time	a hora fija
at the usual time	a la hora acostumbrada
At what time?	¿A qué hora?
free time	horas libres
on time	a la hora, a tiempo
What time do you have?	¿Qué hora tiene Ud.?
What time is it?	¿Qué hora es?
time (to)	medir el tiempo de
time (to be on)	llegar a tiempo
time (to have)	darle tiempo
time (to have a good)	pasarlo bien, divertirse
time (to kill)	matar el tiempo, pasar el rato
time (to take)	costar tiempo
time (to waste)	perder tiempo
today	hoy
tomorrow	mañana
day after tomorrow	pasado mañana
tonight	esta noche
twice	dos veces
watch	reloj
week	semana
last week	la semana pasada
next week	la semana entrante, la semana que viene, la próxima semana
the following week	la próxima semana
this week	esta semana
two weeks ago	hace dos semanas
weekday	día de semana
weekend	fin de semana

next weekend	próximo fin de semana
this weekend	este fin de semana
weekly	por semana, semanal
When?	¿Cuándo?
while (time)	tiempo
a little while ago	hace poco, un momento
in a little while	dentro de un momento, dentro de poco, a horita
meanwhile	mientras tanto
year	año
last year	año pasado
leap year	año bisiesto
next year	el año entrante, el año que viene, el próximo año
this year	este año
years	años
yesterday	ayer
day before yesterday	anteayer
yesterday morning	ayer por la mañana, ayer en la mañana

Expressions of Weather
expresiones del clima

breeze	brisa
cloud	nube
rain cloud	nubarrón
cloudburst	chaparrón, tromba de agua
cloudy	nublado
It is cloudy today.	Hoy está nublado.
cold (to be, weather)	hacer frío
It is very cold.	Hace mucho frío.
cyclone	ciclón
dew	rocío
downpour	aguacero, tromba de agua, chubasco
drizzle	llovizna
drought	sequía
forecast (the)	predicción, pronóstico
weather forecast	predicción del tiempo
What is today's forecast?	¿Cuál es el pronóstico del clima para hoy? ¿Cuál es la predicción del clima para hoy?
forecast (to)	predecir, pronosticar
freeze (a)	helada
frost	escarcha
frozen	helado, congelado
hail	granizo
hot (to be, weather)	hace calor
It is very hot.	Hace mucho calor.
humid	húmedo
It is humid today.	Hoy hay humedad. Hoy está húmedo.
humidity	humedad
hurricane	huracán
ice	hielo

lightning . . . . relámpago
rain (the) . . . . lluvia
   in the rain . . . . bajo la lluvia
   It is about to rain. . . . . Está por llover. Va a llover.
rain (to) . . . . llover
rain cats and dogs (to) . . . . llover a cántaros
rainbelt . . . . zona de lluvias
raindrop . . . . gota de lluvia
rainfall . . . . precipitación
raining . . . . lloviendo
   Is it raining? . . . . ¿Está lloviendo?
rain shower . . . . chaparrón
shower (rain) . . . . chaparrón
snow . . . . nieve
snowfall . . . . nevada
snowflake . . . . copo de nieve
sun . . . . sol
sunshine . . . . brillo del sol
temperate . . . . templado
temperature . . . . temperatura
thunder . . . . trueno
thunderstorm . . . . tormenta eléctrica
warm (to be) . . . . hacer calor, estar templado
   It is very warm. . . . . Hace mucho calor.
weather (the) . . . . tiempo, clima
   changeable weather . . . . tiempo variable
   fine weather . . . . buen tiempo
   in such weather . . . . con semejante tiempo
   The weather kept us in. . . . . El mal tiempo nos retuvo en casa.
   What is the weather like? . . . . ¿Cómo está el tiempo? ¿Cómo está el clima? ¿Qué tiempo hace?
weather (to endure) . . . . aguantar
weather (to wear) . . . . erosionar
weather conditions . . . . condiciones atmosféricas
weather permitting . . . . si el tiempo no lo impide, si el tiempo lo permite
weatherproof . . . . impermeable
weather the storm (to) . . . . capear el temporal
whirlwind . . . . torbellino
wind . . . . viento
   gust of wind . . . . ráfaga de viento
   light wind . . . . viento suave

Colors
colores

beige . . . . beige
black . . . . negro
black and white (color) . . . . blanquinegro
black and white (TV, photos) . . . . blanco y negro
blackish . . . . negruzco
blonde . . . . rubio
blue . . . . azul

bluish . . . . azulado
brown . . . . color café, marrón, pardo
chestnut . . . . castaño
color . . . . color
   What color is it? . . . . ¿De qué color es?
dark . . . . oscuro
gold . . . . dorado
gray . . . . gris
green . . . . verde
   emerald green . . . . verde esmeralda
greenish . . . . verdoso
light . . . . claro
lilac . . . . lila
orange . . . . anaranjado
pale . . . . pálido
peach . . . . durazno, color melocotón
   white peach . . . . durazno blanquillo
pink . . . . rosa, rosado
purple . . . . morado, púrpura
red . . . . rojo, colorado
   cherry red . . . . rojo cereza
reddish . . . . rojizo
salmon . . . . salmón
silver . . . . plateado
violet . . . . violeta
white . . . . blanco
whitish . . . . blancuzco
yellow . . . . amarillo
   lemon yellow . . . . amarillo limón
yellowish . . . . amarillento

Spanish–English Dictionary
diccionario español/inglés

1
números de emergencia
Emergency Numbers

En caso de accidente, llámeme a _____. .... In case of an accident, call me at _____.

En caso de emergencia, llame _____. .... In case of emergency, call _____.

En caso de incendio, llame _____. .... In case of fire, call _____.

En emergencia, llame _____. .... In an emergency, call _____.

emergencia y legal
Emergency & Legal

accidente	accident
Hubo un accidente.	There has been an accident.
agente, detective, detective policial,	
investigador (Sp)	police detective
ambulancia	ambulance
¡Llame una ambulancia!	Call an ambulance!
antecedentes penales, historia criminal	criminal record
¿Tiene Ud. antecedentes penales?	Do you have a criminal record?
¿Tiene unos antecedentes penales?	Do you have a record?
arreglado	policed
arrestar	arrest (to)
¿Ha sido arrestado alguna vez?	Have you ever been arrested?
boca de incendios, boca de riego, toma de	
agua, hidrante de incendios (AmC, Col),	
grifo (Ch)	fire hydrant, fire plug
bombero	firefighter, fireman
camilla	stretcher
camión de bomberos, coche de bomberos,	
autobomba (RPl)	fire truck
castigado, punible	punishable
El hurto es castigado por la ley.	Theft is punishable by law.
castigar	punish (to)
castigo	punishment
chimenea, hogar	fireplace
consejos de seguridad	safety tips
cuartel de bomberos, estación de bomberos . . .	fire station, firehouse
cuartel de policía, comisaría, destacamento	
policial (DR), estación de policía	police station
Cuidado por donde camina. Fíjese donde	
pisa.	Watch your step.
delito	crime (the)
delito (cometer un)	crime (to commit)
departamento de bomberos	fire department
desastre	disaster
detector de fuego	fire detector
detector de humo	smoke alarm
emergencia, urgencia	emergency
entrar en, meterse	break in (to)
Un ladrón entró en la oficina.	A thief broke into the office.
escalera de incendios	fire escape
escape de gas	gas leak
Hay un escape de gas.	There is a gas leak.
estallar en llamas	burst into flames (to)
evacuar, desocupar	evacuate (to)
evacuación	evacuation

extinguir, sofocar . . . . extinguish (to)
extintor, extintor de incendios, extinguidor
   (Ch) . . . . fire extinguisher
hacer incombustible . . . . fireproof (to be)
hurto . . . . theft
   El hurto es castigado por la ley. . . . .   Theft is punishable by law.
ignifugar . . . . fireproof (to be)
ignífugo, incombustible, a prueba de fuego . . . . fireproof
ilegal . . . . illegal
incendiarse . . . . fire (to catch)
   La cocina se incendió. . . . .   The kitchen caught on fire.
incendio, fuego . . . . fire (the)
   Hay un incendio. . . . .   There is a fire.
   Hay fuego en la cocina. . . . .   There is a kitchen fire.
incombustible, ignífugo . . . . fire-resistant
ladrón . . . . thief, robber
legal, jurídico . . . . legal
ley . . . . law
   ¿Ha tenido algún problema con la ley? . . . . . .   Have you ever been in trouble with
                                   the law?
   prohibido por la ley . . . .   prohibited by law
   castigado por la ley, punible por la ley . . . . . .   punishable by law
luces de emergencia, balizas (Arg), faros de
   emergencia (Ec) . . . . emergency lights
lumbres para emergencia, velas para
   emergencia . . . . emergency candles
medidas de seguridad, medidas de
   precaución . . . . safety precautions
mujer policía . . . . policewoman
normas de emergencia . . . . emergency protocol
números de emergencias . . . . emergency numbers
orden de detención . . . . arrest warrant
paramédico . . . . paramedic
peligro . . . . danger
peligroso . . . . dangerous
perro policía . . . . police dog
personal de emergencia . . . . emergency personnel
pistola, arma . . . . gun
   El hombre tiene una pistola. . . . .   The man has a gun.
policía, chota (sl) . . . . police
policía . . . . policeman
policía, carabinero (Ch), agente de policía
   (Col, Sp), oficial de policía (Ven) . . . . police officer
primeros auxilios (dar) . . . . emergency first aid (to give)
robar . . . . steal (to), rob (to)
   Nos están robando. . . . .   We are being robbed.
robo . . . . robbery
ruta de evacuación . . . . evacuation route
sala de emergencia, sala de urgencias . . . . emergency room
sala de espera . . . . waiting room
salida de emergencia . . . . emergency exit
salida de incendios . . . . fire exit
seguridad . . . . safety
seguridad primera, seguridad ante todo . . . . safety first

seguridad y salud en el trabajo . . . . safety and health on the job

simulacro de incendio . . . . fire drill

temblor, terremoto, remezón (Col), sacudida
(Col), sismo (Col) . . . . earthquake

   En caso de un temblor, salga del edificio   In case of an earthquake, leave the
     inmediatamente. . . . .   building immediately.

   Hay un temblor. . . . .   We are having an earthquake.

tomar, llevar . . . . take (to)

   No tome algo ajeno sin primero pedir   Do not take anything without first
     permiso. . . . .   asking permission.

trámites de emergencias, medidas de
emergencias . . . . emergency procedures, safety procedures

abuso de sustancias .... substance abuse
administrar primeros auxilios .... first aid (to give)
agua oxigenada .... hydrogen peroxide
aliento, respiración .... breath
  aguantar la respiración .... hold one's breath (to)
  respirar con dificultad, estar corto de
    resuello .... short of breath (to be)
ampolla .... blister (the)
antiácido .... antacid
antibiótico .... antibiotic
antiséptico .... antiseptic
armadura de yeso .... cast
asma................................ asthma
  ataque de asma .... asthma attack
aspirina .... aspirin
¡Ay! .... Ouch! Ow!
bien (estar) .... okay (to be)
  ¿Está Ud. bien? .... Are you okay?
bolsa de hielo .... ice bag, ice pack
bolsa fría .... cold pack
botiquín, caja de primeros auxilios .... first aid box, first aid kit
bronquitis .... bronchitis
calentura (tener) .... hot (to be, person)
cardenal, contusion, moretón (Arg, Bol, Ch,
  Mex, Pan), morado (Col, Cu), morete (CR),
  hematoma (DR), moratón (Sp), magulladura
  (EIS, Gua, Hon, Ven) .... bruise (the)
carraspera (tener) .... frog in your throat (to have)
caspa .... dandruff
clínico .... clinic
  clínica gratis .... free clinic
colocar .... apply (to)
  Coloque calor al área. .... Apply heat to the area.
  Coloque frío al área. .... Apply cold to the area.
  Presione para parar la sangre. .... Apply pressure to stop the bleeding.
constipado, estreñido .... constipated
consumidor de drogas, usuario de drogas ..... drug user
contagioso .... contagious

aspirina
----
aspirin

¿Puede Ud. contagiar a otros?	Are you contagious?
contusionar, machucar	bruise (to)
cortada	cut (the)
cortarse, cortar	cut (to)
Me corté el dedo.	I cut my finger.
Me corté el dedo completamente.	I cut my finger off.
débil	weak
desinfectante	disinfectant
desmayarse	faint (to)
Se desmayó.	She fainted.
desmayo	faint
diarrea	diarrhea
discapacidad, invalidez	disability
doctor, médico	doctor
Necesito ver a un médico.	I need to see a doctor.
¿Ud. necesita un doctor?	Do you need a doctor?
Vaya al doctor.	Go to the doctor.
doler	hurt (to)
¿Dónde le duele?	Where does it hurt?
Me duele el estómago.	I have a stomachache.
Me duele la garganta.	I have a sore throat.
Me duele todo el cuerpo.	I ache all over.
Me duelen los pies.	My feet hurt.
Me duele una muela.	I have a toothache.
No me duele nada.	It doesn't hurt.
¿Qué le duele?	What hurts?
Todavía me duele un poquito.	It still hurts a little.
dolor	pain
dolor muy fuerte	severe pain
dolor poco fuerte	mild pain
fuerte dolor	intense pain
sin dolor	no pain, pain free, without pain
¿Tiene mucho dolor?	Are you in much pain?
dolor, herido	hurt
¿Está Ud. herido?	Are you hurt?
dolor de cabeza	headache (the)
dolor de cabeza (tener)	headache (to have)
Me duele la cabeza.	I have a headache.
dolor de estómago	stomachache
dolor de garganta	sore throat
dolor de muela, dolor de diente	toothache
Tengo dolor de muela.	I have a toothache.
dolor de oído	earache
dolor de pecho, dolor en el pecho	chest pain
Tengo dolor en el pecho.	I have chest pain.
dolorido, adolorido	sore
droga	drug (the)
abuso de drogas, toxicomanías	drug abuse
Yo no me drogo.	I don't do drugs.
drogadicción, narcomanía (Col), adicción a	
las drogas (PR)	drug addiction, drug habit
drogar	drug (to)
enfermedad	disease, illness
enfermo	sick

enfermo (estar) . . . . sick (to be)
  ¿Está enfermo? . . . . Are you sick?
envenenamiento, debido a la alimentación . . . . . food poisoning
erupción, jiote (Mex) . . . . rash
escalofrío . . . . chill (the)
esparadrapo, venda adhesiva, cura adhesiva,
  curita . . . . adhesive Band-Aid, Band-Aid
estornudo . . . . sneeze
estrés . . . . stress
farmacia, botica, droguería (Col) . . . . drug store
fiebre . . . . fever (the)
  Me bajó la fiebre. . . . . My fever broke.
fiebre (tener) . . . . fever (to have)
  Tengo fiebre. . . . . I have a fever.
  ¿Tiene fiebre? . . . . Do you have a fever?
fractura . . . . fracture (the)
fracturar . . . . fracture (to), break (to)
frío (tener) . . . . cold (to be, person)
gotas . . . . drops
gotas para los ojos . . . . eye drops
hemorragia interna . . . . internal bleeding
hemorragia nasal . . . . nosebleed (the)
hemorragia nasal (tener) . . . . nosebleed (to have)
herida . . . . wound (the)
  Limpie la herida. . . . . Clean the wound.
herido, lastimado, lesionado . . . . wounded, injury
  herida por el trabajo, lesión por el trabajo,
   herida en el trabajo . . . . job injury
herir, lastimar, lesionar . . . . injure (to), wound (to)
hinchado . . . . swollen
hospital . . . . hospital
  Vaya al hospital. . . . . Go to the hospital.
hueso . . . . bone
  hueso fracturado, hueso quebrado . . . . broken bone
inconsciente . . . . unconscious
indemnización por accidentes de trabajo . . . . . . workman's compensation, workman's
                                 comp
indigestión . . . . indigestion
infección . . . . infection
interno . . . . internal
  no para uso interno . . . . not for internal use
  para uso interno . . . . internal use
inyección . . . . shot (the)
inyección (poner una), inyectar . . . . shot (to give)
irritado . . . . sore (eye)
jadear . . . . gasp for breath (to)
lengua . . . . tongue
lengua (sacar la) . . . . stick out your tongue (to)
malnutrición . . . . malnutrition
mareado (estar) . . . . faint (to feel), dizzy (to be or feel)
  Estoy mareado. . . . . I feel faint. I feel dizzy.
mareado con náuseas (estar), tener náuseas . . . sick (to feel)
mareo . . . . dizzy spell
  Me dio un mareo. . . . . I had a dizzy spell.

medicamento, medicina, fármaco . . . . drug (medication)
médico . . . . medical
   condición médica . . . . medical condition
   información médica . . . . medical information
   problemas médicos . . . . medical problems
medicina . . . . medicine
migraña, jaqueca . . . . migraine
minusválido, discapacitado, inválido,
   incapacitado . . . . handicapped, disabled
muletas . . . . crutches
náuseas . . . . nausea
oficina del doctor, consultorio médico, oficina
   del médico . . . . doctor's office
paciente . . . . patient
pastilla . . . . lozenge
pastilla para la tos . . . . cough drop
picar . . . . itch (to)
   Me pica. . . . . It itches me.
píldoras, pastillas . . . . pills
prescribir . . . . prescribe (to, medicine)
prescripción . . . . prescription
primeros auxilios . . . . first aid, emergency first aid
prueba antidrogas, prueba de drogas (Mex,
   PR, Cu) . . . . drug test
pulso . . . . pulse
puntadas . . . . stitches
   Esta cortada necesita puntadas. . . . . This cut needs stitches.
quemadura . . . . burn, sunburn
   quemadura de segundo grado . . . . second-degree burn
   quemadura de tercer grado . . . . , third-degree burn
quemar . . . . burn (to)
remedio . . . . remedy
reseco . . . . sore (lips)
resfriado . . . . flu
respiración artificial, resucitación
   cardiopulmonar . . . . CPR
respirar con dificultad, estar corto de resuello . . . short of breath (to be)
respirar, aspirar . . . . breathe (to)
resucitación . . . . resuscitation
   resucitación boca a boca . . . . mouth-to-mouth resuscitation
resucitar . . . . resuscitate (to), revive (to), bring to (to)
   Lo resucitamos con respiración artificial. . . . . We revived him with artificial
                                     respiration.
revivir . . . . bring to (to revive)
   Lo revivimos con respiración artificial. . . . . . . We revived him with artificial
                                      resuscitation.
salud . . . . health
   por su salud y la de su cliente . . . . for your health and your client's
sangrar . . . . bleed (to)
   Él está sangrando. . . . . He is bleeding.
   pérdida de sangre . . . . heavy bleeding
sedante, calmante . . . . sedative
sentir . . . . feel (to)
   ¿Cómo se siente? . . . . How are you feeling?

venda
_____
bandage (the)

¿Cómo se siente? . . . . How do you feel?
silla de ruedas . . . . wheelchair
síntomas . . . . symptoms
sobredosis . . . . overdose
somnífero . . . . sleeping pill
somnolencia, sopor, modorra . . . . drowsiness
   Lo invadió el sopor. . . . . A feeling of drowsiness came over
       him.
somnoliento, adormilado . . . . drowsy
   El vino me da sueño. El vino me amodorra. . . . Wine makes me drowsy.
   Se estaba adormilando. Se estaba
    amodorrando. . . . . He was growing drowsy.
sufrir una hemorragia . . . . hemorrhage (to)
temperatura . . . . temperature
   ¿Cuál es su temperatura? . . . . What is your temperature?
termómetro . . . . thermometer
torcedura . . . . sprain
tos . . . . cough (the)
toser . . . . cough (to)
   Por favor, tape su boca cuando tose. . . . . Please cover your mouth when you
       cough.
tratar con hielo, poner hielo . . . . ice (to)
úlcera . . . . ulcer
ungüento . . . . ointment
venda . . . . bandage (the)
vendar . . . . bandage (to)
veneno . . . . poison
venenoso . . . . poisonous
volver en sí . . . . come to (to)
   Parecía confundido cuando volvió en sí. . . . . . He seemed dazed when he came to.
vomitar . . . . vomit (to)
   Él está vomitando. . . . . He is vomiting.
   ¿Vomitó? . . . . Did you vomit?
vómito . . . . vomit (the)
yodo . . . . iodine

4
recursos humanos
Human Resources

títulos de ocupaciones
Job Titles

abogado	attorney
administrador de vinos, sumiller	wine steward
anfitrión, capitán de meseros	host
anfitriona	hostess
aprendiz	apprentice
arquitecto	architect
artista	artist
asalariado	wage earner, wage worker
asistente de cantinero	bar back
ayudante de camarero, ayudante de mesero,	
limpiador, persona que limpia	busboy, buser, busperson
basurero, recogedor de basura (Ven, Col)	garbage collector, garbage man
bombero	fireman
botones	bellboy
cajero	cashier
camarera, mesera (Mex, DR, Gua, Hon, PR),	
moza (Ur, Arg, Col, CR)	waitress
camarero, mesero (Mex, DR, Gua, Hon, PR),	
mesonero (Ven), mozo (Ur, Arg, Col, CR),	
garzón (Ch)	waiter
camionero	truck driver
cantinera	bartendress, barmaid
cantinero, barman (Arg, Col, Ec, ElS, Gua,	
Hon), bartender (Cu, DR)	barkeep, barkeeper, barman, bartender
capitán de meseros	wine captain
carnicero	butcher
carpintero	carpenter
catador	wine specialist
catador de vinos	wine taster
cerrajero	locksmith
cervecero	brewer
chef, cocinero, jefe de cocina (Col, Per)	chef
chef corporativo	corporate chef
chef de directivo, chef ejecutivo	executive chef
chef de estaciones de cocina	station chef
chef de pasteles, pastelero, repostero	pastry cook
chef de salsas	sauce chef
chef personal	personal chef
chef privado, cocinero privado	private chef
chef secundario, asistente de chef	sous chef
cocinero de platos rápidos	short-order chef
chofer, conductor, camionero (spl)	driver
cliente	customer
cocinero	cook
Él cocina muy bien. Es muy buen cocinero. . . .	He's a good cook.

Muchas manos en un plato hacen mucho
   garabato. . . . .   Too many cooks spoil the broth.
cocinero de salsas . . . .   saucier
comensal . . . .   diner
conductor de autobús, chofer, chofer de
   colectivo (Arg) . . . .   bus driver
conductor del carro de repartos . . . .   delivery truck driver
conserje, hombre de la limpieza, limpiador,
   portero (Col), barrendero (Cu) . . . .   janitor
conserje, portero . . . .   concierge
contador, contable (Sp) . . . .   accountant
contador, tendedor de libros (Cu), contable
   (Sp) . . . .   bookkeeper
contratista . . . .   contractor
controlador, contralor (DR), interventor (Ven) . . .   comptroller
director, ejecutivo . . . .   executive
director, gerente, administrador, jefe . . . .   manager
   administrador de barra . . . .   bar manager
   administrador del restaurante . . . .   restaurant manager
   director de área, director regional . . . .   area manager
   director de cocina . . . .   kitchen manager
   director de cuentas . . . .   account executive
   director de oficina, administrador, gerente,
     gerente de oficina (Cu, Mex, PR, Ven) . . . . .   office manager
   director de turno, gerente de turno . . . .   manager on duty
   director nacional . . . .   national manager
   director regional, director de zona . . . .   district manager
   director regional . . . .   regional manager
disc jockey, (DJ), pinchadiscos (Sp) . . . .   disc jockey
doblador de servilletas . . . .   napkin folder (the person)
dueño . . . .   owner
electricista . . . .   electrician
empleado . . . .   employee
empleador . . . .   employer
empleado temporal, temporal (Bol),
   trabajador eventual (Mex) . . . .   temp (the employee)
empleados . . . .   staff
   empleados de la cocina . . . .   kitchen staff
entrevistador . . . .   interviewer
excursionista . . . .   picnicker
exterminador, fumigador . . . .   exterminator
ganapán . . . .   handyman
gerente general . . . .   general manager
grupo de limpiadores, cuadrilla de
   limpiadores . . . .   cleaning crew
guarda, sacabullas (Mex, fam), gorila . . . .   bouncer
guardián de seguridad, guarda . . . .   security (person)
hombre de mantenimiento . . . .   maintenance man
hornero, panadero . . . .   baker
intérprete . . . .   interpreter
jardinero . . . .   gardener
jefe, patrón (Col) . . . .   boss
jefe de camareros, encargado . . . .   head waiter
jefede comedor, jefe de restaurante . . . .   maître d'

jornalero .... day laborer
lavaplatos .... dishwasher
limpiador .... cleaning man
limpiadora .... cleaning lady
mayordomo .... butler
mayorista, almacenista .... wholesaler
mecánico .... mechanic
mercader de vinos, vinatero .... wine merchant
muchacho de almacen, joven de carretón,
   dependiente .... stockboy
muchacho de servicio a domicilio, trabajador
   de servicio a domicilio .... delivery boy
mujer que vende cigarrillos .... cigarette girl
obrero .... crew member
pastelero, confitero .... confectioner
pastelero, repostero .... pastry cook
persona de los envíos, persona de los
   repartos .... delivery person
persona de mantenimiento .... maintenance person
persona que guarda los sombreros .... hat check (person)
pintor .... painter
plomero, fontanero .... plumber
portero .... doorman
preparador .... prep
proveedor de comida .... caterer
recepcionista .... receptionist
restaurador, dueño de restaurante .... restaurateur
secretario .... secretary
servidor .... server
sumiller, sommelier, encargado de servir los
   vinos, supervisor de vinos .... sommelier, wine waiter, wine steward
supervisor .... supervisor
tendero, comerciante, vendedor, almacenero
   (Arg, Ur), abarrotero (Ecu, Mex) .... grocer
trabajador .... laborer, worker
   compañero de trabajo ....   co-worker
valet, ayudante .... valet (cars)
valet, botones .... valet (personal)
vendedor .... salesman, salesperson
vendedora .... salesgirl

entrevista, empleo y despido
Interviewing, Employing & Terminating

a cargo (estar), estar al frente de .... in charge (to be)
   El chef está a cargo de la cocina. ....   The chef is in charge of the kitchen.
acción disciplinaria .... disciplinary action
aceptar solicitudes .... accept applications (to)
acta de nacimiento .... birth certificate
acudir al trabajo .... report for duty (to)
adiestramiento para el trabajo .... job training
   adiestramiento en el empleo, formación en
     el empleo, formación práctica ....   on-the-job training

Ofrecemos adiestramiento para el trabajo. ...	We provide job training.
administrar, gestionar	manage (to)
agencia de empleo	employment agency
años, edad	age (the)
¿Cuántos años tiene? ¿Cuál es su edad? ...	How old are you?
antecedentes académicos	educational background
¿Cuál es su nivel de educación?	What is your education level?
apellido	last name
apellido materno	mother's maiden name
apellido paterno	father's last name
apellido de soltera	maiden name
apodo, sobrenombre	nickname
aprender	learn (to)
¿Aprende Ud. pronto?	Do you learn quickly?
Estoy aprendiendo español.	I am learning Spanish.
Quiero aprender.	I want to learn.
aprendiz	apprentice (the), trainee
archivo de personal	personnel file
asalariado	wage earner, wage worker
ausencia	leave (the absence)
permiso de vacaciones	vacation leave
permiso sin pago	leave without pay
permiso de convalecencia, días de enfermedad (Cu), permiso por enfermedad (Arg, Bol, Gua, Hon)	sick leave
aviso, notificación	warning (the), notice (the)
aviso a los empleadores	notice to employers
aviso a los empleados	notice to employees
aviso por escrito	written warning
aviso verbal	verbal warning
Éste es su primer aviso.	This is your first warning.
Éste es su último aviso.	This is your last warning.
notificación con veinticuatro horas	24-hour notice
primer aviso	first warning
segundo aviso	second warning
Ud. está avisado......................	You are on notice.
último aviso	final warning
aviso (dar)	warning (to give)
buzón de sugerencias	suggestion box
candidato, aspirante, solicitante	applicant
capacitación, formación	training
capacitación de empleados	employee training
Todo el personal recibirá capacitación.	Training will be given to all staff.
capacitación de administración, formación de gestión	management training
capacitación con pago	paid training
capacitación en sitio	on-site training
capacitación en el trabajo, formación profesional en el empleo	on-the-job training
cargo, puesto, empleo	position
cargo de administración	management position
cargo de ayudante de camarero, posición de ayudante de mesero	busboy position

cargo de empleados	staff position
cargo de la cocina	kitchen position
cargo de mantenimiento	maintenance position
cargo de mesero, cargo de camarero	waiter position
cargo de nivel básico	entry-level position
La vacante ha sido cubierta.	The position is filled.
Lo siento, pero la vacante ha sido cubierta.	I'm sorry, but the position has been filled.
¿Qué cargo le interesa?	What position are you looking for?
cargo vacante, posibilidad de empleo, fuente de empleo	job opening
Lo siento, no tenemos cargos vacantes.	I'm sorry we don't have any openings.
carta	letter, permit
carta comercial	business letter
carta de recomendación	recommendation letter, reference letter, letter of recommendation, letter of reference
carta de renuncia	resignation letter
carta de trabajo	work permit
solicitude de empleo, ingreso de empleo	application letter
¿Tiene Ud. una carta de recomendación? . . .	Do you have a letter of recommendation?
¿Tiene Ud. una carta de trabajo?	Do you have a work permit?
casado	married
¿Está casado?	Are you married?
ciudadanía	citizenship
ciudadano	citizen
¿Es Ud. ciudadano de los Estados Unidos? . . .	Are you a U.S. citizen? Are you a citizen?
¿Es Ud. ciudadano norteamericano?	Are you an American citizen?
colocar(se) de aprendiz	apprentice (to)
comida	meal
Puede comprar otras comidas con un descuento.	You may purchase extra meals at a discount.
Recibe una comida gratis por turno.	You get one free meal per shift.
comprobante de identidad	proof of identity
conocer	know (to, someone)
contratación	hiring
póliza de contratación, normas de contratación	hiring policies
contratado (estar)	hired (to be)
Está contratado.	You are hired.
Estamos contratando personal para la posición de ___.	We are hiring for the position of ___.
contratar	hire (to), sign on (to)
estamos contratando personal	now hiring
credenciales	credentials
currículum vitae, CV	resume
¿Tiene un currículum vitae?	Do you have a resume?
departamento de personal	personnel department
departamento de recursos humanos	human relations (the department)

deportación	deportation
deportado (ser)	deported (to be)
deportar	deport (to)
derechos	rights
derechos de empleado	employee rights
derechos legales	legal rights
derechos personales	personal rights
sus derechos	your rights
descripción del puesto	job description
desempeño	performance
desempeño en el trabajo	job performance
desempleado, sin trabajo, en paro (Sp), cesante (Ch)	jobless
despedir, dejar cesante	lay off (to)
Despedimos a diez empleados.	We laid off ten employees.
despedir, echar, darle aire (sl), perforar su carta (sl)	fire (to), discharge (to, fire), let go (to), terminate (to)
La echaron. La despidieron.	She was fired.
¡Está despedido! ¡Queda despedido!	You are fired! You are terminated!
diploma, título	diploma
¿Tiene Ud. un diploma de la secundaria?	Do you have a high school diploma?
¿Tiene Ud. un diploma universitario?	Do you have a college diploma?
dirección, domicilio	address (the)
cambio de domicilio	change of address
¿Cuál es su dirección?	What is your address?
Deme su dirección.	Give me your address.
Por favor, notifíquenos si cambia de dirección o de número de teléfono.	Please notify us if you change your address or telephone number.
discriminación	discrimination
domicilio	home address
educación	education
empleado	employee
empleado a completo, empleado a horario completo	full-time employee
empleado de temporada	seasonal employee
empleado por parte de la jornada, empleado a tiempo parcial (Cu, Per, Sp), empleado de medio tiempo (Mex)	part-time employee
empleado temporal, temporal (Bol), trabajador eventual (Mex)	temporary employee, temp
emplear	employ (to)
¿Está empleado ahora?	Are you currently employed?
empleo	employment
igualdad de empleo	equal employment

diploma, título

diploma

último lugar de empleo	last place of employment
en persona	in person
entrenador	trainer
entrenar empleados	train employees (to)
entrevista	interview (the)
entrevista final	final interview
entrevista previa	first interview
segunda entrevista	second interview
Su entrevista es ___ a ___.	Your interview is ___ at ___.
entrevistado, encuestado	interviewed
entrevistador, encuestador	interviewer
entrevistar	interview (to)
Gracias por entrevistarse con nosotros.	Thank you for interviewing with us.
Ud. será entrevistado a ___.	You will be interviewed on ___.
Yo lo voy a entrevistar a ___.	I will interview you on ___.
estado civil	marital status
estar al nivel deseado	meet the standards (to)
Su trabajo no está al nivel deseado.	His work doesn't meet the standards.
evaluación	review (the)
evaluación anual	annual review
evaluación de función	performance review
evaluación semi-anual	semiannual review
evaluación del desempeño en el trabajo	performance appraisal
evaluación de empleados	employee appraisal
examinar, analizar, reposar	review (to)
experiencia (tener)	experience (to have)
¿Cuántos años de experiencia tiene?	How much experience do you have?
¿Tiene Ud. experiencia?	Do you have experience?
¿Tiene Ud. experiencia como ayudante de mesero?	Do you have busboy experience?
¿Tiene Ud. experiencia como cocinero?	Do you have cooking experience?
¿Tiene Ud. experiencia en restaurantes?	Do you have restaurant experience?
experiencia en esta clase de trabajo	job experience
experto (ser)	know one's stuff (to)
Él es un experto.	He knows his stuff.
extranjero	alien
extranjero residente	resident alien
inmigrante ilegal	illegal alien
fecha de nacimiento	date of birth
¿Cuál es su fecha de nacimiento?	What is your date of birth?
firma	signature
Firme Ud. aquí por favor.	I need your signature here.
firmar	sign (to)
formulario, solicitud, forma (Mex)	form
Firme y feche la solicitud aquí.	Sign and date the form here.
rellenar una solicitud	fill out a form (to)
habilidades	skills
habilidades de trabajos, destezas de trabajos, experiencia de trabajos	job skills
hablar	speak (to)
¿Habla inglés?	Do you speak English?
hoja de servicio, expediente profesional	employment history

Hábleme de su experiencia profesional. ..... Tell me about your employment
                                              history.
honrado .... honest
igual .... equal
igualdad .... equality
igualdad de derechos .... equal opportunity
   empresa con igualdad de derechos .... equal opportunity employer
información personal, datos personales .... personal information
inmigrante .... immigrant
   inmigrante ilegal, mojado (Mex) .... illegal immigrant
   inmigrante legal .... legal immigrant
inmigrar .... immigrate (to)
insubordinación .... insubordination
jubilación .... retirement (the period)
   jubilación anticipada .... early retirement
   plan de jubilación, proyecto de jubilación .... retirement plan
jubilarse, retirarse .... retire (to)
   edad para jubilarse .... retirement age
Le avisaré dentro de ___ días. .... You will hear from us in ___ days.
lengua, lenguaje, idioma .... language
   lengua madre, lengua materna .... mother language
   primer idioma, lengua madre, lengua
      materna .... first language, native language
   ¿Qué idiomas habla? .... What languages do you speak?
   segundo idioma .... second language
letra inicial de su segundo nombre .... middle initial
lugar de nacimiento .... place of birth
manejo, administración .... management
mano de obra, recursos humanos, potencial
   humano .... manpower
manual .... manual
   manual de normas .... policy manual
   manual de empleados .... employee manual, staff manual,
                                           employee handbook
   manual de instrucciones .... instruction manual
   manual de instrucción, manual de
      capacitación, manual de entrenamiento ... training manual
mayor de edad (ser) .... age (to be of)
moral .... moral
nacionalidad .... nationality
   ¿Cuál es su nacionalidad? .... What is your nationality?
nombre .... name
   ¿Cómo se llama Ud.? .... What is your name?
   Mi nombre es ___. Me llamo ___. .... My name is ___.
   nombre completo, nombre y apellido .... full name
   primer nombre .... first name
normas .... policy
   normas de contratación .... hiring policies
   normas de empleo .... employment policies
   normas de terminación .... termination policies
notificar, avisar .... notice (to give)
notificar, hacer saber .... notice (to serve)
número del seguro social .... social security number
   ¿Cuál es su número del seguro social? ..... What is your social security number?

Necesito el número de su seguro social. .... I need your social security number.
oficial de inmigración .... immigration officer
oficina de inmigración .... immigration office
oficina de inmigración, la migra (Mex, sl) ..... Immigration and Naturalization Service
papeles .... papers (the)
  Devuelva los papeles cuando termine de   Return the papers when you complete
    llenarlos. ....   them.
papeles (tener), tener mica .... papers (to have, immigration)
papeles de inmigración .... immigration papers
  ¿Tiene Ud. papeles de inmigración? ....   Do you have papers?
patrón, empleador .... employer
período de prueba .... review period, probationary period
  noventa días de período de prueba ....   ninety-day review period
  treinta días de período de prueba ....   thirty-day review period
personal .... personal
  por razones personales ....   for personal reasons
personal, empleados .... help (staff), employees
  se necesita personal ....   help needed, help wanted
por escrito .... in writing
  ¿Me lo puede dar por escrito? ....   Can I have it in writing?
por escrito (poner) .... in writing (to put)
pregunta .... question
  ¿Tiene Ud. preguntas? ....   Do you have any questions?
presentar una solicitud .... application (to submit a)
  Se presentaron más de cien aspirantes   There were more than 100 applicants
    para el trabajo. ....   for the job.
proceso de selección .... selection process
promoción .... promotion
promover .... promote (to)
  Damos prioridad a los empleados de la
    empresa de la oportunidades de
    ascenso. ....   We promote from within.
prueba, examen .... test (the, aptitude)
  prueba de aptitud ....   professional test
  prueba de competencia ....   competency test
prueba (hacer una), hacer un examen .... test (to take)
puesto de trabajo .... workstation
quejas .... complaints
reclutamiento .... recruiting
recomendar .... recommend (to)
  Ella me recomendó para el trabajo. ....   She recommended me for the job.
referencias, recomendaciones .... references
  carta de recomendación ....   letter of reference, letter of
        recommendation
  ¿Podemos verificar cualquiera de estas
    referencias? ....   Can we check your references?
  ¿Tiene Ud. referencias de trabajo? ....   Do you have work references?
referencias (tener buenas) .... references (to have good)
reglas, normas .... rules
reglas y reglamentos .... rules and regulations
relación .... relationship

recursos humanos	human relations
relevo de empleados, rotación de empleados	employee turnover
renuncia	resignation
renuncia por escrito	written resignation
renuncia verbal	verbal resignation
renunciar	resign (to), quit (to)
¿Por qué está renunciando?	Why are you quitting?
residente	resident
¿Es residente legal de los Estados Unidos?	Are you a legal U.S. resident?
residente ilegal	illegal resident
residente legal	legal resident
saber	know (to, something)
No sé. No lo sabía.	I don't know.
¿Sabe hablar inglés?	Do you know how to speak English?
¿Sabe leer y escribir?	Do you know how to read and write?
salario mínimo	minimum wage
El salario mínimo es ___.	Minimum Wage is ___.
Este trabajo paga el salario mínimo.	This is a Minimum Wage job.
seguro social	social security
selección	screening
sentarse	sit (to)
Por favor, siéntese.	Please take a chair.
solicitar un trabajo, presentarse para un trabajo, aplicar a un trabajo (Ven), postular para un trabajo (CS)	apply for a job (to)
Es un buen trabajo. ¿Por qué no lo solicita?	It's a good job, why don't you apply?
Gracias por presentarse para este trabajo.	Thank you for applying for this job.
Me dirijo a ustedes para solicitar el puesto de ___.	I am writing to apply for the job of ___.
Por favor, solicite el trabajo por escrito.	Please apply in writing.
¿Por qué está solicitando a este trabajo?	Why are you applying for this job?
solicitud	application, application form
Por favor, complete Ud. esta solicitud.	Please complete this application.
Por favor, complete Ud. la solicitud.	Please fill out the application.
solicitud de empleo	employment application
solicitud de trabajo, solicitud de empleo	job application
soltero	single
¿Es soltero o está casado? ¿Es soltero o casado?	Are you single or married?
supervisar	supervise (to)
supervisión	supervision
supervisor	supervisor
tarjeta de identificación, cédula, carnet	identification card
tarjeta de residencia permanente	green card
¿Tiene Ud. una tarjeta de residencia permanente?	Do you have a green card?
título de trabajo, nombre de la posición, cargo	job title
trabajar	work (to)
¿Dónde trabajó anteriormente?	Where did you work before?
¿Puede trabajar los fines de semanas?	Can you work weekends?
¿Puede trabajar por las noches?	Can you work evenings?
trabajar a tiempo parcial	temp (to)
trabajar en ventas	work in sales (to)

trabajo	work (the)
¿Cuándo puede empezar el trabajo?	When can you begin work?
experiencia de trabajo	work experience
historia de trabajo, historia de empleos	work history
trabajo, tarea, empleo, puesto	job
buen trabajo	good job
Ella se ha quedado sin trabajo.	She lost her job.
Ella tiene un buen trabajo en la empresa.	She has a good job in the company.
empleo a tiempo completo	full-time job
empleo permanente, puesto fijo	permanent job
empleo por parte de la jornada, empleo a tiempo parcial (Cu, Per, Sp), empleo a medio tiempo (Mex)	part-time job
empleo temporal	temporary job
en medio del trabajo	halfway through the job
Es un empleo a tiempo completo.	This is a full-time job.
Es un empleo a tiempo parcial.	This is a part-time job.
mal trabajo, trabajo malo	poor job
No tenemos empleos a tiempo completo ahora.	We don't have any full-time jobs now.
¿Por qué dejó su último empleo?	Why did you leave your last job?
trabajo deficiente	inadequate job
turno	duty
estar de servicio, estar de turno	be on duty (to)
Recibe una comida gratis por turno.	You get one free meal per shift.
valioso	valuable
Ud. es un empleado valioso.	You are a valuable employee.
vivir	live (to)
¿Cuánto tiempo tiene Ud. en los Estados Unidos?	How long have you lived in the United States?
¿De dónde es Ud.?	Where are you from?
¿Dónde vive?	Where do you live?
zona postal, código postal	zip code
¿Cuál es su zona postal?	What is your zip code?

programando
Scheduling

atrasado, con retraso	behind schedule
cita	appointment (the)
¿A qué hora es su cita?	What time is your appointment?
hora para la cita	appointment time
Tiene una cita a ___.	You have an appointment at ___.
Su cita es aquí.	Your appointment is here.
cita (hacer), planear	schedule (to)
Por favor, haga una cita.	Please schedule an appointment.
concertar una cita con	appointment (to make with)
Concertó una cita con el gerente.	He made an appointment with the manager.
de jornada completa, de horario completo, a tiempo completo (Mex, Col, DR, Ven)	full-time (work)
descanso	break (the)

descanso para el café, pausa del café	coffee break
descanso para el almuerzo	lunch break
descanso para el desayuno	breakfast break
descanso para la cena, descanso para la comida	dinner break
Su descanso es a las ___.	Your break is at ___.
Tiene un descanso de quince minutos cada tres horas.	You get a 15-minute break every 3 hours.
Ud. tiene un descanso cada ___ horas.	You get a break every ___ hours.
día de descanso, día libre	day off (the)
Su día de descanso es ___.	Your day off is ___.
día de fiesta, día de vacaciones (Mex), día feriado	holiday
días de fiesta remunerados, días de fiesta pagados	paid holiday
diás de fiesta no remunerados, diás de fiesta no pagados	unpaid holiday
festivo oficial, feriado oficial	legal holiday
Ud. recibe ___ días de fiesta remunerados cada año.	You get ___ paid holidays per year.
día hábil, día de trabajo, día laborable (Col, DR, Sp)	workday
días de permiso por enfermedad	sick days
Recibe ___ días de permiso por emfermedad con pagados cada año.	You get ___ paid sick days per year.
días de vacación, días libres	vacation days
haber salido, haberse marchado	off (to be)
¿Han salido?	Are they off yet?
horario	schedule, time schedule
horario de descanso	break schedule
horario de trabajo	work schedule
horario semanal	weekly schedule
Los horarios deben superimponerse.	The schedules should overlap.
horas	hours
horas de oficina	office hours
horas de trabajo	work hours
Sus horas de trabajo son ___.	Your work hours are ___.
Sus horas son ___.	Your hours are ___.
horas extras	overtime (hours)
Las horas extras deben estar autorizadas por su supervisor.	Your supervisor must authorize overtime.

horario
―――――
schedule

Time	Mon.	Tues.	Wed.	Thur.	Fri.
8:00am				Meeting	
9:00am	Meeting				
10:00am		Meeting			
11:00am					
Noon			Lunch Reservations		
1:00pm				Meeting	
2:00pm					
3:00pm		Meeting			
4:00pm				Job Due	
5:00pm					Dinner Reservations

¿Trabajaría horas extras si fuera necesario? . . .   Would you work overtime if
    necessary?

jornada de trabajo, día laboral . . . .   working day

licencia por enfermedad, días de enfermedad
  (Cu), permiso por enfermedad (Arg, Bol,
  Gua, Hon) . . . .   sick leave

llegar . . . .   arrive (to)
  Ud. debe llegar temprano. . . . .   You must arrive early.

marcar su tarjeta en el reloj registrador
  cuando llegue, marcar el reloj registrador . . . .   clock in (to)
  Debe marcar su tarjeta en el reloj
    registrador cuando empieza su turno. . . . . .   You must clock in at the beginning of
    your shift.
  Marque su tarjeta en el reloj registrador
    despues de ponerse el uniforme. . . . .   Clock in after you are in uniform.

marcar su tarjeta en el reloj registrador
  cuando salga, marcar el reloj registrador . . . .   clock out (to)
  Debe marcar su tarjeta en el reloj
    registrador al terminar su turno. . . . .   You must clock out at the end of your
    shift.

puntual . . . .   punctual
  Soy muy puntual. . . . .   I am always on time. I am very
    punctual.

puntualidad . . . .   punctuality

recargado de trabajo, agotado por el exceso
  de trabajo . . . .   overworked

reloj . . . .   clock

salir . . . .   leave (to)
  Pídales que se vayan. . . . .   Ask them to leave.
  Por favor, salga del establecimiento. Por
    favor, retírese del establecimiento. . . . .   Please leave the premises.
  ¿Puedo salir temprano? . . . .   May I leave early?

según lo previsto . . . .   on schedule

tardanza . . . .   tardiness

tarde, tardío, atrasado . . . .   late, tardy
  No llegue tarde. . . . .   Don't be late.

tarde (llegar) . . . .   late (to be), arrive late (to)
  No puede llegar tarde. . . . .   You cannot come late.
  Siento haber llegado tarde. . . . .   I am sorry I am late.
  Si llega tarde otra vez, tendré que
    despedirle. . . . .   If you arrive late again, I will have to
    let you go.
  Ud. llegó ___ minutos tarde. . . . .   You are ___ minutes late.
  Ud. llegó tarde. . . . .   You are late.
  Voy a llegar tarde. . . . .   I'm going to be late.

tarjeta de tiempo . . . .   time card
  Ponche Ud. su tarjeta. Perfore Ud. su
    tarjeta. . . . .   Punch your time card.

tener un día libre, tener un día de descanso . . .   day off (to have)

terminar . . . .   finish (to)
  ¿Cuándo termina? . . . .   When will you finish?

tiempo para descansar . . . .   break time

tiempo parcial, por parte de la jornada, a
  medio tiempo (Mex), a tiempo parcial (Cu,
  Per, Sp) . . . .   part-time

tomarse un descanso . . . .   break (to take a)

Su descanso es a las diez todos los días.	Your break is at 10 every day.
tomarse un día de descanso	day off (to take)
tomar tiempo libre	time off (to take)
trabajar	work (to)
¿Cuándo empiezo el trabajo?	When do I start work?
¿Cuándo puede comenzar a trabajar?	When can you start work?
¿Cuándo trabajo?	When do I work?
¿Dónde ha trabajado anteriormente?	Where have your worked before?
Empieza a trabajar a las ___.	You start work at ___.
¿Está trabajando hoy?	Are you working today?
Hay que trabajar más rápido.	You have to work faster.
Llámeme si no puede trabajar.	Call me if you cannot work.
¿Por qué no está trabajando?	Why aren't you working?
¿Puede trabajar los días festivos y fines de semana?	Can you work holidays and weekends?
¿Trabajaría horas extras?	Could you work overtime?
Ud. trabaja bien.	You do good work.
Ud. trabajará de ___ a ___.	You will work from ___ to ___.
trabajar (ponerse a)	work (to get down to)
Se puso a trabajar.	He got down to work.
trabajo	work (the)
¿A qué hora comienza el trabajo?	What time do I start work?
Necesito trabajo.	I need work.
Por favor, llame a la oficina si no puede venir al trabajo.	Please call the office if you cannot come to work.
Preséntese cinco minutos antes de su turno.	Report to work 5 minutes before your shift.
Se ha quedado sin trabajo.	She's out of work.
Si no puede venir al trabajo, llame con veinticuatro horas de anticipación. Si no puede venir al trabajo, llame 24 horas antes.	If you cannot come to work, call 24 hours in advance.
Termina el trabajo a las ___.	You finish work at ___.
trabajo a tiempo completo	full-time work
trabajo a tiempo parcial (Cu, Per, Sp), trabajo a medio tiempo (Mex), trabajo por parte de la jornada	part-time work
trabajo de temporada, empleo de temporada	seasonal work, temporary work
turno	shift
Su turno empieza a las ___.	Your shift begins at ___.
turno de desayuno	breakfast shift
turno de día	day shift
turno de la cena	dinner shift
turno del almuerzo	lunch shift
turno de la mañana	morning shift
turno de la noche	night shift, evening shift
turno de la tarde	afternoon shift
turno de ocho horas	eight-hour shift
turno por parte del día y parte de la noche....	swing shift
turno nocturno, turno de la noche	late shift
vacación	vacation (the)
dos semanas de vacación	two weeks of vacation

vacación con pago .... paid vacation
vacación sin pago .... vacation without pay
vacación (irse de) .... vacation (to take)

sistema de sueldos
Payroll

aumentar el sueldo .... increase (to give a raise), raise (to)
aumento de sueldo .... increase (the wage)
   aumento anual .... annual increase
   aumento basado en el rendimiento,
     aumento en función de los resultados ..... performance increase
   aumento por costo de vida .... cost-of-living increase
   aumento por mérito .... merit increase
aumento de sueldo, aumento el sueldo,
   aumento salarial, incremento salarial,   pay raise, salary increase, wage increase,
   mejora salarial .... raise
beneficiario .... payee
beneficios .... benefits
   beneficios de empleo .... employee benefits
   beneficios médicos .... medical benefits
   Esta posición ofrece beneficios. .... This position has benefits.
   incentivos, beneficios adicionales,
     beneficios complementarios,
     prestaciones complementarias (EIS, Gua) ... fringe benefits
   ¿Qué beneficios ofrece? .... What benefits do you offer?
   Sus beneficios incluyen ___. .... Your benefits include ___.
cheque .... check (the)
cheque de pago, cheque de sueldo, cheque
   salarial .... paycheck
comisión .... commission
   comisión de venta .... sales commission
compensación .... compensation
   compensación diferida .... deferred compensation
costo .... cost (the)
   costo laboral .... labor cost
deducciones .... deductions
   ¿Cuántas deducciones está declarando? .... How many deductions are you claiming?
deducir, substraer .... deduct (to)
   Yo le deduzco las pérdidas de su salario..... I will deduct the loss from your pay.
dependientes .... dependents
   ¿Cuántos dependientes tiene? .... How many dependents do you have?

cheque de pago
_____

paycheck

descuento	discount
Su descuento es ___.	Your discount is ___.
desempleado	unemployed, jobless
desempleo	unemployment
seguro de desempleo	unemployment insurance
día de pago	payday
El día de pago es ___.	Payday is ___.
dinero, plata, luz marmaja, peso, feria, pisto (Mex)	money (the)
Ahora está ganando un buen sueldo. Está ganando bien.	He's earning good money now.
¿Qué tal pagan donde trabaja?	What's the money like where you work?
estacionamiento pagado	paid parking
ganar	earn (to)
ganar buen sueldo	money (to make good)
ganarse la vida	earn a living (to)
horario de la comisión	commission schedule
horas extras, horas sobretiempo	overtime (hours)
Las horas extras se pagan tiempo y medio de la tasa regular por horas de sobretiempo.	Overtime is paid at time and a half.
indemnización por despido	severance pay
ingresos, ganancias	income, earnings
ingresos brutos	gross income
ingresos netos	net income
jubilación	retirement
proyecto de jubilación, plan de jubilación	retirement plan
pagador	payer
pagar	pay (to)
¿Cuánto paga Ud.?	How much do you pay?
¿Cuánto paga Ud. por día?	How much do you pay per day?
¿Cuánto paga Ud. por hora?	How much do you pay per hour?
Se le pagará cada ___.	You will be paid every ___.
Se le pagará en cheque.	You will be paid by check.
Se le pagará en efectivo.	You will be paid in cash.
Se le pagará ___ por hora.	You will be paid ___ per hour.
Yo le voy a pagar ___. Le pagaré ___.	I will pay you ___.
pagar por adelantado, adelantarse, anticiparse	advance (to), pay early
Me adelantaron el sueldo del próximo mes.	They advanced me next month's salary.
pago	payment, money
pago, dinero, sueldo, lana	pay, salary
Los impuestos serán deducidos de su pago.	Taxes will be deducted from your pay.
medio pago	half pay
pago anual, pago por año	annual pay
pago diario, pago por día	daily pay
pago doble	double pay
pago extra	overtime (pay)
pago más alimentación, pago más comida	pay plus meals
pago neto, sueldo neto	take-home pay
pago por adelantado, pago anticipo	advance

pago por hora, pago cada hora	hourly pay
pago por mes, pago mensual	monthly pay
pago semanal, sueldo por semana	weekly pay
Su pago es ___.	Your pay is ___.
pago (recibir un corto de)	cut in pay (to take)
pensiones	pension
plan de pensiones	pension plan
prima, bonificación, bono	bonus
prima anual	annual bonus
prima basada en el rendimiento, prima basada en el desempeño del trabajo	performance bonus
prima mensual	monthly bonus
prima móvil	moving bonus
prima para retención del empleado	retention bonus
propina	gratuity, tip
propina (dar la)	tip out (to)
propina (dar una), propinar (Mex)	tip (to)
propinas	tips
jarra de propinas	tip jar
porcentaje de las propinas	tip out (the)
reducción de sueldo, corte de pago	cut in pay (the)
reducir el sueldo, cortar el pago	cut in pay (to)
reembolsar, pagar	repay (to)
salarial, salario, pago, sueldo	wage
aumento salarial, incremento salarial, mejora salarial, aumento de sueldo	wage increase
congelación de salarios, congelación salarial	wage freeze
salario mínimo	minimum wage
El salario mínimo es ___.	Minimum Wage is ___.
Este trabajo paga el salario mínimo.	This is a Minimum Wage job.
salario mínimo federal	Federal Minimum Wage
saldo de cuenta, pago total	payment in full
sistema de pagos, nómina	payroll
sueldo, salario, honorarios, remuneración, compensación, paga (Col)	salary
¿Cuál fue su salario en los empleos anteriores?	What was your salary at each job?
Gana un sueldo ratón.	He earns a paltry salary.
¿Qué salario espera obtener?	What salary do you expect?
sueldo anual	annual salary
sueldo fijo	fixed salary
sueldo mensual	monthly salary
sueldo (reducir el)	salary (to reduce the)
tiempo	time (the)
doble pago por hora	double time, double time per hour
medio pago por hora	half time
pago de tiempo y medio por hora	time and a half

guantes desechables

disposable gloves

valor .... worth
viático .... travel allowance, per diem

ropa de los empleados
Employee Dress

arete, aro (Arg) .... earring
blusa .... blouse
   blusa blanca .... white blouse
cambiarse de ropa .... change clothes (to)
   Cámbiese de ropa. .... Change your clothes.
camisa .... shirt
   camisa blanca .... white shirt
   camisa de manga corta, remera de manga
      corta (Arg) .... short-sleeve shirt
   camisa de manga larga, remera de manga
      larga (Arg) .... long-sleeve shirt
   camisa de primer cocinero .... chef's shirt
   camisa formal, camisa de vestir .... dress shirt
chaqueta de primer cocinero, casaca de
   primer cocinero .... chef's coat
corbata .... tie
   corbatín, corbata mariposa, palomita,
      moñita (Ur), corbata de gato (Bol),
      corbatín (Col), pajarita (Sp, Cu), corbata
      de lacito (DR), corbata de moñito (Mex),
      corbata de gatito (Pan), lazo (PR),
      corbata michi (Per), corbata de lazo (Ur,
      Ven), corbata de humita (Ch) .... bow tie
delantal, mandil .... apron
   delantal de cintura .... waist apron
   delantal de goma .... rubber apron
   delantal de plástico .... plastic apron
esmoquin .... dinner jacket
etiqueta, identificadora .... name tag (cloth)
gorro de primer cocinero .... chef's hat
guantes .... gloves
   guantes desechables .... disposable gloves
joyas .... jewelry

no joyas	no jewelry
media pantalón, pantimedias (Mex, Ur), medias de nylon (PR)	pantyhose
pantalones	pants
pantalones de primer cocinero	chef's pants
placa con el nombre	name tag (metal)
redecilla	hair net
Debe usar una redecilla si trabaja en la cocina.	You must wear a hair net if you work in the kitchen.
ropa informal, ropa casual	casual clothes
sandalias	sandals
uniforme	uniform
El costo de su uniforme será deducido de su pago.	The cost of your uniform will be deducted from your pay.
Debe comprarse el uniforme de trabajo.	You must buy your uniform.
Debe lavar su uniforme de trabajo.	You must clean your own uniform.
Le damos el uniforme. Le proveemos el uniforme.	I will provide your uniform.
Su uniforme le costará ___.	Your uniform will cost ___.
usar, llevar	wear (to)
No puede usar ___.	You cannot wear ___.
vestido, pollera (CR, Ur), traje de mujer (PR) . . .	dress (the)
vestirse, ponerse la ropa	dress (to)
vestirse de etiqueta, vestirse elegante (Ch, Col), engalanarse (PR), vestirse formal (DR) . . .	dress up (to)
zapatos	shoes
zapatos de tenis	tennis shoes
zapatos bajos, zapatos sin tacón	flat shoes

higiene de los empleados
Employee Hygiene

afeitarse, rasurarse	shave (to)
Por favor, aféitese antes de venir trabajo.	Please shave before coming to work.
bañarse, ducharse	shower (to)
Báñese y use desodorante todos los días. . . .	Take a shower and use deodorant everyday.
Por favor, báñese antes de venir trabajo.	Please shower before coming to work.
caspa	dandruff
cepillarse los dientes	brush teeth (to)
Cepille sus dientes antes de venir al trabajo.	Brush your teeth before coming to work.
desodorante	deodorant
higiene personal	personal hygiene
jabón	soap
lavado bucal, enjuague bucal	mouthwash
lavarse	wash (to)
Lávese las manos.	Wash your hands.

Lávese las manos con jabón después de usar el baño. . . . . Wash your hands with soap after using the toilet.

Lávese las manos después de utilizar el baño. . . . . Wash your hands after using the bathroom.

mal aliento, mala respiración . . . . bad breath

Tiene mal aliento. . . . . You have bad breath.

operaciones comerciales
Business Operations

clases de negocios
Types of Businesses

barra, bar, cantina, coctelería, taberna (Col)	bar, watering hole
barra de jugo, bar de jugo	juice bar
barra de tequila	tequila bar
barra de vinos, bar de vinos	wine bar
bodega, taberna, tienda de vinos, vinatería (Mex, PR), vinería (Ur)	wineshop, wine store
café, café económico	café
café, cafetería	coffeehouse, coffee bar, coffee shop, diner, sandwich shop
café concierto, café cantante, sala de fiestas, cabaret, discoteca, boliche (Arg)	cabaret, nightclub
cafetería, restaurante autoservicio	cafeteria
cantina	canteen, bar
carnicería	butcher shop
cervecería	brewery
charcutería, rotisería (CS), salsamentaría, salchichonería (Mex)	delicatessen, deli
cigarrería, tabaquería	cigar shop
club	club
club clandestino	underground club
club con música	music club
club de baile, discoteca	dance club
club de cena	dinner club
club de cena especial	supper club
club privado	private club
club tarde, club a horas extraordinarias	after-hours club
coche comedor, vagón-restaurante (Col), coche restaurante (Sp), coche-comedor	dining car, restaurant car
curso de cocina	cooking course
discoteca, boliche (Arg)	disco
dulcería, confitería	sweetshop, chocolate shop
escuela culinaria	culinary school
escuela de cocina	cooking school
fuente de soda	soda fountain (place)
grill, parrilla	grill
hamburguesería	hamburger restaurant, hamburger joint
heladería, nevería (Mex)	ice cream parlor
lonchería	luncheonette
mantequería	grocer's shop
mercado, supermercado (Sp), super (Mex), bodega (Cu), colmado (PR), almacén (Ur), tienda (Gua), tienda de comestibles, tienda de abarrotes, abarrotería	market, store

mercado de especialidades	specialty market
mercado gourmet, mercado gastrónomo	gourmet market
¿Puede ir al mercado por mí?	Can you go to the store for me?
olla popular, olla común, comedor de beneficiencia	soup kitchen
ostrería	oyster bar
panadería, pastelería (Ch, Col), repostería (PR)	bakery
pastelería	bakeshop, pastry shop
pizzería	pizzeria, pizza parlor
puesto de frutas, frutería (PR)	fruit stand
quesería	cheese shop
repostería	confectioner's shop
restaurante	restaurant
restaurante accesible en automóvil	drive-through restaurant
restaurante argentino	Argentinian restaurant
restaurante autoservicio, restaurante accesible en automóvil, restaurante donde se sirve al cliente en el carro	drive-in restaurant
restaurante chino	Chinese restaurant
restaurante con cerveza y vino	beer and wine restaurant
restaurante con servicio completo	full-service restaurant
restaurante coreano	Korean restaurant
restaurante de comida rápida	fast-food restaurant
restaurante de comidas saludables	health food restaurant
restaurante de crépes	creperie, pancake house
restaurante de etiqueta, restaurante formal	formal-dining restaurant
restaurante de fideos, restaurante de tallarines	noodle house
restaurante especializado en bistec, parrilla, churrasquería (AmS)	steak house
restaurante hindú	Indian restaurant
restaurante italiano	Italian restaurant
restaurante japonés	Japanese restaurant
restaurante mexicano	Mexican restaurant
restaurante pequeño, bistro	bistro
restaurante persa	Persian restaurant
restaurante vegetariano	vegetarian restaurant
restaurante tema	theme restaurant
sala de baile	ballroom
sala de banquete	banquet hall
salón de té, sala de té	tearoom
supermercado, super (Mex), bodega (Cu), colmado (PR), tienda de comestibles, almacén (Ur), tienda (Gua), tienda de abarrotes, abarrotería, mantequería, mercado (Ur)	supermarket, grocery
tabaquería	tobacco shop
taberna	tavern
tienda de abarrotes, abarrotería, bodega (PR), mantequería	grocery store

tienda de bebidas alcohólicas, licorería (Bol,
    Col), bodega (Pan) . . . . liquor store
viñedo, viña . . . . vineyard

arquitectura
Architecture

acceso . . . . access
    acceso para sillas de ruedas . . . . wheelchair access
adentro . . . . inside
afuera . . . . outside
aire acondicionado . . . . air conditioning
aire acondicionado, acondicionador de aire . . . . air conditioner
    Apague el aire acondicionado. . . . . Turn off the air conditioner.
    Baje la temperatura del aire acondicionado. . . . Turn down the air conditioner.
    El aire acondicionado está prendido. . . . . The air conditioner is on.
    Suba la temperatura del aire
        acondicionado. . . . . Turn up the air conditioner.
alfombra . . . . carpet, carpeting, rug
    alfombras de pared a pared . . . . wall-to-wall carpeting
    Esta alfombra recoge mucho polvo. . . . . This carpet collects a lot of dust.
almacén, bodega . . . . storage (location)
    almacén refrigerado, depósito refrigerado,
        frigorifico, bodega refrigerada . . . . cold storage
    almacén seco, bodega seca . . . . dry storage
aparador, bufetera (Gua), mesa de buffet
    (Mex), chinero (PR) . . . . buffet
armario, locker (AmL) . . . . locker
arriba, planta de arriba, piso de arriba . . . . upstairs
ascensor, elevador (Mex, PR, Cu, Pan) . . . . elevator
azulejo, baldosa . . . . floor tile
balcón . . . . balcony
baño, servicio . . . . bathroom, restroom, toilet, lavatory (the
        room)
    baño para caballeros, baño para hombres . . . men's room
    baño para damas, baño para mujeres . . . . lady's room
    baño para incapacitados, baño para
        discapacitados . . . . handicap bathroom
    baño público . . . . public restroom
    ¿Dónde están los baños? . . . . Where are the toilets?
baranda, barandilla (Sp) . . . . banister
barra, cantina, coctelería, taberna (Col) . . . . bar (area)
bodega, almacenaje, almacén (Bol, DR, PR),
    depósito (Arg, Col) . . . . storage room
bodega de vinos . . . . wine cellar
buzón . . . . mailbox
cafetería de empleados . . . . employee cafetería
calentador, calefactor . . . . heater
    calentador para el agua . . . . hot water heater
    Ponga Ud. el calentador. . . . . Turn on the heater.
    Quita Ud. el calentador. . . . . Turn off the heater.
camerino, vestidor . . . . dressing room

clóset, placard (Arg), ropero (Bol, Ch, CR, Ur,
    Ecu), estante (Pan), armario (Sp) . . . . closet (cloak)
cocina . . . . kitchen
cocinita, cocineta (Mex), cocinilla (Col) . . . . kitchenette
comedor . . . . dining room
    comedor privado, habitación privada . . . . private dining room
conducto . . . . duct
corredor, pasillo . . . . hall, hallway
cortinas . . . . curtains
    Abra las cortinas. . . . . Open the curtains.
    Cierre las cortinas. . . . . Close the curtains.
cuarto, salón . . . . room
    cuarto de adelante . . . . front room
    cuarto de atrás, cuarto del fondo . . . . back room
    cuarto de VIP . . . . VIP room
    cuarto para fumadores . . . . smoking room
    cuarto privado . . . . private room
cubierta, terraza . . . . deck
depósito . . . . store room
desagüe . . . . drain (the)
despensa, clóset de comidas . . . . pantry
despensa del mayordomo, despensa situada
    entre el comedor y la cocina . . . . butler's pantry
entrada . . . . entrance
    entrada de atrás, entrada trasera . . . . rear entrance
    entrada de empleados . . . . employee entrance
    entrada de frente, entrada principal . . . . front entrance
    entrada de servicio . . . . service entrance
    entrada por afuera . . . . outside entrance
    ___ pies de la entrada . . . . ___ feet from the entrance
entrada para carros . . . . driveway
escalera . . . . stairs
    escalera de emergencia . . . . emergency stairs
    escalera de incendios . . . . fire escape
    escalera eléctrica, escalera mecánica,
      escalera automática (Col), escalera móvil . . . escalator
escalón . . . . step (the)
escalones . . . . steps
escritorio . . . . desk
escurridero . . . . drain board (the)
espejo . . . . mirror
estación . . . . station
    estación de los ayudantes de camareros,
      estación de los ayudantes de los
      meseros . . . . bus station, busboy station
    estación de los meseros . . . . waiter station
foyer, lobby, vestíbulo, hall de entrada (Arg),
    recepción, pasillo (Col), loby (Pan) . . . . lobby
fuente de agua potable, bebedero (AmC,
    Mex) . . . . drinking fountain
gavetas, cajones . . . . drawers

grifo

faucet

grifo, chorro, grifo de agua	faucet, water faucet
guardarropa	coat check, hat check, cloakroom
¿Puedo guardar mi abrigo?	Can I check my coat?
inodoro, escusado, retrete, sanitario (Mex, Ven, Col)	toilet (the bowl)
jardín	garden
lámpara de pie	floor lamp
lavabo, lavamanos	bathroom sink
lavadero	sink
lavaplatos, fregadero	kitchen sink
mostrador, mesada (Arg), counter (PR)	counter
mostrador de barra	bar (counter)
objetos perdidos, cosas que han sido perdidas y luego encontradas	lost-and-found (the items)
oficina	office
pantalla de chimenea, malla de fuego	fire screen
pared	wall
patio	patio
patio de recreo, área de recreo	playground
persianas, cortinas (Col)	blinds
Abra las persianas.	Open the blinds.
Alce las persianas. Levante las persianas. . . .	Raise the blinds.
Baje las persianas.	Lower the blinds.
Limpie las persianas.	Clean the blinds.
piso, planta, suelo, pista	floor
Cuidado: piso mojado.	Caution: wet floor.
El piso está liso.	The floor is slippery.
El piso está mojado. El piso está húmedo. . . .	The floor is wet.
piso de abajo, planta baja, primer piso	ground floor
piso de baile	dance floor
piso de cerámica	tile floor
piso de madera	wood floor
piso de plástico	linoleum floor
piso mojado	wet floor
piso superior, suelo superior	top floor
primer piso, primera planta, planta baja	first floor
segundo piso	second floor
planta baja, abajo	downstairs
plataforma de carga, muelle de carga (Col)	loading dock
porche	porch
portón	gate
postigos, persianas (Col, Ecu, Gua), contraventanas (Mex)	shutters

puerta	door
puerta contra incendios, puerta contrafuegos, puerta de fuegos	fire door
puerta de emergencia	emergency door
puerta del frente	front door
puerta de malla, puerta con rejilla, puerta con anjeo	screen door
puerta de vidrio	glass door
puertas francesas	French doors
puerta lateral, puerta de servicio, puerta de costado (Cu), puerta del lado (Mex)	side entrance
puerta trasera, puerta de atrás	back door
puesto de la anfitriona	hostess stand
punto de reunión, lugar de reunión	meeting place
rampa para silla de ruedas	wheelchair ramp
recepción	reception, front desk
recibiendo	receiving
recipiente para mantener frío el vino	wine cooler
repisas, anaqueles	shelves
restaurante	restaurant
salida	exit
salida de emergencia	emergency exit
salida de empleados	employee exit
salida de incendios	fire exit
salón de empleados, comedor para los empleados	employee lounge
salón de eventos	meeting room
salón para señoras	powder room
sitio donde poner cosas pérdidas y encontradas	lost-and-found (the area)
sitio donde recoger órdenes	order pick up (the place)
techado, tejado, techo	roof
techo, cielo raso	ceiling
termostato	thermostat
terraza	terrace
toallero	towel rack
tragaluz	skylight
Limpie el tragaluz.	Clean the skylight.
tubería	plumbing
umbral	doorstep
urinario	urinal
válvula de agua	water valve
válvula de desagüe	drain valve
ventana	window
Cierre la ventana. Cierre el cristal.	Close the window.
Lave las ventanas. Lave los cristales.	Wash the windows.
ventana de servicio	service window
ventana para servicio en automóvil	drive-through window
ventilador	fan
zona, área	area
zona de no fumadores	nonsmoking area

zona para fumadores .... smoking area
zona pública .... public area

recursos de negocios
Finances

operaciones financieras y de negocios
Financial & Business Operations

abogado, apoderado .... attorney
acabado de pagar .... paid up
acciones .... stock
accionista .... stockholder
acoso sexual .... sexual harassment
activos, haberes .... assets
   activos común, bien ganancial común ...... joint assets
   activos fijos, activos inmovilizados .... fixed assets
   activos líquidos .... liquid assets
   activos social .... corporate assets
   bienes personales .... personal assets
activo y pasivo, bienes y deudas (Mex) .... assets & liabilities
administrar, administrar un negocio .... operate (to, a business)
agotar las existencias, tener las existencias
   agotadas .... out of stock (to be)
año de ejercicio fiscal .... tax year
año fiscal .... fiscal year
apartado de correos .... PO Box, post office box
apretón de manos .... handshake
archivo, fila .... file
   archivado .... on file
   Lo tengo archivado. .... I have it on file.
arrendar .... lease (to)
arruinarse .... broke (to go)
asegurado .... insured
asegurador, compañía de seguros .... insurer
asegurar .... insure (to)
autorizar .... license (to)
ayudar .... lend a hand (to)
balance .... balance (accounting)
bancarrota, ruina, quiebra .... bankruptcy
banco .... bank (the)
   banco de negocios .... investment bank
banquero .... banker
beneficiarse .... profit (to)
calcular, computar .... calculate (to)
cálculos, estimaciones .... accounting (reckoning)
cambiar de dueño .... change hands (to)
   El restaurante cambió de dueño. .... The restaurant changed hands.
capital (dinero) .... capital (money)
   capital fijo .... fixed capital
   capital propio .... equity capital
capitalismo .... capitalism
cheque .... check (the)

cheque de caja, cheque de gerencia	cashier's check
cheque de pago	payroll check, paycheck
cheque del negocio	business check
cheque de viajero	traveler's check
cheque personal	personal check
cheque universal del banco, cheque revocado, tálon bancario	counter check
cobertura de seguros	insurance coverage
cobrar en efectivo, hacer en efectivo	cash (to)
¿Es posible cobrar en efectivo este cheque?	May I cash this check?
¿Podría cobrar en efectivo mi cheque de pago?	Will you cash my payroll check?
código impositivo, código fiscal	tax code
compañía de seguros	insurance company
condiciones	terms
condiciones del contrato	contract terms
con superávit, hacer provecho, hacer dinero . . .	in the black
La compañía funciona con superávit.	The company is operating in the black.
contabilidad, teneduría de libros	accounting, accountancy
contador, contable (Sp)	accountant
contaduría	accounts
contratar	contract (to)
contrato	contract (the)
contrato por escrito	written contract
contrato verbal	verbal contract
contrato de arrendamiento	lease (the)
contribuyente, causante (Mex)	taxpayer
convocar una junta	meeting (to call)
Por favor, convoque una junta.	Please call a meeting.
correo	mail (the)
por vuelta de correo	by return mail
costo, gasto	cost
costo de comidas	food cost
costo de empleados	labor cost
costo directo, costo primario, costo principal	direct cost
costo indirecto	indirect cost
costo neto	net cost
costo total	gross cost
costos de la área común	common area charges
costos indirectos, gastos generales, gastos de estructura	overhead
costoso, caro	expensive
crédito	credit (the)
a crédito, al fiado	on credit
Compramos a crédito.	We buy on credit.
cuadrar las cuentas, balancear las cuentas	balance the books (to)
cuadrar (las cuentas), echar la cuenta	balance the account (to)
Cuadré las cuentas. Balanceé las cuentas.	
Eché las cuentas.	I balanced the accounts.
cubrir gastos, ni ganar ni perder	break even (to)
cuenta	account

cuenta comercial	business account
cuenta de ahorros	savings account
cuenta de la casa	house account
cuenta del banco	bank account
cuenta personal	personal account
curso de acción	plan of action
deber	owe (to)
declaración de ganancias y pérdidas	profit and loss statement
declaración económica	financial statement
depositar, ingresar	deposit (to), bank (to)
Deseo depositar este cheque en mi cuenta.	I would like to deposit this check in my account.
depósito	deposit (the)
desgravable	tax-deductible (expenses)
desgravación fiscal, deducción impositiva	tax exemption
desgravar, ser desgravable	tax deductible (to be)
devolución de impuestos	tax rebate
dirigir	address (to, a letter, etc.)
distribución de ganancias entre los trabajadores	profit sharing
dividir	divide (to)
empresa	company, firm
en bancarrota	bankrupt
en líneas generales	in general terms
entrega	payment
pago inicial	down payment
entrega contra reembolso, pago de efectivo contra entrega	cash on delivery, COD
estado de cuenta, declaración de las cuentas	bank statement
estrechar la mano de, darse la mano	shake hands with (to)
evasión fiscal, evasión de impuestos	tax evasion
existencias	inventory (the, count), inventory count
fiduciario	fiduciary
firma	signature
firmar	sign (to)
Firme aquí.	Sign here.
Firme su nombre aquí.	Sign your name here.
firmar un cheque	sign a check (to)
ganancia, provecho, beneficio	profit (the)
ganancia líquida, ganancia neta, beneficio neto	net profit
ganancia total, ganancia bruta	gross profit
ganancia (dar), dar provecho	profit (to yield)
ganancias (sacar), sacar beneficios	profit (to make)
ganancias y pérdidas	profit and loss
gasto	expense, expenditure
gasto de automóvil	automobile expense
gasto de capital	capital expenditure
gasto de empleados	labor expense
gasto de nóminas	payroll expense
gasto fijos	fixed expense
gasto deducible	tax deduction
gastos	expenses
gastos bancarios	bank charges

gastos de comunidad, gastos comunes,
   gastos por servicio, comisión por
   servicios . . . .   service charge
gastos de envío . . . .   postage and handling expenses
gastos de mantenimiento . . . .   maintenance costs, maintenance
                                                         expenses
gastos de operaciones, gastos de
   explotación . . . .   operating expense
gastos de viaje . . . .   travel expenses
gastos generales . . . .   general expense
gastos generales, gastos estructurales . . . . . .   overhead expense
gastos generales, gastos indirectos,
   cuestas indirectas . . . .   overhead
giro bancario . . . .   bank draft
giro postal . . . .   money order
gravar, cobrar un impuesto . . . .   tax (to)
hablar en serio . . . .   business (to mean)
   Hablo en serio. . . . .   I mean business.
impuesto . . . .   tax (the)
   impuesto del estado . . . .   state tax
   impuesto federal . . . .   federal tax
   impuesto sobre la plusvalía, impuesto
      sobre ganancia . . . .   capital gains tax
   impuesto sobre la propiedad inmobiliaria . . . .   property tax
ingresar en cuenta . . . .   credit (to)
   Por favor, deposite $100 en mi cuenta. . . . . . .   Please credit $100 to my account.
ingresos . . . .   income
   ingresos gravables . . . .   taxable income
   rendimientos del capital mobiliario . . . .   investment income
interés . . . .   interest
   interés compuesto . . . .   compound interest
   interés fijo . . . .   fixed interest, fixed rate
   interés simple . . . .   simple interest
   interés variable . . . .   variable interest
   préstamos sin interés . . . .   interest-free loan
   taza de interés . . . .   interest rate
inventariar . . . .   inventory (to take)
inventario . . . .   inventory (the, stock)
inversión . . . .   investment
   inversión de capital . . . .   capital investment
   inversión de negocios . . . .   business investment
   inversión de propiedad . . . .   property investment
inversionista . . . .   investor
jefe ejecutivo principal, presidente (Arg),
   gerente general, oficial ejecutivo (Ven) . . . .   chief executive officer
junta . . . .   meeting (the)
   junta de empleados . . . .   employee meeting, staff meeting
   junta de los gerentes . . . .   managers' meeting.
   Hay una junta a ___. . . . .   There will be a meeting at ___.

Junta de Sanidad

Board of Health

Junta de Sanidad, Departamento de Sanidad, Ministerio de Salud, Ministerio de Sanidad, Cuerpo de Sanidad (Mex)	Board of Health, Health Department
ley	law
ley corporativa	corporate law
ley de contratos	contract law
ley de impuestos	tax law
ley de inmigración	immigration law
ley internacional	international law
libre de impuestos	tax-free
libre de impuestos, exento de impuestos, no gravable	tax-exempt
libreta bancaria, libreta de ahorros	bankbook
licencia, permiso	license (the)
licencia para vender alimentos y bebidas, licencia para vender comidas y bebidas	food and beverage license
licencia para vender bebidas alcohólicas	liquor license
línea de conducta, plan de acción	course of action
lista de direcciones, planilla de direcciones	mailing list
llevar libros	books (to keep)
Lleva los libros del restaurante. Lleva la contabilidad del restaurante.	He keeps the books for the restaurant.
llevar los negocios, conducir los negocios	business (to conduct or carry on)
mandar una carta por correo	mail a letter (to)
Mande esta carta.	Mail this letter for me.
margen de ganancia, margen de utilidad	profit margin
mayoreo	wholesale
mejorías de rentista	TI (by the tenant), tenant improvements (by the tenant)
mejorías para rentista	TI (by the landlord), tenant improvements (by the landlord)
multiplicar	multiply (to)
mujer de negocios, empresaria (Arg, Ch, CR), ejecutiva (Col), mujer profesional (Pan)	businesswoman
negociaciones de contratos	contract negotiations
negociante, comerciante, hombre de negocios, ejecutivo (Col), empresario (Arg, Ch, CR), hombre profesional (Pan)	businessman
negocio, comercio	business (the)
El negocio está produciendo grandes ganancias.	The business is making a lot of money.
El negocio no les deja sino pérdidas.	The business is losing money.
negocios, comercio	business (the, commerce)
negocios (aplicarse a los)	business (to attend to)
negocios (hacer)	business (to do)
no hacer provecho, hacer menos dinero que las cuestas	in the red

orden de compra . . . . purchase order
pagar . . . . pay (to)
pagar a plazos . . . . pay by installments (to)
   Está pagando préstamo a plazos. . . . . She's paying the loan in installments.
pagar con cheque . . . . pay by check (to)
pagar demasiado . . . . overpay (to)
papel de escribir timbrado . . . . letterhead
patrimonio neto, capital . . . . equity
permiso . . . . permit
  permiso condicional para operación . . . . conditional use permit
plusvalía, ganancias . . . . capital gains
  impuesto sobre la plusvalía . . . . capital gains tax
poderes notariales . . . . power of attorney
póliza de seguros . . . . insurance policy
poner un precio . . . . set a price (to)
préstamo, anticipo, empréstito . . . . loan (the)
  préstamo sin interés . . . . interest-free loan
prestar . . . . loan (to)
principal, jefe . . . . principal
recursos financieros . . . . finances
reembolsar, pagar . . . . repay (to)
registro . . . . record
   en confianza . . . . off the record
   llevar cuenta . . . . keep record (to)
   registros del negocio . . . . company records
   para que conste en acta . . . . for the record
rendimientos del capital mobiliario, ingresos
  por inversiones . . . . investment income
renta, alquiler . . . . rent (the)
   renta básica, renta fundamental . . . . base rent
   renta neta . . . . flat rent
   se alquila . . . . for rent
rentabilidad . . . . profitability
rentabilizar . . . . return (to get a)
rentable, lucrativo, útil, provechoso . . . . profitable
rentar . . . . rent (to)
restar, substraer . . . . subtract (to)
saldo . . . . balance (bank)
   saldo acreedor . . . . credit balance
   saldo de cuenta . . . . account balance
   saldo pendiente . . . . outstanding balance
seguro, aseguranza . . . . insurance
  seguro completo, seguro contra todo
   riesgo . . . . comprehensive insurance
  seguro de automóvil . . . . automobile insurance
  seguro de indemnización a los trabajadores . . . workman's compensation insurance
  seguro de conductores sin seguro de
   automóvil . . . . uninsured motorist insurance
  seguro de desempleo . . . . unemployment insurance
  seguro de discapacidad . . . . disability insurance
  seguro dental . . . . dental insurance
  seguro de incendios, seguro de fuego,
   seguro contra incendios . . . . fire insurance

seguro de responsabilidad civil	liability insurance
seguro de vida	life insurance
seguro médico, seguro de enfermedad	medical insurance
¿Tiene Ud. seguro médico?	Do you have medical insurance?
sin blanca (estar), estar sin recursos	broke (to be)
Estoy sin blanca. No tengo un chavo.	I'm broke.
sin ganancia, sin ventaja, sin provecho	profitless
sobregirar, exceder en un giro del crédito	
disponible	overdraw (to)
Tengo la cuenta en descubierto.	My account is overdrawn.
Tengo descubierto. Estoy sobregirado.	I'm overdrawn.
sobregiro, descubierto	overdraft (the)
sobregiro (tener un), tener descubierto	overdraft (to have an)
sociedad	partnership
sociedad limitada, sociedad anónima	limited partnership
socio	partner
socio capitalista	silent partner
socio en el negocio	business partner
socio principal	principal partner
sujeto a un impuesto	taxable
sumar	add (to)
suspender los pagos	stop payment (to)
titular de un permiso, titular de una licencia	licensee
tres veces neta	triple net
una mano (dar), ayudar	lend a hand (to)
venta	sale
a la venta	on sale

dólares y centavos
Dollars & Cents

billetera, cartera	wallet
¿Ud. encontró una billetera?	Did you find a wallet?
bolso, bolso para dinero	money bag
cajero	cashier (the)
Lleve esto al cajero. Lleve esto al	
registrador.	Take this to the cashier.
cambiar	break (to, make change), change (to make), cash (to)
cambio	change (the)
cambio suelto	loose change
Lleve el cambio a la mesa número ___.	Take the change to table number ___.
Quédese con el cambio.	Keep the change.
cartera, bolso	purse
monedero	change purse
chavo, centavo	buck
centavo, chavo	cent, penny
centavos, plata, moneda	cents, coins
cinco centavos	nickel, five cents
diez centavos	dime, ten cents
veinticinco centavos	quarter, twenty-five cents
certificado de regalo, acta de regalo	gift certificate
cheque	check (the)

cheque de viajero . . . .   traveler's check
cheque personal . . . .   personal check
cobrar, cambiar . . . .   cash (to)
cobrar, pagar con tarjeta . . . .   charge (to)
   ¡Cárguelo! ¡Cóbrelo! ¡A la cuenta! (Mex fam) . . .   Charge it!
cobrar un impuesto . . . .   tax (to)
costar . . . .   cost (to)
   ¿Cuánto cuesta? . . . .   How much does it cost?
crédito . . . .   credit
cuenta . . . .   check (the bill)
   Lleve la cuenta a la mesa número ___. . . . . .   Take the check to table number ___.
cuenta, billete . . . .   bill (check)
   pagar la cuenta . . . .   foot the bill (to)
destituir, despedir . . . .   cashier (to)
dinero . . . .   bank (money)
dinero, plata (sl) . . . .   currency, money
dólar, monis americano (sl) . . . .   dollar bill, bill, dollar
   billete de cien dólares . . . .   one hundred dollar bill
   billete de cinco dólares . . . .   five dollar bill
   billete de cincuenta dólares . . . .   fifty dollar bill
   billete de diez dólares . . . .   ten dollar bill
   billete de dos dólares . . . .   two dollar bill
   billete de un dólar . . . .   one dollar bill
   dólar de plata . . . .   silver dollar
   medio dólar . . . .   half dollar
dólares . . . .   dollars
efectivo, dinero, dinero en efectivo . . . .   cash (the)
   dinero para gastos menores . . . .   petty cash
estar sin un chavo (colloq), quedarse sin un
   chavo (colloq) . . . .   broke (to be)
Estoy sin un chavo. (colloq), Me quedé sin un
   chavo. (colloq) . . . .   I'm broke.
factura . . . .   invoice
igual . . . .   equal
impuesto . . . .   tax (the)
   libre de impuestos . . . .   tax free
ir a medias . . . .   fifty-fifty (to go)
   Vamos a medias. . . . .   Let's go fifty-fifty.
moneda de curso legal . . . .   legal tender
níquel, cinco centavos . . . .   nickel
pagar al contado, pagar con dinero en
   efectivo . . . .   cash (to pay)
   Pagamos al contado por las cosas de   We pay cash for items less than
      menos de diez dólares. . . . . $10.00.
   pagar cada uno lo suyo, pagar a escote . . . . . .   Dutch (to go)
   Cada uno pagó lo suyo. . . . .   We went Dutch.
pagar la cuenta . . . .   pick up the tab (to)
pago . . . .   payment
   pago con la tarjeta de crédito . . . .   credit card payment
   pago en efectivo . . . .   cash payment
recibo . . . .   receipt
   recibo de efectivo . . . .   cash receipt
   recibo de tarjeta, recibo de tarjeta de
      crédito . . . .   credit card receipt

recibo de ventas	sales receipt
recibos de caja	cash receipts (money)
reembolsar	refund (to), reimburse (to)
reembolso	refund (the)
registrador, caja registradora	cash register, register, till
tantos a tantos	equal numbers
tarjeta de crédito	credit card
máquina de tarjetas de crédito	credit card machine
terminar sus transacciones	cash out (to)

números, fracciones y porcentajes
Numbers, Fractions & Percentages

números ordinales
Ordinal Numbers

primero	first (1st)
segundo	second (2nd)
tercero	third (3rd)
cuarto	fourth (4th)
quinto	fifth (5th)
sexto	sixth (6th)
séptimo	seventh (7th)
octavo	eighth (8th)
noveno	ninth (9th)
décimo	tenth (10th)
undécimo	eleventh (11th)
duodécimo	twelfth (12th)
decimotercero, decimotercio	thirteenth (13th)
decimocuarto	fourteenth (14th)
decimoquinto	fifteenth (15th)
decimosexto	sixteenth (16th)
decimoséptimo	seventeenth (17th)
decimoctavo	eighteenth (18th)
decimonoveno, decimonono	nineteenth (19th)
vigésimo	twentieth (20th)
vigésimo primero	twenty-first (21st)
vigésimo segundo	twenty-second (22nd)
trigésimo	thirtieth (30th)
cuadragésimo	fortieth (40th)
quincuagésimo	fiftieth (50th)
sexagésimo	sixtieth (60th)
septuagésimo	seventieth (70th)
octogésimo	eightieth (80th)
nonagésimo	ninetieth (90th)
centésimo	one hundredth (100th)

milésimo .... thousandth (1,000th)
millonésimo .... millionth

números cardinales
Cardinal Numbers

cero .... zero (0)
uno .... one (1)
dos .... two (2)
tres .... three (3)
cuatro .... four (4)
cinco .... five (5)
seis .... six (6)
siete .... seven (7)
ocho .... eight (8)
nueve .... nine (9)
diez .... ten (10)
once .... eleven (11)
doce .... twelve (12)
trece .... thirteen (13)
catorce .... fourteen (14)
quince .... fifteen (15)
dieciséis .... sixteen (16)
diecisiete .... seventeen (17)
dieciocho .... eighteen (18)
diecinueve .... nineteen (19)
veinte .... twenty (20)
veintiuno .... twenty-one (21)
veintidós .... twenty-two (22)
veintitrés .... twenty-three (23)
veinticuatro .... twenty-four (24)
veinticinco .... twenty-five (25)
veintiséis .... twenty-six (26)
veintisiete .... twenty-seven (27)
veintiocho .... twenty-eight (28)
veintinueve .... twenty-nine (29)
treinta .... thirty (30)
cuarenta .... forty (40)
cincuenta .... fifty (50)
sesenta .... sixty (60)
setenta .... seventy (70)
ochenta .... eighty (80)
noventa .... ninety (90)
cien, ciento .... one hundred (100)
ciento diez .... one hundred ten (110)
ciento veinte .... one hundred twenty (120)
mil .... one thousand (1,000)
millón .... one million (1,000,000)

porcentajes
Percentages

cinco por ciento .... five percent (5%)
diez por ciento .... ten percent (10%)

quince por ciento	fifteen percent (15%)
veinte por ciento	twenty percent (20%)
veinticinco por ciento	twenty-five percent (25%)
treinta por ciento	thirty percent (30%)
cuarenta por ciento	forty percent (40%)
cincuenta por ciento	fifty percent (50%)
sesenta por ciento	sixty percent (60%)
setenta por ciento	seventy percent (70%)
ochenta por ciento	eighty percent (80%)
noventa por ciento	ninety percent (90%)
cien por ciento	one hundred percent (100%)

procedimientos en el negocio
Business Procedures

abierto / cerrado
Open / Closed

abierto (estar)	open (to be)
El restaurante abre a las ___.	The restaurant opens at ___.
El restaurante está abierto.	The restaurant is open.
abrir	open (to)
Abrimos a las ___.	We open at ___.
cerrar	close (to)
Cerramos a las ___.	We close at ___.
Cierre la puerta.	Close the door.
cerrado	closed
Mantenga siempre la puerta cerrada.	Always keep the door closed.
cerrado (estar)	closed (to be)
El restaurante cierra a las ___.	The restaurant closes at ___.
El restaurante está cerrado.	The restaurant is closed.
El restaurante está debido al mal clima.	The restaurant is closed due to bad weather.
entrar	enter (to)
no entrar	do not enter
fuera de servicio	out of order

seguridad
Security

abrir	unlock (to)
Abra las puertas.	Unlock the doors.

fuera de servicio

out of order

alarma .... alarm (the)
    ¿Está puesta la alarma? ....   Is the alarm set?
    La alarma está puesta. ....   The alarm is set.
    La alarma está puesta en el restaurante. ....   The restaurant is alarmed.
alarma (apagar la) .... alarm (to turn off)
    ¿Apagó Ud. la alarma? ....   Did you turn off the alarm?
alarma (poner la) .... alarm (to set)
    ¿Puso Ud. la alarma? ....   Did you set the alarm?
alarmado .... alarmed
atrancar, asegurar .... lock (to)
    Atranque la puerta. Asegure la puerta con
      llave. ....   Lock the door.
    Cierre las puertas y las ventanas con
      llave. ....   Lock the doors and windows.
    Es importante que la puerta esté cerrada. ...   It is important that the door is locked.
    La puerta debe permanecer sin seguro   The door must remain unlocked
      durante las horas de servicio............   during business hours.
bocallave .... key hole
cerradura, candado .... lock (the)
llave .... key
    llave principal ....   master key
llaves .... keys
    ¿Tiene Ud. las llaves? ....   Do you have the keys?
sistema de seguridad .... security system

sistema eléctrico
Electrical

apagado .... off
apagar, quitar .... turn off (to)
apagón .... black out (power)
atarugar .... plug (to)
caja de fusibles .... fuse box
desenchufar .... unplug (to)
enchufar .... plug in (to)
enchufe, enchufe eléctrico .... electrical outlet, electric plug
extensión eléctrica, cordón eléctrico, cable de
    extensión .... extension cord
iluminación .... lighting
interruptor .... light switch
luces .... lights
    Apague las luces. ....   Turn off the lights.
    Baje las luces. ....   Dim the lights.
    luces de emergencia, balizas (Arg), faros de
      emergencia (Ec) ....   emergency lights
    No deje ninguna luz encendida. ....   Do not leave the lights on.
    Prenda las luces. ....   Turn on the lights.
luz .... light
    La luz está apagada. ....   The light is off.
medidor de gas .... gas meter
prender, poner .... turn on (to)
prendido .... on

vataje .... wattage
vatio .... watt

avisos
Signs

Abierto .... Open
Aviso .... Notice
  Aviso, Notifique a su Empleador de Malas
    Condiciones .... Notice: Report Unfair Conditions to Your Supervisor
  Aviso a los Empleadores .... Notice to Employers
  Aviso a los Empleados .... Notice to Employees
Cerrado .... Closed
Cuidado: Piso Mojado .... Caution: Wet Floor
El hurto es castigado por la Ley. .... Theft is punishable by law.
Empleados Únicamente .... Employees Only
Fíjese Donde Pisa, Cuidado por Donde
  Camina .... Watch Your Step
Instrucciones de Operación, Modo de
  Empleo .... Operating Instructions
Lave Sus Manos Después de Utilizar el
  Baño .... Wash Your Hands After Using the Bathroom
Peligro .... Danger
Piso Mojado .... Wet Floor
Por Su Salud y la de Sus Clientes .... For Your Own Health & That of Your Clients
Salida .... Exit
  Salida de Emergencia .... Emergency Exit
  Salida de Empleados .... Employee Exit
Seguridad y Salud en el Trabajo .... Safety & Health on the Job
Se Necesita Ayuda .... Help Needed, Help Wanted
Se Prohibe el Consumo de Bebidas
  Alcohólicas .... No Drinking on the Premises

artículos de oficina
Office Supplies

archivar .... file (to)
archivo, archivador (Ch), archivero (Mex) ...... file cabinet
caja fuerte, caja de seguridad .... safe
calculadora, máquina de calcular, sumadora ... adding machine
carpeta de archivo, folder, archivadora (Sp) .... file folder
carpeta de argollas .... three-ring binder
carrete de cinta, rollo de tape (DR), carrete
  de celo (Sp), dispensador de cinta adhesiva
  (Ven), dispensador de durex (Mex),
  portarrollos (Mex) .... tape dispenser
cinta, cinta adhesiva, tape, cinta pegante
  (Ecu) .... tape
computador, computadora, ordenador (Sp) .... computer
  computador laptop, laptop .... laptop computer
  computador personal, PC .... personal computer, PC
copiadora, fotocopiadora (Sp) .... copier
cuaderno, libreta (Col, Cu, DR, PR), carta
  (Mex), bloc de notas (Sp) .... writing pad, pad (of paper)

cuaderno amarillo, libreta amarilla (DR, PR,
  Cu, Col) . . . .   yellow pad
cuaderno legal, bloc (Ch, Arg), bloc tamaño
  oficio (Mex) . . . .   legal pad
cuaderno, mascota (Col), libreta (Col) . . . . notebook
engrapa, grapa, ganchito, corchete (Ch),
  presilla (Cu), grampa (Per) . . . . staple (the)
engrapadora, abrochadora (Arg), corchetera
  (Ch), grapadora (PR, Sp) . . . . stapler
engrapar . . . . staple (to)
gancho de papel, ganchito (Arg, Ur),
  sujetapapeles (Hon), sujetador (Col) . . . . paperclip
imperdible, gancho (Andes), alfiler de gancho
  (CS, Ven), gancho de nodriza, seguro (Mex) . . . safety pin
impresora . . . . printer
imprimir . . . . print out (to)
lápiz, pincel . . . . pencil
  sacar punta a un lápiz . . . .   sharpen the pencil (to)
libreta de apunte . . . . post it
liga, cinta elástica, gomita, caucho (Col), hule
  (ElS, Gua, Hon) . . . . rubber band
monitor, monitor de computador, pantalla de
  computador . . . . computer monitor
papel . . . . paper
  impreso en papel . . . .   on paper
  papel con líneas . . . .   ruled paper
  papel de impresora . . . .   printer paper
  papel de registradora . . . .   register paper
  papel para computadora . . . .   computer paper
  papel reciclado . . . .   recycled paper
  pliego de papel . . . .   sheet of paper
  resma de papel . . . .   ream of paper
pisapapeles . . . . paperweight
pluma, lapicera (Arg, Ch, Ur), lapicero (Per),
  bolígrafo (Sp) . . . . pen
  pluma, bolígrafo, boli, birome (RPI), pluma
    atómica (Mex), lápiz de pasta (Ch) . . . .   ballpoint pen
  pluma estilográfica, pluma fuente,
    estilográfica, lapicera fuente (CS),
    estilógrafo . . . .   fountain pen
portafolio, cartera (Bol), maletín (Col, Cu, Per,
  PR) . . . . briefcase
regla . . . . ruler
sobre . . . . envelope
tajalápices, sacapuntas . . . . pencil sharpener
tarjeta de presentación . . . . business card
teclado, tecla de computador . . . . computer keyboard
uñas, sacagrapas, saca corchetes,
  removedor de grapas, quitagrapas (Sp) . . . . . staple remover

áreas de comida y bebida
Dining & Bar Areas

utensilios del comedor
Dining Utensils

cubiertos, cuchillería .... cutlery, flatware
cuchara .... spoon
   cuchara para postre .... dessert spoon
   cuchara para sopa, cuchara sopera .... soup spoon
   cucharita de café, cucharilla de café .... coffee spoon
cuchillo .... knife
cuchillo para bistec, cuchillo para carne .... steak knife
cuchillo para la cena .... dinner knife
cuchillo para mantequilla .... butter knife
destapador, abridor (Ch, CR, Pan, Ur),
   sacacorcho (Pan, Ur), abridor de botellas
   (PR), abrebotellas (Sp) .... bottle opener
destapador de vinos, sacacorchos, tirabuzón,
   destapador (Ch) .... corkscrew, wine bottle opener
juego individual de cubiertos .... place setting (flatware)
mezclador .... stirrer
   mezclador plástico .... plastic stirrer
pajita, pajilla, popote (Mex, AmC), pitillo (Ven) ... straw
palillero .... toothpick holder
palillo, palillo de dientes, mondadientes .... toothpick
palillos, chinos para comer .... chopsticks
tenedor .... fork
tenedor para la cena .... dinner fork
tenedor para la ensalada .... salad fork
tenedor para mariscos .... seafood fork
tenedor para postres .... dessert fork
utensilios, cubiertos, utensilios de cocina,
   platería (Col) .... silverware, flatware
   Por favor, necesito más utensilios. .... Please get more silverware.

tazas, vasos y platos
Cups, Glasses & Plates

aceitera, vinagrera .... cruet
azucarera .... sugar dispenser, sugar bowl
   Llene la azucarera. .... Fill the sugar dispenser.
bandeja, charola .... tray

tenedor

fork

bandeja de la barra . . . .   bar tray
bandeja para servir . . . .   serving tray
cántaro, jarra . . . .   jug
caramelera . . . .   candy dish
cesta . . . .   basket
   cesta de frutas . . . .   fruit basket
   cesta de pan . . . .   breadbasket
copa para champaña . . . .   champagne flute
copa para vino . . . .   wine cup
cristalería, copas (Mex) . . . .   stemware, glassware, crystal
cristaleria para el bar . . . .   barware
cubierto . . . .   place setting (on the table)
frutero . . . .   fruit dish
fuente, platón (Mex) . . . .   platter
   fuente de ensaladas . . . .   salad platter
   fuente de madera . . . .   wooden platter
   fuente de pasantes, fuente de entremeses,
     fuente de canapés . . . .   hors d'oeuvre platter
   fuente de plata . . . .   silver platter
   fuente de queso . . . .   cheese platter
   fuente de servir . . . .   serving platter
jarra, cántaro . . . .   pitcher
   jarra de agua . . . .   water pitcher
   jarra de crema, cremera, lechera (Arg),
     jarrita para leche (Sp) . . . .   cream pitcher, creamer
   Llene la cremera. Llene la jarra de crema. . . .   Fill the creamer.
jarra, taza, tarro (Mex, Ven) . . . .   mug
   jarra de cerveza (Mex, Ven), tarro de
     cerveza . . . .   beer mug
   jarra para café, pocillo para café (EIS, Gua),
     tazón para café (Mex) . . . .   coffee mug
juego individual de cubiertos . . . .   place setting (cutlery)
mantequillera, mantequera (RPI) . . . .   butter dish
mermelada . . . .   jam holder
pinzas . . . .   tongs
   pinzas para el azúcar . . . .   sugar tongs
platillo, salsera . . . .   saucer
plato . . . .   plate
   plato de papel . . . .   paper plate
   plato de ensalada . . . .   salad plate
   plato del pan . . . .   bread plate
   plato de postre . . . .   dessert plate
   plato de sopa, plato sopero, plato hondo
     de sopa . . . .   soup plate
   plato llano . . . .   dinner plate
   plato para servir . . . .   serving plate
plato, plato hondo, trasto (Pan) . . . .   dish
platón de bocado, platón de bocadillos . . . .   snack plate
porcelana, china, vajilla de lujo . . . .   china
salsera . . . .   gravy boat
sopero individual . . . .   tureen
   caldera, sopera . . . .   soup tureen

tacita, vasito	small cup
taza, pocillo	cup
taza de plástico	plastic cup
taza de plastiespuma	plastifoam cup
taza desechable, vaso	paper cup
taza para bebida caliente	hot-drink cup
taza para bebida fría	cold-drink cup
taza para café, pocillo (Arg)	coffee cup
taza para expreso, taza para café exprés,	
pocillo	espresso cup
taza para llevar	take-out cup, to-go cup
taza para té, pocillo para té	tea cup
tazón, plato hondo, bol (Ch), vasija (Pan, Col),	
cuenco (Sp)	bowl
plato hondo de cereal	cereal bowl
plato hondo para sopa, plato hondo de	
sopa, plato de sopa (Col, Ven), plato	
sopero (Cu, DR, Ec), sopera (PR)	soup bowl
vajilla	dishes
la vajilla completa	complete set of dishes
vajilla diaria	everyday dishes
vaso, copa	glass
vaso de agua	water glass
vaso de cerveza	beer glass
vaso de champaña	champagne glass
vaso de jaibol (Mex), vaso de whisky	highball glass
vaso de martini	martini glass
vaso de plástico	plastic glass
vaso de vino	wine glass
vaso de vino blanco	white wine glass
vaso de vino tinto, copa de vino tinto	red wine glass
vaso de whisky	whiskey glass
vaso para aperitivo	aperitif glass
vaso para beber	tumbler
vaso para Bordeaux	Bordeaux glass
vaso pequeño para un trago, copa de	
trago, vasito (PR), medida para bebida	
(Ch), chupito (Sp)	shot glass
vaso, tazón	large cup

mesas y sillas
Tables & Chairs

aforo de asientos, cupo	seating capacity
anillo de las servilletas	napkin holder
Llene los anillos de las servilletas.	Fill the napkin holders.
asiento	seat
Estos asientos están ocupados.	These seats are taken.
Estos asientos están reservados.	These seats are reserved.
Siéntese, por favor.	Please have a seat.
Tome asiento.	Take a seat.

banquillo del bar, asiento de la barra, asiento
   del bar . . . . bar stool
canasta de mantelería . . . . linen hamper
cubremesa, mantel . . . . table cover
dispensador de servilletas . . . . napkin dispenser
extensión de la mesa . . . . table leaves
mantel, mantel de la mesa . . . . table cloth, table linen
   Cambie el mantel de la mesa. . . . . Change the table linen.
   mantel individual . . . . placemat
   mantel plástico . . . . plastic table cloth
mantelería . . . . linen
   Recoja todas las toallas, los delantales y la
     mantelería sucia. . . . . Collect the dirty linen and towels.
mesa . . . . table (the)
   Balancee esta mesa. . . . . Balance this table.
   esa mesa . . . . that table
   esta mesa . . . . this table
   la mesa de atrás, la mesa del fondo . . . . back table
   la mesa de enfrente . . . . front table
   Limpie la mesa. . . . . Clean the table.
   mesa auxiliar . . . . side table
   mesa de afuera . . . . outside table
   mesa de cocina . . . . kitchen table
   mesa de comedor . . . . dining room table
   mesa privada . . . . private table
   mesa rodante . . . . tea trolley table
   ¿Nos podría dar aquella mesa? . . . . Could we have that table?
   Quite todo de la mesa. . . . . Clear the table.
   ¿Tiene Ud. una mesa en un área de no   Do you have a table in a nonsmoking
     fumadores? . . . .   area?
   ¿Tiene Ud. una mesa que esté en un lugar
     tranquilo? . . . . Do you have a quiet table?
mesa (poner la) . . . . set the table, lay the table
mesa (quitar la), recoger la mesa, levantar la
   mesa, retirar el servicio usado . . . . clear the table (to)
   Quite todo de la mesa. . . . . Clear the table.
mesa número ___ . . . . table number ___
   la mesa número dos . . . . table number two
   la mesa número uno . . . . table number one
   Lleve el agua a la mesa número ___. . . . . Take water to table number ___.
   Lleve esto a la mesa número ___. . . . . Take this to table number ___.
   Lleve los menús a la mesa número ___. . . . . Take menus to table number ___.
mostrador de bar . . . . bar (counter)
muebles, mobiliario . . . . furniture
   Mueva los muebles. . . . . Move the furniture.
número de asientos . . . . seating
poner, colocar, arreglar, tender . . . . set (to)
   Ponga la mesa. Arregle la mesa. Tienda la
     mesa. . . . . Set the table.
protector de la mesa . . . . table pad

servilleta

napkin

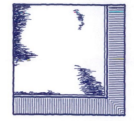

reservado . . . . booth
servilleta . . . . napkin
   Doble las servilletas.   Fold the napkins.
   servilleta de papel . . . .   paper napkin
   servilleta de tela . . . .   cloth napkin
   servilleta para envases dispensadores . . . . . .   dispenser napkin
servilletero, aro de servilleta, anillo de
   servilleta (Mex) . . . . napkin ring
silla . . . . chair
   silla para bebé . . . .   baby chair, booster seat
   silla para niños . . . .   high chair
taburete, banquillo . . . . stool
   escabel . . . .   footstool

servicio de restaurante
Restaurant Service

abierto . . . . open
   abierto para el almuerzo y la cena . . . .   open for lunch and dinner
   abierto para el desayuno . . . .   open for breakfast
   abierto solo para la cena . . . .   open for dinner only
aforo de asientos, cupo . . . . seating capacity
agasajar . . . . wine and dine (to)
agotado . . . . sold out
almorzar . . . . lunch (to have)
apetito . . . . appetite (the)
apetito (abrirle), darle a uno hambre . . . . appetite (to create)
bloc para las órdenes . . . . order pad
cenar . . . . dine (to), dinner (to have)
   Anoche cenaron venado. . . . .   They dined on venison last night.
cenar afuera (sl) . . . . dine out (to)
cheque-comida . . . . meal ticket
cliente que paga la propina . . . . tipper
   cliente que paga buenas propinas . . . .   good tipper
   Siempre da muy buenas propinas. . . . .   He is a generous tipper.
cocina . . . . cuisine
   cocina argentina . . . .   Argentinian cuisine
   cocina china, cocina chinesca . . . .   Chinese cuisine
   cocina coreana . . . .   Korean cuisine
   cocina de la india, cocina hindú . . . .   Indian cuisine
   cocina francesa . . . .   French cuisine

cocina italiana	Italian cuisine
cocina japonesa	Japanese cuisine
cocina mexicana	Mexican cuisine
cocina persa	Persian cuisine
cocina vegetariana	vegetarian cuisine
comer	eat (to)
algo de comer, algo que comer	something to eat
En cuanto comamos, iremos.	As soon as we eat, we will go.
Estoy comiendo demasiado.	I am eating too much.
¿Gustaría algo más de comer?	Would you like something else to eat?
¿Qué quiere comer? ¿Qué le gustaría comer?	What would you like to eat?
todo lo que quiera comer	all you can eat
comer (ser la hora de)	time to eat (to be)
comida	meal (food)
comida ligera, comida liviana	light meal
La comida está lista.	The food is ready.
costo adicional para platos compartidos	split plate charge (the)
El costo adicional para los platos compartidos es ___.	The split charge is ___.
Hay un costo adicional para los platos compartidos.	There is a split plate charge.
desayunar	breakfast (to have), breakfast (to)
dieta	diet
dieta Atkins	Atkins diet
dieta baja en carbohidratos	low-carbohydrate diet
dieta especial	special diet
dieta kosher	kosher diet
dieta sin gluten	gluten-free diet
dieta sin grasa	fat-free diet
dieta sin levadura	yeast-free diet
dieta sin trigo	wheat-free diet
festejar	feast (to)
festín, banquete	feast (the)
fiesta, juerga (Sp)	party (the)
aguar la fiesta	spoil the party (to)
casamiento, boda	wedding party
¿Cuántas personas hay en su grupo?	How many in your party?
fiesta con baile, tertulia (sl)	dance party
fiesta de aniversario	anniversary party
fiesta de cumpleaños	birthday party
fiesta de soltera	bachelorette party
fiesta de soltero	bachelor party
fiesta para los empleados	employee party
fiesta privada	private party
hacer salivar	mouth water (to make)
hambre	hunger
Estaba desfallecido del hambre.	He was faint with hunger.
hambre (tener), quedarse con hambre	hungry (to be)
¿Se ha quedado con hambre? ¿Tiene hambre todavía?	Are you still hungry?
Tengo hambre. Tengo ambrosia. (sl)	I am hungry.
hambriento	hungry
hora del almuerzo	lunchtime

hora de la cena	dinner time
hora de la comida	meal time
hora del desayuno	breakfast time
horas de operación, horas de servicio	hours of operation
lista, tira, menú	list
lista de bebidas, menú de bebidas	beverage list
lista de cancelaciones	cancellation list
lista de espera	waiting list
lista de platos especiales del día	specials board
lista de reservaciones	reservation list
lista de vinos, carta de vinos, menú de vinos	wine list, wine menu
menú	menu
Aquí está el menú.	Here is the menu.
menú de cócteles	cocktail menu
menú de comida tarde, menú de merienda	late-night menu
menú de la cena	dinner menu
menú del almuerzo	lunch menu
menú del bar	bar menu
menú del desayuno	breakfast menu
menú de los aperitivos	appetizer menu
menú de los niños	children's menu
menú del restaurante	restaurant menu
menú de merienda, menú de precio fijo	late-night menu, prix-fixe menu
menú de té	tea menu
menú para llevar	to-go menu
¿Nos podría dar el menú?	Can we have a menu?
¿Puede darme un menú?	May I have a menu?
número de asientos	seating
asientos en la barra	bar seating
orden, pedido	order (the)
orden (tomar la), tomar el pedido	order (to take the)
pagar cada uno lo suyo, pagar a escote	Dutch (to go)
Cada uno pagó lo suyo.	We went Dutch.
para llevar	to go
¿Quisiera esto para llevar? ¿Quiere Ud. esto para llevar?	Would you like this to go?
pedido, orden	order (the)
Levante los pedidos aquí. Recoja los pedidos aquí.	Pick up orders here.
pedido especial	special order
pedido para llevar	to-go order
pedido por teléfono	phone order
pedido (tomar el)	take the order (to)
pedir, ordenar	order (to)
Estoy listo para pedir.	I am ready to order.
Le gustaría ordenar un postre?	Would you like to order dessert?
¿Le gustaría ordenar ya?	Would you like to order now?
No pedí eso.	I did not order that.
pedir algo de comer, hacer un pedido	order a meal (to)
picar	nibble (to)
picnic	picnic (the)
picnic (ir al)	picnic (to go on a)

picnic (ir de) . . . .   picnic (to go for or on a)
plato, platillo . . . .   meal (course)
porción, ración . . . .   serving
propina . . . .   tip (the)
   Divida la propina con ___. Comparta la
     propina con ___. . . . .   Split this tip with ___.
   Esta propina es para Ud. . . . .   This tip is for you.
propina (dar), propinar (Mex) . . . .   tip (to)
reservación . . . .   reservation (the)
   Tengo una reservación a las ___. . . . .   I have a reservation at ___.
   Tengo una reservación bajo el nombre de   I have a reservation under the name

     ___. . . . .   ___.

   Tengo una reservación para ___ personas. . . .   I have a reservation for ___ people.
reservación (hacer una), reservar . . . .   reservation (to make a)
   ¿Tiene Ud. una reservación? . . . .   Do you have a reservation?
reservar . . . .   reservation (to make a)
sentar . . . .   seat (to)
   Por favor, espere para ser sentado. . . . .   Please wait to be seated.
   Se puede sentar al entrar. . . . .   Seat yourself.
   Siéntese, por favor. . . . .   Please be seated.
servicio . . . .   service
   autoservicio . . . .   self service
   servicio a las habitaciones, servicio al
     cuarto . . . .   room service
   servicio completo . . . .   full service
   servicio de adentro . . . .   inside service
   servicio de afuera . . . .   outside service
   servicio de la barra . . . .   bar service
   servicio del restaurante . . . .   restaurant service
   servicio de los alimentos de preparación
     rápida . . . .   fast-food service
   servicio del mesero, servicio de camarero . . .   waiter service
   servicio de ventana . . . .   window service
   servicio en automóvil . . . .   drive-through service
   servicio en al mostrador . . . .   counter service
   servicio en la mesa . . . .   table service
   servicio para llevar . . . .   to-go service
servir . . . .   serve (to), plate (to)
   La cena está servida.   Dinner is served.
   ¿Qué clases de vino sirve? . . . .   What wine do you serve?
servir en la mesa . . . .   wait tables (to), wait on tables (to)
servir la comida . . . .   serve the food (to)
   Por favor, sirva Ud. la comida. . . . .   Please serve the food.
   Por favor, sirva Ud. la comida a la mesa   Please take the food to table number
     número ___. . . . .   ___.
sustitución . . . .   substitution
   No se permiten sustituciones. . . . .   No substitutions.
tabla del menú . . . .   menu board

tentempiés, cosas para picar, botanas (Mex),
   refrigerios, meriendas, colación (Ch) .... snacks (the), nibbles (the)
   Nos sirvieron un pequeño refrigerio. ....   They served us a light snack.
tentempié (tomarse un), tomarse un
   refrigerio, botanear (Mex), comer algo
   ligero, comer algo liviano (AmL), picar algo
   (Arg, sl) .... snack (to have)
terminado 86-ed
   Ésta es terminada. (sl) ....   That is 86-ed.
terminar, ochenta seis (sl) .... 86 (to)

fumando
Smoking

anillo, bolita de humo (Mex) .... smoke-ring
anillos (hacer), hacer bolitas de humo .... smoke-rings (to blow)
batín .... smoking jacket
cajetilla, atado (Ar) .... cigarettes (pack of)
cenicero .... ashtray
cenizas .... ashes
cigarrera .... cigarette case
cigarrería, tabaquería, tabacería (AmC) .... cigarette store, tobacco shop, cigar store
cigarrero .... cigar seller
cigarrillo, pucho (Ch, Arg), cigarro (Mex) .... cigarette
   ¿Dónde se compra cigarrillos? ¿Dónde
     puedo comprar cigarrillos? ....   Where can I buy cigarettes?
   ¿Vende cigarrillos? ....   Do you sell cigarettes?
cigarrillo light, cigarrillo bajo en contenido de
   alquitrán .... light cigarette
cigarrista .... heavy cigar smoker
cigarro, puro, frajo (sl), menurrón (sl), habano
   cartucho (sl), tambillo (sl), taco de cáncer
   (sl), tabaco (colloq) .... cigar
cigarrón .... cigar, large
colilla, filtro (Arg) .... cigarette butt
compartimiento de fumadores .... smoking compartment
encendedor, mechero (Sp) .... lighter, cigarette lighter
encender un fósforo .... light a match (to)
escupidera, escupitín (Ch) .... spittoon
fósforo, cerillo (Mex), cerilla (Sp) .... matchstick, match
fumador .... smoker
fumar .... smoke (to)
   ¿Fuma Ud.? ....   Do you smoke?
   Puede fumar afuera o en el patio. ....   You can smoke outside or on the
                                  patio.
   Se prohibe fumar en el bar o restaurante.
     Está prohibido fumar en el bar o
     restaurante ....   No smoking in the bar or restaurant.
fumar (dejar de) .... smoke (to quit)
fumar un cigarrillo .... smoke (to have a)
   Salimos y fumamos un cigarrillo. ....   We went out for a smoke.
fumar un cigarrillo tras otro .... chain smoke (to)

humeante .... smoky

humo .... smoke (the)

librillo .... cigarette paper

máquina de cigarrillos .... cigarette machine

mujer que vende cigarrillos .... cigarette girl

negocio no se permite fumar .... smoke-free business

paquete de fósforos, caja de fósforos (Ven) .... matchbook, matches

petaca, estuche para el tabaco .... tobacco pouch

sección para fumadores, cuarto para

     fumadores, salón para fumadores .... smoking room

tabaco .... tobacco

    mascada de tabaco .... chew of tobacco

    tabaco de cigarrillos .... smoking tobacco

    tabaco de mascar .... chewing tobacco

    tabaco de pipa .... pipe tobacco

tos de fumador .... smoker's cough

zona para fumadores, sección para

     fumadores .... smoking section, smoking area

    zona de no fumadores, sección de no

      fumadores .... nonsmoking section, nonsmoking area

bebiendo
Drinking

abrebotellas, destapador de botellas (AmL) .... bottle opener

abstemio .... teetotaler

acabar borracho .... under the table (to end up)

    Tomó tanto que acabó borracho. .... He drank so much he ended up under
                                           the table.

achispado, alegre (fam) .... tipsy

achisparse, ponerse alegre (fam) .... tipsy (to get)

administrador de vinos .... wine steward

agarrarse una borrachera, pegarse una

    borrachera, cogerse una borrachera (Sp) .... drunk (to get)

    Aquella fue su última borrachera. .... That was the last time he got drunk.

    Se agarró una borrachera. .... He got drunk.

agua potable .... drinkable (water)

ahogar las penas en alcohol .... alcohol (to drown one's sorrows in)

abrebotellas

bottle opener

alcohol, bebida espirituosa, licor, alipús (Mex) . . .	alcohol, booze
Es ilegal vender alcohol a los menores.	It is illegal to serve alcohol to minors.
Intenté dejar el alcohol.	I tried to give up alcohol.
traiga su propia botella, traiga su bebida alcohólica	BYOB, bring your own booze
alcohol (tomar), tomar bebida, beber, libar (Mex), pachanguear (sl)	drink (to), party (to drink)
¿Toma Ud. alcohol?	Do you drink?
alcoholemia, tasa de	blood alcohol level
alcohólico	alcoholic (the)
Alcohólicos Anónimos	Alcoholics Anonymous, AA
alcoholímetro, alcohómetro	Breathalyzer® test
alcoholismo	alcoholism
alcoholizarse	alcoholic (to become)
Está totalmente alcoholizado.	He has become an alcoholic.
aplastado, cocido (colloq)	plastered
asistente de cantinero	bar-back
¡A su salud!	To your health.
barra, bar, mostrador, cantina	watering hole, bar
barra de tequila	tequila bar
barra de vinos, bar de vinos, bar	wine bar
barra libre, barra de no paga	free bar
bebedera (Mex fam)	drinking spree
bebedor	drinker
Él es un gran bebedor. Él es un bebedor empedernido.	He is a heavy drinker. He can't hold his drink.
un gran bebedor, un bebedor empedernido . . .	heavy drinker
beber, tomar	drink (to)
Él bebe con moderación. (AmI), Él toma con moderación.	He is a moderate drinker.
¡Esto no se puede beber!	This is not drinkable.
Lo bebo solo.	I drink it neat.
Se bebió media botella de vino.	He drank half a bottle of wine.
Se lo bebió de un sorbo.	He drank it down in one gulp. He drank it in one gulp.
Si bebe, no conduzca. Si toma, no maneje. (AmL)	Don't drink and drive.
beber en exceso, tomar bebidas en exceso	overdrink (to)
bebible	drinkable (booze)
bebida (darle a la), darle al trago	hit the bottle (to), go on the bottle (to)
bebida (dejar la), entregarse a la bebida	come off the bottle (to)
bebida alcohólica	intoxicant (alcohol), nightcap
Se prohibe el consumo de bebidas alcohólicas.	Drinking is not allowed.
bodega, tienda de vinos, vinatería (Mex, PR), vinería (Ur)	wineshop, wine store
borrachera	drunkenness
borrachín, borracho	boozer, lush
No es más que un borrachín. No es más que un borracho.	He's nothing but a boozer. He's nothing but a lush.
borracho, bebedor	guzzler

borracho, beodo, borrachín (Col), borrachón
(DR), borracín . . . . drunk, drunkard
borracho, embriagado, bajo la influencia . . . . . . intoxicated (adj), drunk
borracho (estar) . . . . drunk (to be)
    ¡Tenía una borrachera encima! . . . .   He was so drunk!
    Ud. está borracho. . . . .   You are drunk.
bota de vino, botillo . . . . wine bag
botella . . . . bottle (the)
    botella de cerveza . . . .   beer bottle
    botella de licor . . . .   bottle of booze
    botella de vino, porrón . . . .   bottle of wine, wine bottle
    cerveza de botella . . . .   bottled beer
    porrón de cerveza (Arg) . . . .   bottle of beer
botellero . . . . wine rack
brindar . . . . toast (to)
    Brindaron por su salud. Bebieron a su
      salud. . . . .   They drank to his health.
    ¡Brindo porque así sea! . . . .   I'll drink to that.
brindar por algo . . . . toast (to something)
brindar por los vencedores, brindar por los
    triunfadores . . . . toast the victors (to)
brindis . . . . toast (the)
brindis (proponer un) . . . . toast (to propose a)
canción de taberna . . . . drinking song
cantina, frasquera, estuche de licor, cajón, en
    vase . . . . liquor case
cantinera . . . . bartendress, barmaid
cantinero, barman (Col, Ec, ElS, Gua, Hon),
    bartender (Cu, DR) . . . . barkeep, barkeeper, barman, bartender
capitán de vinos . . . . wine captain
carta de vinos, lista de vinos . . . . wine list
cata de vinos, catadura de vinos . . . . wine tasting (act)
catador de vinos . . . . wine taster
cervecero . . . . brewer
cóctel . . . . cocktail (the)
cóctel (preparar un) . . . . mix a cocktail (to)
coctelera, agitador . . . . cocktail shaker, shaker
contenido en el barril . . . . on tap
contrabandista de alcohol . . . . bootlegger
copas (irse de) . . . . drinking (to go out)
corcho . . . . cork (the)
corcholata . . . . bottle cap
cruda, resaca . . . . hangover (the)
cuñete, barril . . . . keg
cuñete de cerveza, barril de carveza . . . . keg of beer, beer keg
de barril . . . . on tap
decantar . . . . decant (to)
degustación de vinos . . . . wine tasting (event)
dejar de beber . . . . drinking (to give up)
    Yo he dejado la bebida. Yo he dejado de
      beber. . . . .   I've given up drinking.
derecho de corcho . . . . corkage fee
descorchar . . . . cork (to), uncork (to), open (a bottle)
descorche, derecho de corcho . . . . corkage

desmayarse . . . . pass out (to)
  Se desmayó. . . . . He passed out.
dormir la mona, dormir para que se pase la
  borrachera . . . . sleep it off (to)
echarse a pechos . . . . drink immoderately (to)
emborracharse, embriagarse (Ch), estar bajo
  la influencia del alcohol (Sp) . . . . intoxicated (to become)
emborracharse, servirse demasiado alcohol . . . . overserve oneself (to)
emborracharse, tragar vorazmente, beber
  repetidas veces . . . . guzzle (to)
embotellar . . . . bottle (to)
  embotellada en Francia . . . . bottled in France
embriagado . . . . inebriated, boozy
embriagarse, emborracharse . . . . booze (to)
embriaguez, intoxicación, etílica,
  intemperancia, borrachera . . . . intoxication (by alcohol)
encorchar, ponerle un corcho a . . . . cork (to put in a)
espuma, espuma de cerveza . . . . suds, beer suds, foam, head
espita, palanca de barril, llave de barril, que
  saca de un barril, mostrador de taberna
  (Mex sl) . . . . tap (the)
estupefaciente . . . . intoxicant (drugs)
frasco . . . . flask
graduación alcohólica . . . . proof alcohol
habitué, cliente asiduo . . . . barfly
hora feliz . . . . happy hour
  El vino va por cuenta de la casa. . . . . The wine is on the house.
jardín abierto de un bar, patio abierto de un
  bar . . . . beer garden
libremente . . . . over the counter
  No se venden bebidas alcohólicas
    libremente. . . . . Liquor is not sold over the counter.
licorera, botella para el vino, vaso para
  líquidos trasegados, garrafa . . . . decanter (the)
  licorera . . . . wine decanter
manejar bajo la influencia del alcohol,
  conducir bajo la influencia del alcohol . . . . . . drunk driving
  Era la segunda vez que lo detenían por   It was his second drunk driving
    manejar borracho. . . . . offense.
medida de licor, medida . . . . pour (the)
medida para licores . . . . jigger
medidor . . . . measured pour
menor de edad (ser) . . . . under age (to be)
menores de edad . . . . minors
  Prohibida la entrada a menores de edad. . . . . No minors allowed.
mercante de vinos, viñatero . . . . wine merchant
mesera de barra, mesera de taberna . . . . barmaid, bartendress
mezclador de los cócteles . . . . cocktail stirrer
panza, panza de bebedor, panza de cerveza,
  panza de pulquero (Mex) . . . . beer belly, beer gut

pedir un trago, pedir licor, pedir algo de tomar . . . order a drink (to)
permiso para vender bebidas alcohólicas,
   licencia para licor . . . . liquor license
pistola de licores . . . . liquor gun
posavasos . . . . coaster
posavasos de cartón . . . . beer mat
recambio . . . . refill (the)
   gratis al recambios (sl) . . . . free refills
   no recambios gratis (sl) . . . . no free refills
   ¿Son gratis los recambios? . . . . Are refills free?
resaca (tener) . . . . hangover (to have a)
recipiente de adorno, recipiente de toques
   para bebidas . . . . bar garnish container
recipiente para mantener frío el vino . . . . wine cooler
ronda, vuelta, tanda . . . . round of drinks
sacacorchos, tirabuzón . . . . corkscrew
sacar el líquido del barril . . . . tap (to)
   sacar el líquido del barril de cerveza,
      decantar el barril de cerveza . . . . tap the keg (to)
salir a tomar una copa, salir a tomar algo . . . . . drink (to go for a)
¡Salud! . . . . Bottoms up! Cheers!
servilleta para or cócteles . . . . cocktail napkin
servir . . . . serve (to)
servir una bebida, servir un trago . . . . pour a drink (to)
sobre hielo . . . . on the rocks
   Pidió el whisky sobre hielo. Ordenó el
     whisky sobre hielo. . . . . He ordered whiskey on the rocks.
sorbito . . . . sip (little)
   Dame un sorbito. . . . . Give me a sip.
sorbo . . . . sip (the)
sorbos (beber a), tomar a sorbos . . . . sip (to)
   Bebételo a sorbitos. Sip it.
sumiller, sommelier . . . . wine waiter, sommelier
taberna . . . . tavern
toalla de la barra . . . . bar towel
tomar, beber . . . . drink (to), swig (to)
   Él toma sólo cuando está acompañada. Él
     bebe sólo en reuniones sociales. . . . . He is a social drinker.
   No toma mucho. . . . . I'm not a drinking man.
   Tomaba brandy de la botella. . . . . He was swigging brandy from the
                           bottle.
   Tomaba en exceso. He drank to excess.
   ¿Qué va a tomar? ¿Qué le gustaría tomar? . . . What would you like to drink?
   ¿Quiere tomar algo caliente? ¿Le gustaría
     tomar algo caliente? . . . . Would you like a hot drink?
   ¿Quiere tomar algo frío? ¿Le gustaría tomar
     algo frío? . . . . Would you like a cold drink?
tomar algunas cervezas, echarnos unas birras
   (sl) . . . . drink some beers (to)
tomarse un trago de algo . . . . swig of something (to take a)
toques para bebidas . . . . garnish (drinks)

trago, bebida, licor, bebida alcohólica,
    farolazo (sl), fajo (sl) . . . .   swig, drink, shot, belt
    de un trago, en un solo golpe (Mex, AmC) . . .   in one swig
    ¡Yo invito! . . . .   The drinks are on me.
trago libre . . . .   free pour
trago (querer un) . . . .   want a drink (to)
trago para todos, ronda (Arg) . . . .   round
    Queremos otro trago para todos. . . . .   We would like another round.
trago sin hielo . . . .   neat
va por cuenta de la casa, gratis, la casa paga . . .   on the house (to be)
viñedo, viña . . . .   vineyard
vino . . . .   wine
    ¿Quién más quiere vino? . . . .   Who else wants wine?
Yo prefiero la cerveza.   I am a beer drinker.

el ambiente
Ambiance

aire acondicionado, airecondicionado (CR) . . . . .   air conditioning
alumbrado con velas . . . .   candlelit
    una cena íntima a la luz de las velas . . . .   a candlelit dinner
apagavelas . . . .   candle snuffer
calefacción . . . .   heating
calentador . . . .   space heater
    Apague los calentadores. . . . .   Turn off the space heaters.
    Encienda los calentadores en el patio. . . . . . .   Put the space heaters on the patio.
    Prenda los calentadores. . . . .   Turn on the space heaters.
calor, temperatura . . . .   heat
    Baje Ud. la temperatura. . . . .   Turn down the heat.
    Suba Ud. la temperatura. . . . .   Turn up the heat.
candela, vela, veladora . . . .   candle
    Cambie la vela. Reemplace la vela. . . . .   Replace the candle.
    candelas para pastel, velitas de torta (Arg) . . .   cake candles
    Encienda las velas. . . . .   Light the candles.
candelabro . . . .   candelabra
candelero . . . .   candlestick
candelitas para cumpleaños, velitas de
    cumpleaños (Arg) . . . .   birthday candles
centro de mesa . . . .   centerpiece
chimenea . . . .   fireplace
estéreo . . . .   stereo
florero . . . .   vase, flower vase
flores . . . .   flowers
    Cambie las flores. . . . .   Change the flowers.
hogar . . . .   fireside
leña . . . .   firewood
máquina de discos, rocola (AmL) . . . .   jukebox
música . . . .   music
    Baje la música. . . . .   Turn the music down.
    La música está muy alta. . . . .   The music is too loud.
    Ponga la música. Prenda la música. . . . .   Turn on the music.
pabilo . . . .   wick, candle wick
revistero . . . .   magazine rack

vela
___
votive candle

sombrilla, paraguas . . . . umbrella
    Abra las sombrillas. . . . .   Open the umbrellas.
    Cierre las sombrillas.   Close the umbrellas.
    sombrilla para la mesa . . . .   table umbrella
tallo de flor . . . . flower stem
vela . . . . votive candle
ventilador . . . . fan

7
la cocina
The Kitchen

utensilios de cocina
Kitchen Utensils

ablandador de carne . . . . meat tenderizer (tool)
abrelatas, abridor de latas, abridor (CR) . . . . can opener, opener
afilador de cuchillo, amolador (DR) . . . . knife sharpener
agitador, revolvedor . . . . shaker
   agitador para queso . . . .   cheese shaker
azucarero . . . . sugar shaker
batidor . . . . whisk, whip
   batidor de metal, batidor metálico . . . .   wire whip
bolsa para glaseado, bolsa para betún . . . . pastry bag
botella exprimidora . . . . squeeze bottle
brocheta, pincho . . . . skewer
budinera . . . . pudding mold
cortapastas, rodete para cortar masa (Col) . . . . pastry cutting wheel, pastry wheel,
                                                 pastry cutter
cubitera, hielera (AmL), cubeta . . . . ice tray
cuchara . . . . spoon
   cuchara de madera, cuchara de palo . . . .   wooden spoon
   cuchara de metal . . . .   metal spoon
   cuchara de servir . . . .   serving spoon
   cuchara medidora, cuchara para medir . . . . . .   measuring spoon
   cuchara para escurrir, espumadera (Pan),
     cuchara de escurrir (Col) . . . .   slotted spoon, draining spoon
cuchillo . . . . knife
cuchillo aserrado, cuchillo con serrucho . . . . serrated knife
   cuchillo de carnicero . . . .   butcher knife
   cuchillo de cocina . . . .   kitchen knife
   cuchillo de cocinero, cuchillo de chef . . . .   chef's knife
   cuchillo de pelar, pelalegumbres . . . .   paring knife
   cuchillo eléctrico . . . .   electric knife
   cuchillo para deshuesar . . . .   boning knife
embudo . . . . funnel
espátula . . . . spatula, scraper
   espátula para la escudilla, espátula de bol
     (CR) . . . .   bowl scraper
espiga . . . . tang (blade)
hacedor de bolitas de melón . . . . melon baller
heladera . . . . ice cream scoop
machaca, triturador . . . . crusher, pounder
   machaca de ajo, triturador de ajo . . . .   garlic crusher
majador . . . . masher
   majador de papas, machucador de papas
     (Per), triturador de papas (Ur) . . . .   potato masher
manga de pastelería . . . . cake decorator
molde de galleta, cortador de galleta . . . . cookie cutter
mortero . . . . mortar

palillo	pick
palillo adornado, palillo con volante	ruffle pick
palillo para sándwich	sandwich pick
pelador	peeler
pelapapas (Mex)	potato peeler
pimentero	pepper shaker
pimentero de pimienta roja	red pepper shaker
pincel de repostería, brocha de repostería (Col, Gua, ElS)	pastry brush
pocillo medidor, **taza de** medir, graduada, taza medidora (DR)	measuring cup
pocillo medidor	dry measuring cup
pocillo medidor de líquido	liquid measuring cup
punzón, punzón para romper hielo	ice pick
rallador, rallo (Col), guallo (DR), guayo (PR)	grater
rallador de queso, rayador para queso	cheese grater
rodillo, rollo, palo de amasar (Arg), palote de amasar, amasador (Per), rollo pastelero (Sp), uslero (Ch), fuslero (Bol, Ch)	rolling pin
salero	salt shaker
sopera, cucharón	ladle
tenazas, pinzas (Arg, Col, Sp)	tongs
tenedor de servir	serving fork
termómetro	thermometer
termómetro de azúcar	sugar thermometer
termómetro de bolsillo	pocket thermometer
termómetro de horno	oven thermometer
termómetro para bodega seca	dry storage thermometer
termómetro para caramelos	candy thermometer
termómetro para carne	meat thermometer
termómetro para carne y ave	meat and poultry thermometer
termómetro para chocolate	chocolate thermometer
trinchante	carving knife
trinche, trinchante, tenedor de trinchar (Col, ElS, Gua, Hon, Sp), tenedor para servir (Pan, PR), tenedor (Arg)	carving fork
triturador	press
triturador de ajo, prensa de ajo	garlic press
utensilio, utensilio de la cocina, traste (Mex) ...	kitchen utensil

equipo y provisiones de cocina
Kitchen Equipment & Supplies

asador, grill	grill (the, stove)
balde de hielo, cubeta de hielo, hielera (AmL) ...	ice bucket
bandeja, bandeja plástica	bus tub
bandeja de horno, chapa de horno, charola	cookie sheet, cooking sheet, baking sheet
bandeja vaporera aluminio	aluminum steam table pan

batidora eléctrica

electric mixer

batidora eléctrica	electric mixer
batidor manual, batidora, batidor de mano (Ec)	egg beater
besuguera, olla para hervir pescado, recipiente alargado para cocinar pescado . . .	fish poacher, fish pot, fish kettle
biberón, mamadera (CS, Per), tetero (Col)	baby bottle
bloque de carnicero, tabla de cocina (Arg), picador (PR), tabla para cortar (Ch, Cu), tabla para picar (Col)	butcher block
botella	bottle
botella exprimidora	squeeze bottle
cacerola, cazuela	casserole pan
cacharros, trastes (Mex)	pots and pans
cafetera, jarra para café	coffeepot (for serving)
cafetera, máquina de café, greca (DR), vaso de la cafetera	coffee machine, coffee maker, coffeepot (maker)
cafetera de filtro	percolator
calentador de café, plato caliente	coffee warmer
calentador de pan	bread warmer
cazo, sartén, caserola	pan
cazo, cacerola, olla (Arg, PR), perol (Col)	sauce pan
cazuela	stewing pan
cazuela, fuente de horno, fuente para el horno . . .	casserole dish
cazuela para hacer pudín, tartera	pudding pan
cedazo, coladera, tamiz, criba	sieve
cocina, estufa (Col, Mex)	stove, range
cocina a gas	gas range
cocina eléctrica	electric range
cocinilla	camp stove
colador, coladera (Bol, Col), escurridor de verduras (Sp)	colander, strainer
colador de malla	mesh strainer
colador de té	tea strainer
comal, budare, asador eléctrico, sartén eléctrica, plancha (Sp)	griddle (the)
combustible para hornillos	chafing dish fuel
congelador, freezer (Arg, PR), friser (sl)	freezer
Ponga esto en el congelador.	Put this in the freezer.
cuadrante	dial (stove)
cubeta para hielo	ice tray
cucharón para hielo	ice scoop

dispensador de hielo	ice dispenser
Llene el dispensador de hielo.	Fill the ice dispenser.
dispensador de soda	soda dispenser
dispensador para hielo, máquina de hielo	ice machine
ensaladera, plato para ensalada (Col, Pan)	salad bowl
esfera	dial (watch, clock, etc.)
espumadera	slotted spoon, skimmer
estante del horno, rejilla del horno	oven rack
estante que se refresca	cooling rack
estopilla, bámbula	cheesecloth
exprimidor de limones, exprimelimones	lemon squeezer, lemon juicer
filtro de café	coffee filter
fuente, platón (Mex)	platter
fuente de ensalada	salad platter
fuente de horno, fuente para el horno	oven-proof dish
fuente de madera	wooden platter
fuente de pasantes, fuente de entremeses, fuente de canapés, fuente de entradas, fuente de hors d'oeuvre	hors d'oeuvre platter
fuente de plata	silver platter
fuente de servir	serving platter
gancho de carnicero	butcher's hook
guante para el horno, manopla para el horno	oven glove
guante para el horno, manopla para el horno	oven mitt
hidrómetro	hydrometer
hielera	ice maker
hornilla, quemador	burner
horno	oven
Apague el horno.	Turn off the oven.
horno de convección	convection oven
horno de gas	gas oven
horno eléctrico	electric oven
horno normal	rack oven
Meta el pollo en el horno.	Put the chicken in the oven.
Prenda el horno.	Turn on the oven.
libro de cocina	cookbook
mantequillera, mantequera (RPl)	butter dish
marmita, cazuela, caserola	cooking pot
máquina de cortar carnes	meat slicer
máquina de expreso	espresso machine
máquina de mezclar, licuadora, batidora (Cu, DR, Sp, Ven)	blender
máquina para hacer palomitas de maíz, máquina de pochoclo (Arg)	corn popper, popcorn popper
mesa de amasar	pastry table
mezcladora, batidora	mixer
microondas, horno microondas	microwave
No ponga metal en el microondas.	Don't put metal in the microwave.
minutero para huevos	egg timer
molde	mold
molde de gelatina	gelatin mold
molde de hornear	baking dish, baking pan
molde para muffins, molde de magdalenas, molde para panecillos	muffin pan

molde para pastel	cake pan
moledor, molinillo	grinder
moledor de café, molinillo de café	coffee grinder
moledor de carne, molino de carne, moledora (Cu)	meat grinder
moledor de condimentos	spice grinder
moledor de expreso	espresso grinder
moledor de pimienta, pimentero	pepper grinder
moledor de sal	salt grinder
molino de café	coffee grinder
langostera	lobster pot
olla, puchero (Sp)	pot
olla de baño maría	double boiler
olla de presión, olla presto (Mex)	pressure cooker
olla para cocinar cangrejo	crab pot
olla freidora, freidora honda	deep fat fryer, deep fryer
pala para cortar queso, cortador de queso	cheese slicer
parrilla, barbacoa, asador (AmL)	grill, barbecue
pasapurés	food mill
pava, tetera (Andes, Mex), caldera (Bol, Ur)	kettle
perilla	knob
pesa, báscula, balanza	scale
placa, plata caliente, hornillo (Sp), hornillo (AmL, Arg, Par, Ur)	hot plate
placa de horno, chapa de horno, bandeja de horno (Arg)	baking sheet, baking tray
plato	dish
plato de servir	serving dish
plato caliente	hot plate
plato hondo, tazón, bol (Ch), vasija (Pan), cuenco (Sp)	bowl
plato hondo de medir	measuring bowl
plato hondo de mezclar, bol (Arg), vasija para mezclar (Col), tazón para mezclar (EIS, Gua, Hon Ven), tazón para batir (Mex), platón, vasija (Pan)	mixing bowl
poner agua a hervir	put the kettle on (to)
portaollas	pot holder
procesador de comida, Cuisinart	food processor, Cuisinart
punzón para hielo	ice pick
puretera, pasapurés	ricer
rebanadora	slicer
máquina rebanadora de pan	bread slicer
receta, récipe	recipe
Siga la receta.	Follow the recipe.
refrigeración	refrigeration
Mantenga refrigerado.	Store under refrigeration.
refrigerador (AmL), nevera, heladera (Arg), refrí (CR), frigorífico (Sp)	refrigerator, icebox
refrigerante	refrigerator coolant, refrigerant
reloj de cocina	timer, kitchen timer
reprisa para enfriamiento, rejilla para enfriar	oven rack
rociador	sprayer
sandwichera	sandwich toaster
sartén, sartén de freír, freidora (Mex)	skillet, frying pan, fry pan, sauté pan

termómetro

thermometer

sartén antiadherente	nonstick pan
sartén de hierro fundido, sartén colado	cast iron skillet
sartén japonés, wok	wok
sartén para asar, bandeja para hornear (Col), bandeja para el horno (Sp)	roasting pan
sombrero de la estufa, capucha, tapa, capuchón, campana	hood
sopera, olla grande para hacer sopa, olla sopera	stock pot
soplete	blowtorch
tabla para cortar	chopping block, cutting board
tabla para el queso	cheese board
tartera	baking pan, pie pan
termo	thermos
termómetro	thermometer
termómetro de azúcar	sugar thermometer
termómetro de bolsillo	pocket thermometer
termómetro de caramelo	candy thermometer
termómetro de horno	oven thermometer
termómetro para bodega seca	dry storage thermometer
termómetro para carne	meat thermometer
termómetro para carne y ave	meat and poultry thermometer
termómetro para chocolate	chocolate thermometer
termostato	thermostat
tetera	tea kettle, teapot
toalla, paño	towel
toalla de cocina, paño de cocina	kitchen towel
toalla de cocina, repasador (RPI), limpión (Col)	dish towel, tea towel
toalla de papel	paper towel
tostador (spl), salamandra, hornilla portátil	salamander
tostadora, tostador	toaster
triturador para vegetales y frutas, exprimidor de frutas	juicer
vaporera, olla a vapor	steamer
vaporera para leche	milk steamer
vaporera para verduras	vegetable steamer
wafflera, plancha para waffles	waffle iron
wok, sartén japonés	wok

medidas
Measures

temperaturas para cocinar
Cooking Temperatures

caliente	hot
frío	cold

grados	degrees
punto de caramelización	caramelizing point
punto de congelación	freezing point
punto de ebullición	boiling point
punto de fusión	melting point
temperatura	temperature
temperatura ambiente	room temperature
temperatura del horno	oven temperature
tibio	warm

temperaturas del horno
Oven Temperatures

°C	°F
120 (muy bajo)	250
150 (bajo)	300
160 (moderadamente bajo)	325
180 (moderado)	350
190–200 (moderadamente alto)	370–400
210–220 (caliente)	410–440
230 (muy caliente)	450
250–260 (máximo)	475–500

medidas de moldes redondos
Round Mold Measures

Métrico	Imperial
15 cm	6 inches
18 cm	7 inches
20 cm	8 inches
20 cm	9 inches

medidas de moldes rectangulares
Rectangular Mold Measures

Métrico	Imperial
23 x 12 cm	9 x 5 inches
25 x 8 cm	10 x 3 inches
28 x 18 cm	11 x 7 inches

medidas secas
Dry Measures

Métrico (grams)	Imperial (ounces)
15 gr	½ oz
20 gr	⅔ oz
28,35 gr	1 oz
56,70 gr	2 oz
85,05 gr	3 oz
113,40 gr	4 oz (¼ lb)
141,75 gr	5 oz
170,10 gr	6 oz
198,45 gr	7 oz

226,80 gr .... 8 oz (½ lb)
255,15 gr .... 9 oz
283,50 gr .... 10 oz
311,85 gr .... 11 oz
340,20 gr .... 12 oz (¾ lbs)
368,55 gr .... 13 oz
396,90 gr .... 14 oz
425,25 gr .... 15 oz
912,87 g .... 35.2 oz (2.2 lbs)
1,5 kg .... 3.3 pounds

medidas de líquido
Liquid Measures

Métrico	Taza y Cuchara	Imperial
Mililitros (ml)		Liquid ounce (fl oz)
5 ml	1 cucharadita	1/6 fl oz
20 ml	1 cucharada	2/3 fl oz
30 ml	1 cucharada más 2 cucharaditas	1 fl oz
60 ml	¼ taza	2 fl oz
85 ml	⅓ taza	2½ fl oz
100 ml	⅜ taza	3 fl oz
125 ml	½ taza	4 fl oz
150 ml	¼ pinta	5 fl oz
250 ml	1 taza	8 fl oz
300 ml	½ pinta	10 fl oz
360 ml	1½ taza	12 fl oz
420 ml	1¾ taza	14 fl oz
500 ml	2 tazas	16 fl oz
600 ml	2½ tazas	20 fl oz / 1 pint
1 litro	4 tazas	35 fl oz / 1¾ pints
3,785 litros		1 gallon

medidas usadas en la cocina
Kitchen Measures

capacidad, volumen .... volume
cucharada .... scoop

cucharada

scoop

cuchara de mesa, cucharón, cucharada sopera	tablespoon
cucharadita, cuchara de té	teaspoon (measure)
cucharadita llena	level teaspoon
cucharadita mermada	scant teaspoon
media cucharadita	½ teaspoon
un cuarto de cucharadita	¼ teaspoon
decilitro	decaliter
docena (doce unidades)	dozen (12 units)
cocina de fraile	baker's dozen
galón	gallon
un galón = 3,785 litros	one gallon = 3.785 liters
gramo	gram
un gramo = 0,035 onzas	one gram = 0.035 ounces
gruesa (doce docenas)	gross (12 dozen)
kilogramo	kilogram
un kilogramo = 2,204 libras	one kilogram = 2.204 pounds
libra	pound
una libra = 0,4536 kilogramos	one pound = 0.4536 kilograms
litro	liter
medio litro	½ liter
un litro = 1,057 cuartos de galón	one liter = 1.057 quarts
medida	measure, measurement
medida de líquidos	liquid measure
medida de longitud	linear measure
medida de masa y peso	mass and weight measure
medida líquida	capacity measure
medida seca	dry measure
medida útiles	useful measures
onza	ounce
onza líquida	liquid ounce
un onza = 28,35 gramos	one ounce = 28.35 grams
pellizco, pizca	pinch
peso	weight
peso bruto	gross weight
peso líquido	liquid weight
peso neto	net weight
peso seco	dry weight
pinta	pint = 16 fl oz
pocillo	cup (portion)
cuarto de pocillo	¼ cup
medio pocillo	½ cup
tres cuartos de pocillo	¾ cup
porción	portion
un cuarto de galón, un cuarto	quart
un cuarto = 0,9463 litros	one quart = 0.9463 liters
un poquito, una pizca	dash

medidas de longitud
Linear Measures

altura	height
anchura, ancho	width
centímetro	centimeter

un centímetro = 0,39 pulgadas	one centimeter = 0.39 inches
grosor	thickness
kilómetro	kilometer
un kilómetro = 3.281,5 pies o 0,62 millas ...	one kilometer = 3,281.5 feet or 0.62 miles
metro	meter
un metro = 39,37 pulgadas o 1,094 yardas ...	one meter = 39.37 inches or 10.94 yards
milla	mile
una milla = 1,760 yardas o 1,6093 kilómetros	one mile = 1,760 yards or 1.6093 kilometers
milímetro	millimeter
un milímetro = 0,04 pulgadas	one millimeter = 0.04 inches
pie	foot
un pie = 12 pulgadas	one foot = 12 inches
profundidad	depth
pulgada	inch
una pulgada = 2,54 centímetros	one inch = 2.54 centimeters
rod	rod
un rod = 5½ yardas	one rod = 5½ yards
yarda	yard
una yarda = 36 pulgadas o 3 pies	one yard = 36 inches or 3 feet

envolturas, bolsas y envases
Wraps, Bags & Containers

balde, cubeta (Mex, Col, Sp), cubo (Cu)	bucket
balde de almacenamiento	storage bucket
bolsa, envoltura	bag
bolsa de papel	paper bag
bolsa para congelamiento	freezer bag
bolsa para llevar	doggy bag, take-out bag
bolsa para sándwiches	sandwich bag
bolsa reselladora para congelamiento	resealable freezer bag
bolsa plástica, bolsa de plástico	plastic bag
bolsa plástica con zíper (AmC, Mex)	zip-lock bag
bote, frasco	jar
botella	bottle
caja	box
Tráigame una caja de ___.	Get me a box of ___.
canasta	basket
canasta de picnic	picnic basket
canasta para el pan, cesta para pan	bread basket
envoltura para sandwiches	sandwich bag
envoltura para toda clase de alimento	all-purpose food wrap
envoltura plástica para comida	plastic food wrap
envase, recipiente	container
envase de almacenamiento	storage container
envase de plástico, taper (Arg)	plastic container, Tupperware
envase de vidrio	glass container
envase para comida de delicatessen	plastic deli container
envase para llevar	take-out container, to-go container

¿Qué capacidad tiene este envase? .... How much does this container hold?
film transparente, envoltura plástica para
   comida, papel de plástico .... plastic wrap
forro de sartén .... pan liner
lata, bote .... can
   Tráigame una lata de ___. .... Get me a can of ___.
lata de comida .... can of food
papel de aluminio, hoja de aluminio, papel
   aluminio (Ch, Pan), lámina de aluminio (CR,
   Gua, Hon, Pan) .... aluminum foil, tin foil
papel de pergamino .... parchment paper
papel de plástico .... Saran Wrap
papel encerado .... waxed paper
servilleta pequeña para los postres, pañito .... doily
tapa, tapadera .... lid, top
   tapa de plástico .... plastic lid

manejo y preparación de la comida
Food Handling & Preparation

agitar .... shake (to)
agregar, añadir .... add (to)
ahumar .... smoke (to)
amasar .... knead (to)
asar .... roast (to)
asar, asar a la parilla, grillar .... grill (to)
asar a la parilla, brasar .... barbecue (to), broil (to)
azucarar .... sugar (to add)
bañar .... dip (to)
banquete (tener un), banquetear .... feast (to)
batir .... whip (to), whisk (to), beat (to), cream
                                           (to)
   Agregue un poco de crema mientras bate. .... Whisk a little cream in.
   Bata las claras. .... Whisk up the egg whites.
   Bata las claras a punto de nieve. .... Beat the egg whites until they form
                                   stiff peaks.
blanquear, escaldar .... blanch (to)
caldear, calentar .... warm up (to)
calentar .... heat (to warm up)
   Caliente la olla. .... Heat the pan.
cascar .... break (to, nut, egg, etc.)
catar .... taste (to, the quality of wine)
cenir, cribar, tamizir, colar .... sieve (to), sift (to)
chamuscar, quemar .... sear (to)
clarificar .... clarify (to)
cocer al vapor, cocinar al vapor .... steam (to)
cocinar .... cook (to)
   Cocine a fuego alto. .... Cook over high heat.
   Cocine a fuego lento. .... Cook over low heat.
   Cocine a fuego medio. .... Cook over medium heat.
   Cocine por ___ horas. .... Cook for ___ hours.
cocinar a baño maría .... double boil (to)
cocinar a fuego lento .... poach (to)

cocinar demasiado	overcook (to)
cocinar menos, no cocinar del todo	undercook (to)
cocinar menos la carne, soasar, dejar casi cruda la carne	undercook the meat (to)
colar	strain (to)
congelar	freeze (to)
cortar	cut (to)
Corte el pollo en cuatro partes.	Cut the chicken into four parts.
Corte la lechuga.	Cut the lettuce.
Corte las zanahorias.	Cut the carrots.
Córtele la grasa a la carne. Quítele la grasa a la carne.	Cut the fat off the meat.
cortar en rebanadas	cut into slices (bread)
cortar en tajadas	cut into slices (meat)
Cortó una tajada de carne. Cortó una rebanada de carne.	He sliced a piece of meat.
cortar en trazos	cut into slices (cake)
crecer, subir, leudarse, inflarse (Col), levantarse (Mex, Sp)	rise (to, bread)
hacer crecer la masa, dejar subir la masa	leave the dough to rise (to)
cuajar, cortarse	curdle (to)
cubrir, tapar	cover (to)
Cubra la comida en el refrigerador.	Cover the food in the refrigerator.
curar	cure (to)
decorar	decorate (to), garnish (to)
degustar	taste (to, the quality of food)
Deguste esta sopa.	Taste this soup.
Esto sabe bien.	This tastes good.
derramarse, desbordarse, subirse por el fuego (Chi)	boil over (to)
derretir	melt (to)
descongelar	defrost (to), thaw (to)
Descongele la hamburguesa.	Defrost the hamburger.
desglasear	deglaze (to)
deshuesar	bone (to)
día de caducidad, día de vencimiento, fecha de vencimiento	expiration date
¿Cuál es la fecha de vencimiento?	What is the expiration date?
Siempre mire la fecha de vencimiento de los productos lácteos.	Always check the expiration date on the dairy products.
diluir, aguar	dilute (to)
disolver	dissolve (to)
dorar	brown (to), braise (to)
Dore el pescado.	Brown the fish.
echarse a perder	go bad (to, fruit)
La fruta se echó a perder.	The fruit went bad.
encebollado, cocinado con cebollas	cooked with onions
encurtir	pickle (to)
endulzar, azucarar	sweeten (to)
enfriar, poner a enfriar	chill (to), cool (to)
engrasar, untar	grease (to)
Engrase el molde.	Grease the pan.
Engrase el molde con mantequilla. Enmanteque el molde.	Grease the cake tin with butter.

enharinar	flour (to)
entrega	delivery (the)
servicio a domicilio	home delivery
entregar	deliver (to)
Entréguelo.	Deliver it.
escalfar, pasar huevos por agua	poach eggs (to)
escamar	scale (to, fish)
escarchar, decorar, poner el betún, betunar (Mex)	frost (to, cakes), ice (to, cakes)
escoger, elegir	pick (to, fruit)
escurrir, vaciar	drain (to)
espesar	thicken (to)
espolvorear	sprinkle (to)
exprimir	juice (to squeeze)
extraer	extract (to)
fermentar	ferment (to)
freír, fritar	fry (to)
freír en aceite abundante	deep fat fry (to)
gelificarse	jell (to)
glasear	glaze (to)
guisar	stew (to)
hacer a mano	by hand (to do)
Hágalo a mano.	Do it by hand.
hacer un puré con, pisar (RPl)	puree (to)
hervir	boil (to), brew coffee (to)
Hierva el agua.	Boil the water.
hervir a fuego lento, cocinar a fuego lento	simmer (to)
hervir a punto duro	hard boil (to)
hornear, cocinar en el horno (Sp)	bake (to)
improvisar	whip up a meal (to)
instrucciones	instructions
instrucciones de operación	operating instructions
instrucciones para cocinar	cooking instructions
instrucciones para hacer café	brewing instructions
instruir, enseñar	instruct (to)
ir de compras	shopping (to go)
lavar, limpiar	wash (to), clean (to)
Lave la lechuga.	Clean the lettuce.
Por favor, lave las papas.	Please wash the potatoes.
licuar	liquefy (to)
limpiar	rinse (to)
llenar	fill (to)
Llene la azucarera con azúcar de dieta.	Fill the Sweet & Low container.
machacar, machucar	pound (to)
machacar, majar, hacer puré	mash (to)
madurar, añejar	ripen (to)
madurar demasiado	overripen (to)
magullar, dañar	bruise (to, fruit)
manosear, tocar	handle (to), touch (to, objects)
Por favor, no manosee la fruta.	Please don't touch the fruit.
mantener el caldo hirviendo	keep the pot boiling (to)
marinar, condimentar, adobar	marinate (to)
matar	butcher (to)
medir	measure (to)

poner sobre la estufa

put on the stove (to)

Mida los ingredientes.	Measure the ingredients.
meter	put in (to)
Meta el pollo en el horno.	Put the chicken in the oven.
mezclar	mix (to)
Mezcle con aceite.	Mix with oil.
moler	grind (to)
pasar por el pasapurés, pasar por la puretera . . .	rice (to, potatoes)
pelar, mondar	peel (to)
pesar	weigh (to)
picar, moler (carne)	mince (to), shred (to)
finamente picado	finely chopped
podrir, perder (echarse a), estropearse, pudrir . . .	spoil (to), turn (to become spoiled)
Está podrido.	It is spoiled.
ponerle pimienta, echarle pimienta	pepper (to)
poner sobre la estufa	put on the stove (to)
precalentar	preheat (to)
Precaliente el horno.	Preheat the oven.
preparar	prepare (to)
Prepare el pollo con ajo y limón.	Prepare the chicken with garlic and lemon.
pringar	baste (to)
probar	taste (to, the quality of tea)
probar, degustar	taste (to test the flavor of food/wine)
Esto sabe bien.	This tastes good.
Pruebe esta sopa.	Taste this soup.
procedimiento, gestión, trámite	procedure
Éste es el procedimiento.	This is the procedure.
pudrir, podrir	rot (to)
punto de fusión	melting point
quemar	burn (to)
quitar	pick (to, clean), trim (to)
Quítele la grasa a la carne.	Trim the fat off of the meat.
Quite pedazos de carne de los huesos.	Pick the meat off of the bones.
quitarle el hueso, deshuesar, descarozar	pit (to)
rayar	grate (to)
rebañar, partir en pedazos, partir en rodajas . . .	slice (to)
rebozar	batter (to)
recalentar	reheat (to)
refrigerar	refrigerate (to)
Eso debe ponerse en el refrigerador. Eso debe ponerse en la nevera.	That must be refrigerated.
rellenar	stuff (to), refill (to)

remojar . . . . soak (to)

revisar . . . . check (to, products)

revolver . . . . scramble (to), stir (to)

   revuelva rápidamente . . . .   stir quickly

saber a . . . . taste like (to)

   Sabe a ajo. . . . .   It tastes like garlic.

saborear, paladear . . . . savor (to)

sacar . . . . take out (to)

   Saque todo del refrigerador. . . . .   Take everything out of the refrigerator.

salpimentar . . . . season with salt and pepper (to)

saltear, sofreír . . . . sauté (to)

sancochar . . . . parboil (to)

sancochar carne, soasar carne . . . . parboil meat (to)

sazonar, condimentar, adobar . . . . season (to), spice (to)

secar con trapo . . . . towel dry (to)

separar, seleccionar . . . . separate (to), sort (to)

   Separe la yema de la clara. . . . .   Separate the egg yolk from the white.

servir . . . . serve (to)

   Sirva ___ con arroz. . . . .   Serve the ___ with rice.

servir caliente . . . . serve hot (to)

servir con cuchara, achicar, sacar . . . . ladle (to)

servir frío . . . . serve chilled (to)

soasar, cocinar menos la carne, dejar casi

   cruda la carne . . . . undercook meat (to)

subir, dejar levar la masa (Arg) . . . . rise (to, cake)

surtirse . . . . stock up (to)

   Allí puede surtirse todo lo necesario. . . . .   You can stock up on everything you
                                                   need there.

   un refrigerador bien surtido . . . .   well-stocked refrigerator

   Voy al mercado a hacer un surtido. . . . .   I'm going to the market to get
                                                   provisions.

tajar, picar, cortar, machucar . . . . chop (to)

   Pique la carne. Corte la carne. . . . .   Chop the meat.

   Taje las zanahorias. Corte las zanahorias. . . .   Chop the carrots.

tamizar . . . . sift (to)

tener gusto amargo . . . . taste bitter (to)

tirar, botar . . . . throw away (to)

tirar por el desagüe . . . . pour down the drain (to)

trinchar . . . . carve (to)

tostar . . . . toast (to)

triturar . . . . crush (to)

untar . . . . spread (to)

   Unte las galletas con glaseado. . . . .   Spread the cookies with icing.

untar con mantequilla, engrasar con

   mantequilla, enmantecar . . . . butter (to)

   Unte el molde con mantequilla.

      Enmanteque el molde. . . . .   Butter the pan.

vertir . . . . pour (to)

platos
Food Courses

almuerzo, lonche (sl)	lunch (the)
No retrase el almuerzo.	Don't be late for lunch.
aperitivo, entrada, tapa (Sp)	appetizer
banquete	banquet
brunch, almuerzo (Mex), desayuno (Ur),	
desayuno-almuerzo (Ven)	brunch
Buen provecho.	Enjoy your meal.
buffet	buffet
buffet caliente	hot buffet
buffet frío	cold buffet
canapé	canapé
cena	dinner (the)
¡A la mesa! La cena está lista. La cena está servida.	Dinner is ready.
cena ligera, cena liviana	light dinner
comida	meal, food
comida abundante	square meal
comida argentina	Argentinian food
comida china	Chinese food
comida coreana	Korean food
comida de la India, comida hindú	Indian food
comida de precio fijo	prix-fixe meal
comida francesa	French food
comida gratis	free food
comida italiana	Italian food
comida japonés	Japanese food
comida mexicana	Mexican food
comida para llevar	take-out food
comida persa	Persian food
comida rápida	fast food
comida saludable	health food
comida sin grasa	fat-free food
comida vegetariana	vegetarian food
Puede comprar otras comidas con un descuento.	You may purchase extra meals at a discount.
Puede tomar su comida ahora. Puede tomar su merienda ahora.	You can take your meal now.
Su comida está lista.	Your meal is ready.
Ud. recibe una comida gratis por turno.	You get one free meal per shift.
desayuno	breakfast (the)
desayuno ligero, desayuno liviano	light breakfast
entrante	starter
especialidades	specialties
¿Cuales son las especialidades de la casa? ...	Do you have any specialties?
están en oferta, están en especial	specials
dos por el precio de uno, compra uno y el segundo le sale gratis	two for one special
especiales de la casa	house specials
especiales de la cena	dinner specials

especiales del almuerzo . . . .   lunch specials
especiales del día . . . .   daily special
especiales de postres . . . .   dessert specials
mesa de ensalada . . . . salad bar
pasantes, entremeses, canapés . . . . hors d'oeuvres
picnic, jira . . . . picnic (the)
almuerzo de picnic . . . .   picnic lunch
cena de picnic . . . .   picnic dinner
piltrafas, migajas, desperdicios, migas . . . . food scraps
plato, platillo . . . . meal (course)
plato principal, plato fuerte (Mex, Cu),
entrada (Col) . . . .   main course
primer plato . . . .   first course
restos, sobras, bazofia (sl) . . . . table scraps
sobras, restos . . . . leftovers
tentempié, refrigerio, merienda, botana (Mex) . . snack

carnes
Meats

carne
Meat

albóndigas	meatballs
bistec, filete, churrasco, bife (RPI)	steak
bife ancho (RPI)	entrecote
bistec de cuadril, bife de cuadril	rump steak
bistec de lomo, bife de lomo	fillet steak
bistec de Nueva York, bife de chorizo (Arg)	New York steak
bistec alemán, bistek tartara, carne cruda	steak tartare
budín de carne	meat pie
búfalo, bisonte	buffalo
carne	meat
carne a las brasas, carne a la parrilla	meat cooked on charcoal
carne al horno	roast
carne asada	roasted meat
carne asada, carne asada a la parrilla	broiled meat, grilled meat
carne blanca	white meat
carne del deli, carne embutida	deli meat
carne en conserva, carne salmuera de vaca	corned beef
carne estofada, carne guisada, estofado de carne, guisado de res	beef casserole
carne extra magra	extra-lean meat
carne fría	cold meat
carne guisada, picadillo de carne, salpicón, jigote, carne y verduras picadas y doradas	hash
carne guisada al horno, carne cocida al horno	baked meat
carne kosher	kosher meat
carne magra	lean meat
carne mezcla de fruta picada, sebo, y especias	mince meat
carne molida, carne picada	ground meat
carne oscura, carne negra	dark meat
carne picada	shredded meat
carne roja	red meat
¿Cómo le gusta su carne?	How do you like your meat?
pan de carne, torta de carne, pastel de carne	meatloaf
un corte de carne	cut of meat
carne vacuna, carne res (Mex, AmC), ternera (Sp), carne de vaca	beef

carne asada de vaca, rosbif, rosbeef	roast beef
carne desecada de vaca	beef jerky
carne molida, carne picada	ground beef
carne seca, tazajo	jerked beef
carnero	mutton
chuleta de carnero	mutton chop
carpaccio	carpaccio
carpaccio de res	beef carpaccio
cerdo, carne de cerdo, puerco (Mex), carne de puerco (Mex), marrano	pork
cerdo en adobo muy condimentado	spicy marinated pork
chuleta de cerdo	pork chop
chuleta	chop
chuleta de cerdo	pork chop
chuleta de cordero	lamb chop
chuletón de buey	T-bone steak
churrasco	barbecue meat
conejo	rabbit
cordero	lamb
chuleta de cordero	lamb chop
ossobuco de cordero	ossobuco
pierna de cordero	leg of lamb
rack de cordero, costilla de cordero	rack of lamb
corte de carne del cuarto trasero	chuck round
corzo	roe deer
costillas	ribs
costillas con poca carne	spare ribs
costillas cortas	short ribs
costillas en barbacoa	barbecue ribs
costillas de puerco	pork ribs
costillas de vaca	beef ribs
estofado, carne guisada	stew
falda de res, matambre (RPl), malaya (Ch), sobrebarriga (Col)	flank steak
filete, solomillo (Sp)	tenderloin
filete mignon, miñón, lomo (Arg)	filet mignon
grasa	fat
Quite la grasa a la carne.	Trim the fat off of the meat.
guiso de carne	meat stew
hamburguesa, torta de carne	burger, hamburger
hamburguesa con queso	cheeseburger
hamburguesa extra magra	extra-lean hamburger
hamburguesa magra	lean hamburger
jabalí	boar
jugo de la carne	meat juice
lomo de res	rib eye steak
machaca	meat (dried) fried with eggs and onions
nervio	sinew
parrillada	barbecue
plato de carne a la parrilla con verduras	mixed grill
rosbif, rosbeef, carne asada de vaca	roast beef
salpicón de carne salmuera de vaca	corned beef hash
solomillo	sirloin
ternera	veal

ternera en su jugo .... braised veal
turnedó, turnedos .... turnedos
venado .... deer, venison
vetas de grasa .... marbling

carnes variadas
Variety Meats

cabeza de cerdo, cabeza de chancho .... pig's head
cabeza de oveja .... sheep's head
cabeza de ternero .... calf's head
corazón .... heart
   corazón de pollo .... chicken heart
   corazón de res .... beef heart
hígado .... liver
   hígado de cerdo, hígado de chancho .... pork liver
   hígado de cordero .... lamb liver
   hígado de ganso .... goose liver
   hígado de pato .... duck liver
   hígado de pollo .... chicken liver
   hígado de res .... beef liver
   hígado de ternera .... veal liver
huesos con tuétano, huesos con caracú (RPl) ... marrowbones
lengua .... tongue
lengua de cordero .... lamb tongue
lengua de res .... beef tongue
lengua de ternera .... veal tongue
menudillos, menudos .... giblets
mollejas, lechecillas, checillas (Sp) .... sweetbreads
mondongo, callos (Mex), pancita, tripal, tripa,
   guatitas (Ch), tripita (sl) .... tripe
patas de cerdo .... pig's feet
rabo de buey .... oxtail
rabo de cerdo, rabo de chancho .... pig's tail
riñón .... kidney
   pastel de carne y riñones .... steak and kidney pie
   riñón de cordero .... lamb kidney
   riñón de puerco, riñón de cerdo, riñón de
     chancho .... pork kidney
   riñón de res .... beef kidney
   riñón de ternera .... veal kidney
sesos, cerebros .... brains
   sesos de cordero .... lamb's brains
   sesos de ternera .... veal brains
   sesos de ternero .... calf's brains
tuétano .... marrow

carnes, tocinos y salchichas embutidas
Preserved Meats, Bacon & Sausages

carne del deli, carne embutida .... deli meat
carne desecada .... jerky
   carne desecada de vaca .... beef jerky
carne de vaca curada en salmuera .... salt beef

chorizo . . . . chorizo
embutido de paté de hígado . . . . liverwurst
fiambres, carne embutida . . . . cold cuts
jamón . . . . ham
   jamón belga . . . . Ardennes
   jamón de Westphalia . . . . Westphalian ham
   jamón glaseado con jugo de manzana . . . . . . apple-glazed ham
   jamón glaseado con miel . . . . honey-glazed ham
   jamón italiano . . . . Parma ham
   tajada de jamón . . . . slice of ham
longaniza, sobrasada . . . . spicy pork sausage
morcilla, moronga (Mex), prieta (Ch) . . . . blood sausage
pastrami . . . . pastrami
paté . . . . pâté
   paté en costra . . . . pâté en croute
   paté de hígado . . . . liver pâté
salami, salame . . . . salami
salchicha, chorizo, embutido . . . . sausage
   porción de salchicha picada en forma de
      rueditas . . . . sausage patty
   salchicha ahumada . . . . bologna
   salchicha alemana . . . . German sausage
   salchicha americana, salchicha de
      Francfort, salchicha de Viena, wiener,
      perro caliente (sl), pancho (Arg, Ur) . . . . hot dog, frankfurter
   salchicha de cerdo . . . . pork sausage
   salchicha de cerdo empata el cerdo . . . . zampon
   salchicha de pollo . . . . chicken sausage
   salchicha de pollo y manzana . . . . chicken and apple sausage
   salchicha de res . . . . beef sausage
   salchicha griega . . . . Greek sausage
   salchicha italiana . . . . Italian sausage
   salchicha italiana picante . . . . spicy Italian sausage
   salchicha italiana suave . . . . mild Italian sausage
   salchicha kosher . . . . kosher hot dog
   salchicha para el desayuno . . . . breakfast sausage
   salchicha sin piel . . . . skinless sausage
salchichón . . . . large sausage
tocino, tocineta, bacon (Sp), panceta (Arg) . . . . . bacon
   corteza de tocino . . . . bacon rind
   hoja de tocino . . . . slab of bacon, flitch of bacon
   pedacitos de sabor a tocino, pedacitos de
      tocino artificiales . . . . artificial bacon bits
   pedacitos de tocino . . . . bacon bits
   tira de tocino . . . . bacon strip
   tocino canadiense . . . . Canadian bacon
   tocino cortado de la parte central . . . . center-cut bacon
   tocino cortado grueso, tocino rebanado
      grueso . . . . thick-cut bacon
   tocino rabanado grueso . . . . thick-sliced bacon

pescados y mariscos
Fish & Seafood

pescados
Fish

abadejo	haddock
abadejo ahumado	smoked haddock
anchoa, anchoveta (Ch, Per), boquerón (CR, DR, PR)	anchovy
anchoas enlatadas	canned anchovies
pasta de anchoas	anchovy paste
anguila	eel
anguila ahumada	smoked eel
arenque	herring
arenque ahumado	smoked herring
arenque en vinagre	pickled herring
arenque frito	fried herring
arenque salado y ahumado	kipper
lecha de arenque	soft herring roe
atún	tuna
atún de albacora	albacore tuna
atún de albacora blanco sólido	solid-white tuna
atún de aleta amarilla	yellow fin tuna
atún en aceite	tuna in oil
atún en agua	tuna in water
atún enlatado, atún en lata	canned tuna
atún tartara, atún tartare	tuna tartare
carpaccio de atún	tuna carpaccio
ensalada de atún	tuna salad
guiso de atún	tuna casserole
trozos de atún ligero	chunk-light tuna
bacalao	cod
hueva de bacalao	cod's roe
bacalao salado y ahumado	bacalao
bagre, barbo (Sp), siluro	catfish
caballa	mackerel
carpa	carp
caviar	caviar
caviar fresco	fresh caviar
chillo	red snapper
espadín	sprat
espadín ahumado	smoked sprat
eperlano	smelt
espina	fish bone
esturión	sturgeon
esturión ahumado	smoked sturgeon
hipogloso, halibut	halibut
halibut ahumado	smoked halibut
huevos de sábalo	shad
japuta	pomfret
lenguado	sole, Dover sole
lisa, mújol	gray mullet

lubina, corvina (CS)	sea bass
lucio	pike
mariscos	seafood
merluza	hake
morralla, chanquetes (Sp), cornalitos (Arg), majuga (Ven)	whitebait
palitos de bacalao, trozos de pescado rebozado y frito	fish fingers, fish sticks
pargo, chillo (DR, PR), guachinango (Mex), huachinango (Mex)	snapper
pargo rojo, huachinango	red snapper
perca	perch
pescadilla	whiting
pescado	fish
budín de pescado	fish pie
croqueta de pescado	fish cake
paté de pescado	fish paste
pescado de agua dulce	freshwater fish
pescado de piscifactoría	farm-raised fish
pescado salvaje	wild fish
pescado blanco, blanquillo (Ch)	whitefish
hueva de pescado blanco	whitefish roe
pescado rebozado	battered fish
pez espada, albacora (Ch)	swordfish
pez martillo	hammerhead shark
platija, lenguado	flounder, plaice, dab
rape	monkfish
raya	skate
rémol, rodaballo menor	brill
róbalo	bass
róbalo chileno	Chilean sea bass
rodaballo	turbot
abadejo	sea turbot
salmón	salmon
hueva de salmón	salmon roe
salmón ahumado	smoked salmon
salmonete	red mullet
sardina	sardine
sardinas en lata	canned sardines
sardinas enlatadas	tinned sardines
sepia, jibia	cuttlefish
sushi	sushi
tiburón	shark
trucha	trout
trucha ahumada	smoked trout
trucha marina	sea trout

moluscos y crustáceos
Mollusks & Crustaceans

almejas	clams
berberecho	cockle
bígaro	winkle
buccino	whelk

caracol
———
escargot

calamar, chipirón, pulpito	squid
calamari, calamar	calamari
camarón (AmL), gamba, langostino (Mex, Pan, Sp, Cu, Col)	shrimp, prawn
camarón gigante (Ch)	large shrimp
cóctel de camarones	shrimp cocktail
cangrejo, panorca (Ch)	crab
ancas de cangrejo, patas de cangrejo	crab legs
cangrejo azul	blue crab
cangrejo de Alaska	Alaskan crab
cangrejo de concha suave	soft shell crab
cangrejo de río, camarón de agua dulce (Ch), jaiba (Col, DR), juey (PR)	crayfish
cangrejo rey	king crab
croqueta de cangrejo	crab cake
caracol	escargot, snails
centolla	spider crab
cigala	crayfish
erizo de mar	urchin, sea urchin
escalope, venera, vieira (Arg, Ven), ostión (Ch), concha (ElS, Gua, Sp)	scallop
jaiba	freshwater crab
langosta	lobster
marisco	shellfish
mejillones, chors (Ch)	mussels
moluscos	mollusks
ostras, ostiones (Mex)	oysters
ostras en media concha	oysters on the half shell
pulpo	octopus

aves
Fowl

agachadaza, becacina	snipe
becada, chocha	woodcock
capón	capon
codorniz	Cornish game hen
codorniz, ave gallinácea	quail
ensalada de pollo	chicken salad
faisán	pheasant
fricasé, fricandó	fricassée
gallina	boiler chicken
gallina de Guinea	Guinea fowl
ganso	goose

hamburguesa de pollo .... chicken burger
muslo .... thigh
pato .... duck
pavo, guanajo (Cu), guajolote (Mex) .... turkey
    hamburguesa de pavo .... turkey burger
    salchicha de pavo .... turkey sausage
pechuga .... breast
perdiz .... partridge
    perdiz blanca, perdiz nival .... rock partridge, ptarmigan
pichón .... squab
pierna .... leg
pollo, gallina (Pan) .... chicken
    estofado de pollo y verduras cubiertas de
        masa hojaldrada .... chicken pot pie
    pollo a la cacerola, pollo a la cazuela,
        guisado de pollo .... chicken casserole
    pollo al spiedo .... spit roasted chicken
    pollo rostizado .... roasted chicken
urogallo .... grouse

huevos
Eggs

cascarón .... egg shell
clara, blanquillo (Mex, fam) .... egg white
fritata .... frittata
huevos a la mantequilla .... shirred eggs
huevos Benedict, huevos estilo Benedict,
    huevos holandeses .... eggs Benedict
huevos con la yema arriba .... sunny-side-up eggs
huevos duros .... hardboiled eggs
huevos duros en polvo .... dried eggs
huevos escalfados, huevos pochés .... poached eggs
huevos florentinos .... eggs Florentine
huevos fritos, huevos estrellados .... fried eggs
huevos ligeramente volteados .... over-easy eggs
huevos revueltos .... scrambled eggs
huevos tibios, huevos pasados por agua ...... soft-boiled eggs
huevos volteados medianamente .... over medium
omelet, tortilla de huevos, tortilla francesa ..... omelet, omelette
    omelet de claras de huevo .... egg white omelet
    omelet de papas, omelete de patatas,
        tortilla española .... Spanish omelet
quiche .... quiche
yema .... egg yolk

grasas y productos lácteos
Fats & Dairy Products

bloque de mantequilla, barra de mantequilla,
    barrita de mantequilla .... stick of butter
brie .... brie

camembert	camembert
chocolatada, leche con chocolate, leche achocolatada	chocolate milk
crema, nata	cream
crema agria, crema ácida	sour cream
crema batida	whipped cream, whipping cream
crema chantilly, crema chantillí	chantilly cream
crema de leche	butterfat
crema espesa	clotted cream
crema francesa	crème fraiche
crema gruesa (Ven), crema doble (AmL)	double cream
crema líquida, crema liviana	single cream
crema para café	coffee cream
crema pesada batida	heavy whipping cream
grasa	fat
grasa de piel, sebo	suet
grasa insaturada	unsaturated fat
grasa saturada	saturated fat
helado, nieve	ice cream
helado hecho con leche descremada	ice milk
kéfir	kefir
lácteo	dairy
leche	milk
leche con chocolate, leche achocolatada, chocolatada	chocolate milk
leche condensada	condensed milk
leche con el dos por ciento de contenido de grasa	2% milk
leche con el uno por ciento de contenido de grasa	1% milk
leche de cabra	goat's milk
leche de oveja	sheep's milk
leche descremada, leche desnatada, leche sin grasa	skim milk, nonfat milk
leche de vaca	cow's milk
leche enlatada	canned milk
leche entera	whole milk
leche evaporada	evaporated milk
leche homogeneizada	homogenized milk
leche malteada	malted milk
leche pasteurizada	pasteurized milk
leche pulverizada, leche en polvo	powdered milk, dried milk
leche semi descremada	light milk
suero de la leche	buttermilk
manteca de cerdo	lard
manteca, manteca vegetal	shortening
manteca líquida cremosa	liquid shortening
manteca vegetal	all vegetable shortening
manteca de cacao, mantequilla de cacao	cocoa butter
mantequilla, manteca	butter
mantequilla clarificada	clarified butter
mantequilla cremosa	whipped butter
mantequilla derretida	melted butter
mantequilla no láctea	nondairy butter
mantequilla salada, mantequilla con sal	salted butter

mantequilla sin hormonas . . . .   hormone-free butter
mantequilla sin pasteurizar . . . .   raw butter
mantequilla sin sal . . . .   unsalted butter
mantequilla suave . . . .   soft butter
pastilla de mantequilla . . . .   pad of butter
margarina . . . .   margarine
queso . . . .   cheese
Este queso está bueno para comer. Este
   queso está perfecto para comer. . . . .   This cheese is just right for eating.
queso americano . . . .   American cheese
queso azul . . . .   blue cheese
queso azul de origen inglés . . . .   Stilton cheese
queso Cheddar . . . .   cheddar cheese
queso crema, queso para untar (Sp) . . . .   cream cheese
queso de cabra . . . .   goat cheese
queso de cerdo, queso de chancho (RPI),
   queso de puerco (Mex), queso de cabeza
   (Ch), queso de jabalí (Sp) . . . .   head cheese
queso de oveja . . . .   sheep cheese
queso de vaca . . . .   cow's milk cheese
queso fundido . . . .   processed cheese
queso mozarela . . . .   mozzarella cheese
queso mozarela en agua fresca . . . .   freshwater mozzarella
queso parmesano . . . .   parmesan cheese
   trozos de queso parmesano . . . .   shaved parmesan cheese
queso rallado . . . .   grated cheese
queso suizo . . . .   Swiss cheese
queso veteado, queso con vetas . . . .   marbled cheese
requesón . . . .   cottage cheese
yogur . . . .   yogurt

productos no lácteos
Nondairy Products

hamburguesa vegetariana . . . .   veggie burger, vegetarian burger
leche de arroz . . . .   rice milk
productos no lácteos . . . .   nondairy products
proteína de carne reconstituida . . . .   reconstituted meat protein
queso hecho con cuajo vegetal . . . .   vegetarian cheese
sin carne . . . .   meat free
sin lácteos . . . .   dairy free
soya, soja . . . .   soy
   leche de soya . . . .   soy milk
   queso de soya . . . .   bean curd, tofu
tofu, queso de soya . . . .   tofu
vegetariano . . . .   vegetarian
totalmente vegetariano, vegetariano estricto . . .   vegan

fruta
Fruit

aguacate, palta (Arg, Ch, Per, Ur) . . . .   avocado
albaricoque, chabacano (Mex), damasco (Arg,
   Ch, Ur) . . . .   apricot

arándano, mora azul (Mex), mora (Per) . . . . blueberry
arándano, ráspano . . . . huckleberry
arándano agrio, mora roja (Mex), cereza agria
    (Ven), cranberry (PR) . . . . cranberry
cantalope, melón chino, melón, calameño
    (Ch), catalupa (Cu) . . . . cantaloupe
caqui . . . . persimmon
cáscara de plátano, cáscara de banana (RPl,
    Per), concha de cambur (Ven) . . . . banana peel, banana skin
cereza, guinda . . . . cherry
    cereza al marrasquino . . . .   maraschino cherry
    cerezas deshuesadas, cerezas sin huesos
      (CS), cerezas descarozadas, cerezas sin
      carozos . . . .   pitted cherries
ciruela . . . . plum
ciruela pasa . . . . prune
clementina . . . . clementine
coco . . . . coconut
    coco rallado . . . .   shredded coconut
cóctel de frutas, ensalada macedonia . . . . fruit cocktail
dátil . . . . date
frambuesa . . . . raspberry
frambuesa de logan . . . . loganberry
fresa, frutilla (Arg) . . . . strawberry
    fresa silvestre . . . .   wild strawberry
fruta . . . . fruit
    ensalada de frutas . . . .   fruit salad
fruta cítrica de piel rugosa, cruce de pomelo
    y mandarina . . . . ugli
fruta de la zarzamora, mora . . . . blackberry
fruta del árbol de pan . . . . breadfruit
fruta del moral, mora . . . . mulberry
fruta en conserva . . . . fruit in syrup
fruta fresca de temporada, ensalada de frutas
    frescas . . . . fresh fruit salad
fruta manoseada . . . . fruit handled by a lot of people
fruta seca . . . . dry fruit
frutas surtidas . . . . mixed fruit
granada . . . . pomegranate
granadilla . . . . passion fruit
grosella . . . . currant

fruta de la zarzamora

blackberry

grosella negra (Mex, Col), pacita (Pan) ...... black currant
grosella rojo .... red currant
grosella silvestre, grosella espinosa .... gooseberry
guayaba .... guava
higo .... fig
kiwi, guivi (Ur) .... kiwi
lichi, lychee .... lichee, lychee
limón, limón amarillo .... lemon
   pedazo de limón, rajada de limón, tajada de
     limón .... lemon wedge
   ralladura de limón .... lemon zest
limón verde, lima .... lime
mandarina .... Mandarin orange
mango .... mango
manzana .... apple
   puré de manzana (AmL), compote .... applesauce
manzana silvestre .... crab apple
melocotón, durazno .... peach
melón, melón de pulpa verdosa muy dulce .... melon, honeydew melon
membrillo .... quince
naranja, china (PR) .... orange
   naranja de ombligo, ombligona .... navel orange
   naranja sanguina, naranja de sangre .... blood orange
   ralladura de naranja, cáscara de naranja
     rallada .... orange zest
naranjita china, kumquat, quinoto .... kumquat
nectarina, durazno pelado (Ch), ciruela (CR,
   DR), briñon (Sp), pelón (Ur) .... nectarine
níspero del Japan .... japonica
papaya, fruta bomba (Cu), lechosa (DR, PR,
   Ven) .... papaya
pasa, pacita .... raisin
pasa de Cortino, grosella .... currant
pera .... pear
piña, ananá (Ur) .... pineapple
plátano, banana (RPI, Per), banano (AmC,
   Col), cambur (Ven), guineo (Col, Ec, Pan,
   PR, DR), bananero (AmL) .... banana
plátano grande, plátano (Col, Ven), plátano
   macho (Mex) .... plantain
pulpa de fruta .... fruit pulp
ruibarbo .... rhubarb
sandía, batatilla, melón de agua, melón (PR) ... watermelon
satsuma .... satsuma
tangerina .... tangerine
toronja, pomelo (Arg, Ch, Sp, Ur) .... grapefruit
uva .... grape
   racimo de uvas .... bunch of grapes
   uvas de champaña .... champagne grapes
   uvas grandes .... concord grapes
   uvas rojas sin pepitas, uvas rojas sin
     semillas .... red seedless grapes
   uvas sin pepitas, uvas sin semillas .... seedless grapes

uvas verdes sin pepitas, uvas verdes sin
    semillas . . . . green seedless grapes

verduras
Vegetables

acedera, hierba salada . . . . sorrel
acelga . . . . chard
aguaturma, pataca . . . . Jerusalem artichoke
ajo . . . . garlic
albahaca, basílico . . . . basil
alcachofa, alcaucil (Arg, Ur) . . . . artichoke
  corazones de alcachofa . . . . artichoke hearts
alga marina . . . . seaweed
apio . . . . celery
apio nabo, apio rábano . . . . celeriac
arvejas, guisantes (AmL), chícharos (Mex) . . . . . peas
  arvejas, guisantes, chícharos, arvejitas (Per) . . . green peas
  arvejas de nieve . . . . snow peas
  arvejas en latas . . . . canned peas
berenjena . . . . eggplant
  berenjena blanca . . . . white eggplant
  berenjena morada . . . . purple eggplant
berro, mastranzo . . . . cress
boniato, batata, papa dulce, camote (Andes,
  Mex) . . . . sweet potato
  boniato blanco . . . . white sweet potato
  boniato rojo . . . . red sweet potato
brócoli . . . . broccoli
brotes . . . . sprouts
  brotes de alfalfa . . . . alfalfa sprouts
brotes de bambú . . . . bamboo shoots
calabacín, calabacita (Mex), zapallito . . . . courgette
calabacita verde (Mex), calabacín, zapallito . . . . zucchini
calabaza, chilacayote, zapallito (Bol), auyama
  (DR, Ven, Col, CR) . . . . squash
  calabaza pequeña de corteza verde y forma
    de bellota . . . . acorn squash
calabaza, zapallo (Bol, Ch, Pan), auyama
  (Ven, Col, CR, DR) . . . . pumpkin
caña de azúcar . . . . sugarcane
cebolla . . . . onion
  cebolla blanca . . . . white onion
  cebolla dulce . . . . sweet onion
  cebolla española . . . . Spanish onion
  cebolla para cócteles . . . . cocktail onion
  cebolla roja, cebolla colorada (Ecu), cebolla
    morada (Mex) . . . . red onion
  cebolla verde, cebolla larga, cebolleta,
    cebollín, cebollina (Pan), cebollino (Mex) . . . scallion, spring onion

cebolla vidalia	Vidalia onion
cebolleta, cebollino, cebolla de verdura (RPI), cebollín (Ch)	green onion
chalote, chalote ascalonia, chalota	shallot
champiñón, hongo, seta (Sp), callampa	fungi, mushroom
champiñón pequeña	button mushroom
champiñón portabella, hongo portabella	portabella mushroom
hongo shiitaki	shitaki mushroom
chile, chile picante, pimiento picante, ají picante, guindilla (Sp)	hot pepper
chile jalapeño	jalapeño pepper
chirivía, pastinaca (Ur)	parsnip
coles de Bruselas, repollitos de Bruselas (Ur, Arg), repollitos italianos (Ch)	brussels sprouts
coliflor	cauliflower
coliflor con salsa de queso	cauliflower Mornay
colinabo	kohlrabi
corazón de palma, palmitos (Arg)	hearts of palm
elotitos tierno	baby corn
elotitos tiernos enteros	whole baby corn
endivia, escarola, endibia (Sp, Arg, Col)	chicory, endive
endivia belga	Belgian endive
escarola	escarole
espárrago	asparagus
espárrago, espárrago normal, espárrago verde	green asparagus
espárrago blanco	white asparagus
espárrago triguero	wild asparagus
puntas de espárrago	asparagus tips
espinaca	spinach
frijoles, judías, porotos (Arg, CS, Ur), frejoles (Ec), alubias (Sp), caraotas (Ven)	beans
germinados de soja, brotes de soja (Arg, Ur), frijol nacido (Pan), retoños de soya (ElS, Gua, Hon), habichuelas de soya (Pr)	bean sprouts
habas, chauchas (Arg, Ur)	broad beans
habichuelas con vaina, vainitas (DR, Ec, Per, Ven), habichuelas verdes (Pr), judías verdes (Sp), ejotes (Mex, ElS, Gua, Hon)	green beans
hinojo	fennel
jengibre, ginger, yinyer	ginger
jícama	jicama
lechuga	lettuce
lechuga de hoja roja	red leaf lettuce
lechuga de hoja verde	green leaf lettuce
lechuga orgánica	organic lettuce
lechuga repollada, lechuga de iceberg	iceberg lettuce
lechuga romana	romaine lettuce, cos lettuce
lechugas	greens (lettuce)
lechugas europeas	European greens
lechugas finas	baby greens
lechugas mezcladas	mixed greens
maíz, elote, choclo (Col, Ch, Ecu, Per, Ur)	corn
grano de maíz	corn kernel

maíz azul	blue corn
maíz tierno, elote (Mex), choclo (AmS), jojoto (Ven)	sweet corn
mazorca de maíz, elote (Mex, AmL)	corn cob, corn on the cob
maíz descascarillado	hominy
mesa de ensalada	salad bar
morilla, colmenilla	morel, morel mushroom
nabo	turnip
nabo sueco, rutabega	rutabaga
ñame	yam
nopales	cactus
ortiga	nettle
papa, patata	potato
papa asada, papa al horno, patata asada, patata al horno	baked potato
papa blanca	white potato
papa nueva	new potato
papa oscura, papa color café	russet potato
papa roja	red potato
pastel de papas	shepherd's pie
puré de papas	mashed potatoes
pepino, pepinillo (PR)	cucumber
pepino de Inglaterra, pepino inglés	English cucumber
pepino de invernadero	hothouse cucumber
perejil	parsley
perifollo	chervil
pimiento	pepper
pimiento amarillo	yellow pepper
pimiento morrón, chile dulce (CR), pimentón rojo	sweet red pepper
pimiento rojo	red pepper
pimiento verde	green pepper
pimiento, pimentón	bell pepper
puerro, porro, poro (Mex)	leek
pulpa vegetal	vegetable pulp
quingombó, calalú, okra (Mex), molondrón (DR), abelmosco	okra
rábano	radish
rábano blanco	white radish
rábano japonés	daikon radish, Japanese radish
rábano rojo	red radish
rábano picante	horseradish (fresh)
remolacha, betabel (Mex), betarraga (Bol, Ch, Per)	beet
repollo, col	cabbage
repollo blanco, col blanca (Mex), col (Sp, Cu)	white cabbage
repollo colorado, lombarda (Col), col morada (Mex)	red cabbage
repollo de cabeza redonda	round-head cabbage
repollo verde, lechuga repollada (DR)	green cabbage
repollo rizado, repollo de Milán, col rizada, col de Milán	savoy, savoy cabbage
rizada	kale

ruibarbo	rhubarb
tipo de calabaza alargada y de cáscara verde ...	marrow
tomate, jitomate (Mex)	tomato
puré de tomate, concentrado de puré de tomate, pomidoro (UR), pomarola (CH)	tomato puree
tipo de tomate grande, jitomate bola (Mex) ...	beefsteak tomato
tomate cherry	cherry tomato
tomate madurados en la planta	vine-ripened tomato
tomates enteros	whole tomatoes
tomates guisados	stewed tomatoes
tomates pelados y machacados	crushed and peeled tomatoes
tomates secos al sol	sun-dried tomatoes
tomates verdes	green tomatoes
trufa	truffle
tusa	corn husk
vaina de arveja, vaina de guisante, vaina de chícharo	peapod
verduras, vegetales, legumbres	vegetables
verduras, vegetales verdes	greens (vegetables)
verduras crudas	crudités
verduras orgánicas	organic vegetables
zanahoria	carrot

habas, arvejas y lentejas secas
Dried Beans, Peas & Lentils

arvejas secas, guisantes secas, chícharos verdes secos (Mex)	split peas
flageolet, frijol de color verde claro	flageolet
frijoles, judías, porotos (Arg, Ur), frejoles (Ec), alubias (Sp), caraotas (Ven)	beans
frijoles blancos	navy beans, white beans
frijoles colorados (Cu), judías, alubias rojas (Sp), habichuelas rojas (DR)	kidney beans
frijoles de media luna, habas limas (Cu), habas (Sp)	lima beans
frijoles de soja, soja (Sp, Ch), semillas de soy (Col, Gua), porotos de soja (Ur)	soybeans
frijoles negros, porotos negros (Col, Cu, ElS, Gua, Hon), frijoles (Arg, Ur)	black beans
frijoles pintos, alubias pintas, porotos pintos	pinto beans
frijoles horneados	baked beans
garbanzos	garbanzos, chickpeas
lenteja	lentil
lenteja amarilla	yellow lentil
lenteja marrón de la India	Indian brown lentil
lenteja anaranjada, lenteja color naranja	orange lentil
lenteja negra	black lentil
lenteja roja	red lentil
lenteja verde	green lentil
poporopo (CA, Mex), palomitas de maíz, pochoclo (Arg)	popping corn

semilla cuyo brote se utiliza en la cocina
  oriental .... mung beans
soya (AmL), soja (Sp) .... soybean
  soya amarilla .... yellow soybean
  soya negra .... black soybean

hierbas, especias, sazones y semillas
Herbs, Spices, Seasonings & Seeds

ajedrea .... savory
ajo .... garlic
  ajo en polvo .... garlic powder
  ajo machucado .... chopped garlic
  ajo picado .... minced garlic
  ajo picado y seco .... dried, minced garlic
  diente de ajo .... clove of garlic
  pasta de ajo .... garlic paste
alcaravea .... caraway
  carvi, semillas de alcaravea .... caraway seeds
amapola .... poppy seeds
  semillas azules de amapola .... blue poppy seeds
  semillas blancas de amapola .... white poppy seeds
  semillas de amapola molida .... ground poppy seeds
  semillas enteras de amapola .... whole poppy seeds
angélica .... angelica
anís .... anise
  semillas de anís .... anise seeds
azafrán .... saffron
bergamota .... bergamot
berro .... watercress
borraja .... borage
canela .... cinnamon
  canela entera .... whole cinnamon, cinnamon stick
  canela molida .... ground cinnamon
  pizca de canela .... pinch of cinnamon
cebolla picada .... onion, minced

ajo
___
garlic

cebolla en polvo . . . .   onion powder
cebolla rallada . . . .   onion flakes
cebollina . . . .   chives
chile . . . .   chili
    chile en polvo . . . .   chili powder
    chile molido en polvo . . . .   ground chili powder
chile rojo . . . .   red chili
    chile rojo machacado . . . .   crushed red chili
cilantro, culanteo, coriandro . . . .   coriander
    semillas de cilantro . . . .   coriander seeds
cilantro, perejil iraní . . . .   cilantro
clavos de especia, clavos de olor (Arg) . . . .   cloves
    clavos enteros . . . .   whole cloves
    clavos molidos . . . .   ground cloves
comino . . . .   cumin
consuelda . . . .   comfrey
cúrcuma, azafrán de las Indias . . . .   turmeric
    cúrcuma molida . . . .   ground turmeric
curry . . . .   curry
    curry en polvo . . . .   curry powder
    curry picante . . . .   hot curry
    curry rojo . . . .   red curry
    curry suave . . . .   mild curry
    curry verde . . . .   green curry
enebrina . . . .   juniper
eneldo . . . .   dill
fenogreco, alholva . . . .   fenugreek
glutamato monosódico . . . .   MSG
granos de pimienta . . . .   peppercorns
    granos de pimienta blanca . . . .   white peppercorns
    granos de pimienta negra . . . .   black peppercorns
    granos de pimienta roja . . . .   red peppercorns
    granos de pimienta rosa . . . .   pink peppercorns
    granos de pimienta verde . . . .   green peppercorns
hinojo . . . .   fennel
    hinojo seco . . . .   dried fennel
    semillas de hinojo . . . .   fennel seeds
    semillas de hinojo enteras . . . .   whole fennel seeds
    semillas de hinojo molidas . . . .   ground fennel seeds
hoja de laurel . . . .   bay leaf
jengibre, yinyer, ginger . . . .   ginger
    jengibre en polvo . . . .   ginger powder
    jengibre molido . . . .   ground ginger
limoncillo . . . .   lemon grass
Luisa, cedrón . . . .   lemon verbena
manzanilla, camomila . . . .   chamomile
marinada, adobo . . . .   marinade
mejorana . . . .   marjoram
    mejorana molida . . . .   ground marjoram
melisa, toronjil . . . .   lemon balm
menta . . . .   mint
menta verde . . . .   spearmint
mezcla de especias . . . .   mixed spices
mezcla de especias de la India, mezcla de
    especias utilizadas en la cocina hindú . . . . . .   garam masala

milenrama	yarrow
hojas secas de milenrama	dried yarrow leaves
semillas de milenrama	yarrow seeds
mostaza	mustard
mostaza molida	ground mustard
nuez moscada	nutmeg
nuez moscada entera	whole nutmeg
nuez moscada molida	ground nutmeg
orégano	oregano
paprika, pimentón rojo	paprika
paprika molida	ground paprika
perejil picado	parsley flakes
pimienta	pepper
pimienta blanca	white pepper
pimienta blanca entera	whole white pepper
pimienta blanca molida	ground white pepper
pimienta chile	chili pepper
copos de pimienta	chili pepper flakes
pimienta de cayena, cayena	cayenne pepper
pimienta de cayena molida	ground cayenne pepper
pimienta de Jamaica, pimienta inglesa	allspice
pimienta de Jamaica molida	ground allspice
pimienta negra	black pepper
pimienta negra entera	whole black pepper
pimienta negra molida	ground black pepper
pimienta roja	red pepper
rábano picante	horseradish
rábano picante en polvo	horseradish powder, wasabi
rábano picante molido	ground horseradish
rábano picante y seco	dried horseradish
ramito compuesto	bouquet garni
romero, rosmarino	rosemary
sal	salt
sal de ajo	garlic salt
sal de cebolla	onion salt
sal de cocina	kitchen salt
sal de mar	sea salt
sal de mesa	table salt
sal en copos	flake salt
sal en roca	rock salt
sal kosher	kosher salt
sal para escabechado	pickling salt
sal para sazonar	seasoning salt
sal pura	pure salt
sal yodada	iodized salt
salvia	sage
salvia molida	ground sage
salvia seca	dried sage
sazón, adobo	seasoning
sobre de sazón	packet of seasoning
semilla	seed
semillas de ajonjolí, semillas de sésamo	sesame seeds
semillas blancas de ajonjolí, semillas blancas de sésamo	white sesame seeds
semillas enteras de ajonjolí	whole sesame seeds

semillas negras de ajonjolí, semillas negras
    de sésamo .... black sesame seeds
semillas de apio .... celery seeds
semillas de calabaza .... pumpkin seeds
semillas de girasol, semillas de maravilla (Ch),
    semillas de pipa (Sp) .... sunflower seeds
semillas de mostaza .... mustard seeds
    semillas blancas de mostaza .... white mustard seeds
    semillas negras de mostaza .... black mustard seeds
suavizador de carne .... meat tenderizer
tamarindo .... tamarind
estragón .... tarragon
tomillo .... thyme
    tomillo español silvestre .... wild Spanish thyme

nueces
Nuts

almendra .... almond
avellana .... filbert
avellana, coquito (DR) .... hazelnut
castaña .... chestnut
    castaña pilonga .... dried chestnut
maní, cacahuate (Mex), cacahuete (Sp) .... peanut
marañón, nuez de la India (Mex), anacardo
    (Cu), castaña de cajú (Arg, Ur), castaña
    (Ch), semilla de caujil (DR, Ven), pepita de
    marañón (Pan) .... cashew
nueces confitadas .... candied nuts
nuez .... nut
nuez del Brasil, castaña de Pará (RPl) .... Brazil nut
nuez de nogal, nuez de Castilla (Mex) .... walnut
pacana, pecana (Bol, ElS, Gua, Hon), nuez
    pacana (Mex) .... pecan
pignola .... pine nut, piñon
pistacho, pistache (Mex) .... pistachio
suntuosa mezcla de tentempié para el camino ... trail mix

granos y cereales
Grains & Cereals

afrecho .... bran
arroz .... rice
    arroz basmati .... basmati rice
    arroz blanco .... white rice
    arroz de grano corto .... short-grain rice
    arroz de grano largo .... long-grain rice
    arroz de grano mediano .... medium-grain rice
    arroz hervido enriquecido .... enriched parboiled rice
    arroz integral .... brown rice

arroz italiano	risotto
arroz jazmín	jasmine rice
arroz salvaje	wild rice
avena	oats
copos de avena, hojuelas de avena	rolled oats
avena, harina de avena, Quáker®	oatmeal
avena con frutas	oatmeal with fruit
cebada	barley
cebada perlada	pearl barley
centeno	rye
cereal	cereal
cereal con granos enteros	whole grain cereal
gluten	gluten
granola	granola
harina	flour
harina, harina normal	all-purpose flour
harina blanca	white flour
harina con alto contenido de gluten	high-gluten flour
harina con levadura, harina leudante, harina esponja	self-rising flour
harina de arroz	rice flour
harina de cebada	barley flour
harina de centeno	rye flour
harina de maíz	corn flour, maize flour, cornmeal
harina de pan	bread flour
harina de papas	potato flour
harina de raíz de loto	lotus root flour
harina de salvado	bran flour
harina de soya, harina de soja	soy flour
harina de trigo	wheat flour
harina de trigo entero	whole wheat flour
harina de trigo rubión	buckwheat flour
harina extra fina	extra-fine flour
harina para postres	pastry flour
harina para torta	cake flour
harina sin gluten	gluten-free flour
harina sin trigo	wheat-free flour
maíz	corn
copos de maíz, hojuelas de maíz	corn flakes
mijo	millet
sagú	sago
sémola	semolina
tapioca	tapioca
trigo	wheat
germen de trigo	wheat germ
sin trigo	wheat free
trigo blando	soft wheat
trigo candeal, trigo común	durum wheat
trigo cascado	cracked wheat
trigo duro	hard wheat
trigo rubión, trigo sarraceno, alforfón	buckwheat

fideos y pasta
Noodles & Pasta

canelones . . . . cannelloni
espaguetis, spaguetti . . . . spaghetti
estofado con pimentón al estilo húngaro,
    goulash . . . . goulash
fideos, tallarines . . . . noodles
lasaña . . . . lasagna
ñoquis . . . . gnocchi
macarrones . . . . macaroni
    macarrones con queso . . . . macaroni and cheese
pasta . . . . pasta
    ensalada de pasta . . . . pasta salad
ravioles . . . . ravioli

caldos y sopas
Stocks & Soups

base de carne de res de primera calidad . . . . . . beef base
base de pollo de primera calidad . . . . chicken base
base de sopa . . . . soup base
    base de sopa con sabor a pollo . . . . soup base with chicken flavor
    base de sopa con sabor a res . . . . soup base with beef flavor
bouillabaisse . . . . bouillabaisse
concentrado para sopa (de res, pollo,
    verduras, etc) . . . . soup stock
consomé, caldo . . . . broth, stock, consommé
    consomé de pescado, caldo de pescado . . . . . fish broth, fish stock
    consomé de pollo, caldo de pollo . . . . chicken broth, chicken stock
    consomé de res, caldo de res . . . . beef broth, beef stock
    consomé de vegetales, caldo de verduras . . . vegetable broth, vegetable stock
crema de champiñones . . . . cream of mushroom soup
cubitos de caldo . . . . bouillon cubes
    cubitos de caldo sabor a pollo . . . . chicken-flavored bouillon cubes
    cubitos de caldo sabor a res . . . . beef-flavored bouillon cubes
gazpacho . . . . gazpacho
pisto . . . . ratatouille
salmuera, escabeche . . . . brine
salsa francesa, en su jugo . . . . au jus
sopa . . . . soup
    sopa aguada . . . . watery soup
    sopa caliente . . . . hot soup
    sopa de almejas . . . . clam chowder
    sopa de arvejas, crema de arvejas . . . . pea soup
    sopa de cebolla . . . . onion soup
    sopa de fruta . . . . fruit soup
    sopa del día . . . . soup of the day
    sopa de lentejas . . . . lentil soup
    sopa de pescado . . . . chowder

sopa de pescado o moscas	bisque
sopa de pollo y fideos	chicken noodle soup
sopa de rabo de buey	oxtail soup
sopa de sobre	packaged soup
sopa de tomates	tomato soup
sopa de verduras	vegetable soup
sopa francesa de cebolla	French onion soup
sopa fría	cold soup
sopa sin lácteos	dairy-free soup
sopa vegetariana	vegetarian soup

encurtidos, chutneys y pastas
Pickles, Chutneys & Pastes

aceituna, oliva (CR)	olive
aceituna gordal, aceituna verde	green olive
aceituna madura	ripe olive
aceituna negra	black olive
aceituna rellena	stuffed olive
aceituna sin pepa, aceituna sin hueso, aceituna sin pepita	pitted olive
aceitunas en salmuera	olives in brine
aceitunas rellenas con almendras	olives stuffed with almonds
alcaparra	caper
alcaparra española	Spanish caper
cebolla en vinagre, cebolla escabechada, cebolla envinagrada, encurtido de cebolla	pickled onion
chutney	chutney
chutney de mango	mango chutney
chutney de pepino	cucumber chutney
chutney de tomate	tomate chutney
col ácida, sauerkraut	sauerkraut
encurtido de pepino	relish
encurtido de pepino al eneldo	dill relish
encurtido de pepino dulce	sweet relish
encurtido de pepino para hamburguesas	hamburger relish
encurtido de pepino para salchichas americanas	hotdog relish
paquetes individuales de encurtido de pepino	individual packets of relish
hueso de aceituna, cuesco de aceituna, carozo de aceituna (CS), pepa de aceituna (Col)	olive pit
manteca de maní, mantequilla de maní, crema de maní, mantequilla de cacahuete (Sp), mantequilla de cacahuate (Mex)	peanut butter
manteca de maní con trocitos de maní	chunky peanut butter
manteca de maní cremosa	creamy peanut butter
mazapán	almond paste
pasta	paste
pasta de ajo	garlic paste

pasta de anchoas	anchovy paste
pasta de macarrón	macaroon paste
pasta de tomate	tomato paste
paté de pescado	fish paste
pepinillo	gherkin
pepinos enteros encurtidos	pickles
pepinos enteros dulces	sweet pickles
pepinos enteros encurtidos	dill pickles
rajadas de pepinos encurtidos	pickle chips
pepino miniatura	cornichon
puré de oliva	tapenade
puré de tomate, concentrado de puré de tomate, pomidoro (UR), pomarola (CH)	tomato puree
repollo colorado escabechado	pickled red cabbage

aceites, condimentos, salsas y aderezos
Oils, Condiments, Sauces & Dressings

aceite	oil
aceite de aguacate, aceite de palta	avocado oil
aceite de ajonjolí, aceite de sésamo (Bol, CS, Per)	sesame oil
aceite de almendra	almond oil
aceite de canola	canola oil
aceite de girasol	sunflower oil
aceite de maíz	corn oil
aceite de maní, aceite de cacahuete (Sp), aceite de cacahuate (Mex)	peanut oil
aceite de nueces	nut oil
aceite de nuez, aceite de nuez de Castilla	walnut oil
aceite de oliva	olive oil
aceite de semillas de uvas	grapeseed oil
aceite de soya, aceite de soja	soybean oil
aceite de trufa	truffle oil
aceite de trufa blanca	white truffle oil
aceite de verduras	vegetable oil
aceite para ensalada	salad oil
aceite para ollas y planchas	pan & griddle oil
aceite para hacer palomitas de maíz, aceite para preparar palomitas de maíz	popping oil
aceite y vinagre	oil and vinegar
aderezo, condimento para ensalada, aderezo para ensalada	salad dressing, dressing
aderezo de aceite y vinagre	oil and vinegar dressing
aderezo de queso azul	blue cheese dressing
aderezo dietético	diet dressing
aderezo francés	French dressing
aderezo italiano	Italian dressing
aderezo para ensalada al lado, aderezo para ensalada al costado, aderezo para ensalada por separado	salad dressing on the side

aderezo ranchero	ranch dressing
aderezo sin grasa	fat-free dressing
aderezo suave, aderezo ligero	light dressing
aderezo para ensalada de col	coleslaw dressing
bechamel	Bechamel
galantina	aspic
jugo de carne, salsa de carne	gravy (meat)
jugo de pollo	gravy (chicken)
mayonesa	mayonnaise
mayonesa con ajo, ajociete	garlic mayonnaise
mayonesa fresca	fresh mayonnaise
mayonesa hecha con huevos completos	whole-egg mayonnaise
paquetes individuales de mayonesa	individual packets of mayonnaise
mostaza	mustard
mostaza alemana	German mustard
mostaza amarilla	yellow mustard
mostaza americana	American mustard
mostaza china	Chinese mustard
mostaza de Dijon	Dijon mustard
mostaza de Dijon con estragón	tarragon Dijon mustard
mostaza de grano grueso	coarse-grained mustard
mostaza francesa	French mustard
mostaza inglesa	English mustard
mostaza picante	hot mustard
paquetes individuales de mostaza	individual packets of mustard
puré	puree (the)
puré de garbanzos al estilo griego, hummus	hummus
puré de tomate	tomato puree
reducción	reduction
roux, salsa compuesta de harina y mantequilla	roux
salsa	salsa, sauce
salsa agridulce	sweet-and-sour sauce
salsa agridulce con especias	steak sauce
salsa bearnaise	Bearnaise sauce
salsa blanca, bechamel	white sauce
salsa china de jugo de ostra	oyster sauce
salsa de anchoa	anchovy sauce
salsa de arándano	cranberry sauce
salsa de barbacoa	barbecue sauce
salsa de espaguetis, salsa de spaguetti	spaghetti sauce
salsa de menta	mint sauce
salsa de rábano picante	horseradish (sauce)
salsa de soya, salsa de soja (Sp)	soy sauce
salsa de tomate, catsup, ketchup	ketchup, catsup
paquetes individuales de salsa de tomate	individual packets of ketchup
salsa fresca	fresh salsa
salsa inglesa, salsa tipo inglesa	Worcestershire sauce
salsa italiana con albahaca y ajo, salsa italiana, pesto	pesto, pesto sauce
salsa japonesa	teriyaki sauce
salsa medio picante	mild salsa
salsa muy picante, salsa extra picante	extra hot salsa

salsa para mariscos	cocktail sauce
salsa picante	hot sauce
salsa tártara	tartare sauce
sofrito	seasoning sauce
tabasco, salsa picante	Tabasco, Tabasco sauce
vinagre	vinegar
aceite y vinagre	vinegar and oil
vinagre balsámico	balsamic vinegar
vinagre blanco	white vinegar
vinagre blanco destilado	distilled white vinegar
vinagre con esencia de chile	chili vinegar
vinagre con esencia de eneldo	dill vinegar
vinagre de jugo de manzana	cider vinegar, apple cider vinegar
vinagre de malta	malt vinegar
vinagre de malta destilada	distilled malt vinegar
vinagre de vino blanco	white wine vinegar
vinagre de vino tinto	red wine vinegar
vinagre sin filtrar	unfiltered vinegar
vinagreta	vinaigrette

agentes de levadura, espesantes, esencias y colorantes
Raising, Thickening, Flavoring & Coloring Agents

agua de azahar	orange flower water
amoníaco de hornear	baking ammonia
aromatizante artificial	artificial flavoring
aromatizante natural	natural flavoring
arrurruz, maranta	arrowroot
bicarbonato de soda, soda de sosa (Sp)	bicarbonate of soda
colorante alimenticio, colorante para alimentos	food coloring
colorante amarillo alimenticio	yellow food coloring
colorante azul alimenticio	blue food coloring
colorante rojo alimenticio	red food coloring
colorante verde alimenticio	green food coloring
cremor tártaro	cream of tartar
esencia, condimento, sazón, saborizantes	flavoring
esencia de almendra	almond flavoring
esencia de arádano	blueberry flavoring
esencia de bourbon, esencia de whisky americano	bourbon flavoring
esencia de brandy	brandy flavoring
esencia de caramelo	caramel flavoring
esencia de chocolate	chocolate flavoring
esencia de durazno	peach flavoring
esencia de frambuesa	raspberry flavoring
esencia de fresas	strawberry flavoring
esencia de jerez	sherry flavoring
esencia de manzana	apple flavoring
esencia de menta	mint flavoring
esencia de menta verde	spearmint flavoring
esencia de pacana	pecan flavoring

esencia de plátano, esencia de banana
   (RPl, Per), esencia de banano (AmC, Col),
   esencia de cambur (Ven), esencia de
   guineo (Col, Ec, Pan, PR, DR), esencia
   de bananero (AmL) . . . .   banana flavoring
esencia de ron . . . .   rum flavoring
esencia de vainilla . . . .   vanilla flavoring
espesante . . . .   thickener
extracto . . . .   extract
   extracto de almendra . . . .   almond extract
   extracto de almendra imitación . . . .   imitation almond extract
   extracto de almendra puro . . . .   pure almond extract
   extracto de café . . . .   coffee extract
   extracto de canela . . . .   cinnamon extract
   extracto de cereza . . . .   cherry extract
   extracto de coco imitación . . . .   imitation coconut extract
   extracto de limón . . . .   lemon extract
   extracto de menta . . . .   peppermint extract
   extracto de menta verde . . . .   spearmint extract
   extracto de naranja . . . .   orange extract
   extracto de vainilla . . . .   vanilla extract
   extracto de vainilla imitación . . . .   imitation vanilla extract
   extracto de vainilla puro . . . .   pure vanilla extract
gelatina . . . .   gelatin
   gelatina en polvo . . . .   powdered gelatin
levadura . . . .   yeast
   levadura activa . . . .   active yeast
   levadura de cerveza . . . .   brewer's yeast
   levadura fresca . . . .   fresh yeast
   levadura seca de panadero . . . .   baker's yeast
   levadura seca instantánea . . . .   instant dry yeast
   pastel de levadura . . . .   yeast cake
levadura, agente leudante (AmL) . . . .   leavening agent, raising agent
maizena . . . .   corn starch
pectina . . . .   pectin
polvo para hornear, levadura en polvo . . . .   baking powder
   levadura en polvo de doble acción, polvo
      de hornear de doble acción . . . .   double-action baking powder
   levadura normal, levadura en polvo regular . .   single-action baking powder
soda, bicarbonato de soda . . . .   baking soda
vainilla . . . .   vanilla
   esencia de vainilla . . . .   vanilla flavoring

endulzantes
Sweeteners

dulces
Confections

algarroba . . . .   carob
chocolate . . . .   chocolate
   baño de chocolate . . . .   chocolate icing (soft)

barra de chocolate, tableta de chocolate	chocolate bar
chocolate agridulce	bittersweet chocolate
chocolate amargo	bitter chocolate
chocolate amargo, chocolate oscuro	dark chocolate
chocolate blanco	white chocolate
chocolate claro	milk chocolate
chocolate de hornear	baking chocolate
chocolate dulce	sweet chocolate
chocolate en polvo	chocolate powder
chocolate para hornear	baker's chocolate
pedacitos de chocolate	chocolate chips
crema pastelera	pastry cream
fondant	fondant
glaseado, fondant	icing (hard)
mazapán	marzipan, almond paste
malvavisco, bombón (Mex)	marshmallow
pasta	paste
mazapán	marzipan, almond paste
pasta de macarrón	macaroon paste
praline	praline
productos de confitería, golosinas dulces	confectionery

azúcares y jarabes
Sugars & Syrups

arce del Canadá, arce de azúcar	maple sugar
azúcar	sugar, icing sugar
azúcar acaramelada	caramelized sugar
azúcar blanca, azúcar normal, azúcar blanquilla	white sugar
azúcar cruda, azúcar pura	raw sugar
azúcar de caña	cane sugar
azúcar de dieta, Sweet & Low, Nutrasweet, edulcorante	Nutrasweet, Sweet & Low
azúcar de remolacha	beet sugar
azúcar glasé, azúcar flor (Ch), azúcar en polvo (Col), azúcar impalpable (RPl)	confectioners' sugar
azúcar granulada	granulated sugar
azúcar morena	brown sugar
azúcar refinada	refined sugar
¿Cuánta azúcar quiere? ¿Cuántos terrones de azúcar quiere? ¿Cuántas cucharaditas de azúcar quiere?	How many sugars do you take?
azúcar en cubos	sugar cubes
azúcar en pancitos, azúcar en terrones	sugar lumps
edulcorante	sweetener (artificial)
endulzante	sweetener
fructosa	fructose
jarabe, almíbar, sirope (AmL)	syrup
jarabe de arce, sirope de arce	maple syrup
jarabe de maíz	corn syrup
jarabe de maíz claro	light corn syrup
jarabe de maíz oscuro	dark corn syrup
jarabe de malta	malt syrup

jarabe para postre	dessert syrup
jarabe simple	simple syrup
melaza	molasses
melaza negra	black treacle
miel	honey
miel de azahar	orange blossom honey
miel de brezo	heather honey
miel de eucalipto	eucalyptus honey
miel de girasol	sunflower honey
miel de levanda, miel de espliego	lavender honey
miel de trébol	clover honey
miel virgen, miel natural, miel cruda	raw honey
panal	honeycomb
salsa	sauce
salsa de caramelo, caramelo	caramel sauce
salsa de chocolate	chocolate sauce
salsa de limón	lemon sauce
sacarina	saccharine, sucrose
ser goloso	sweet tooth (to have)
sin azúcar	sugar free
sirope de arce, jarabe de arce	maple syrup

mermeladas y jaleas
Jams, Marmalades & Jellies

confitura, mermelada (Per, Sp)	preserves
duraznos en conserva	peach preserves
jalea, gelatina (Arg)	jelly
jalea de grosellas	currant jelly
jalea de manzana	apple jelly
jalea de manzana silvestre	crab apple jelly
jalea de menta	mint jelly
mermelada, dulce, mermelada de fruta	jam
mermelada de cereza	cherry jam
mermelada de ciruela	plum jam
mermelada de durazno	peach jam
mermelada de frambuesas	raspberry jam
mermelada de fresas	strawberry jam
mermelada de grosella silvestre	gooseberry jam
mermelada de higo	fig jam
mermelada de mora	blackberry jam
mermelada de piña	pineapple jam
mermelada de cítricos	marmalade
mermelada de naranja	orange marmalade
mermelada espesa de naranja	thick-cut marmalade

productos de harina y pan
Flour & Bread Products

baguette, pan francés, pan flauta, barra de pan	baguette
bizcochito	small biscuit

bizcocho, galleta, galletita (Arg), bizcochito (DR), bisquet (Mex), panecillo (PR)	biscuit
bizcochos con jugo	biscuits with gravy
bola de masa	dumpling
manzana al horno envuelta en masa	apple dumpling
bollo, panecillo, pancito (Arg, Ur), pancillo, pan pequeño (Col), bollito (CR)	bun
bollo para hamburguesa, pan para hamburguesas (Mex, Pan)	hamburger bun
bollo para salchicha americana, pan para salchicha americana (Mex)	hot dog bun
bollo de leche, brioche	brioche
buñuelo	fritter, beignet
buñelo frito, dónut, rosca (Ch, Col), dona (Col, ElS, Mex, Pan, PR), rosquilla	doughnut
canapé, bocadito	canapé
cereal	cereal
cereal de grano enteros	whole grain cereal
copos de maíz, hojuelas de maíz	cornflakes
crepa, crep, crêpe, filloa, panqueque (AmL, CS)	crepe
croasan, croissant, cruasant (DR), cuernito (Mex), cachito (Per), medialuna (Arg)	croissant
crutón, croûton, pedacitos de pan tostado	crouton
galleta, galleta de soda (Ven), galleta salada . . .	cracker
galleta de agua	water cracker
galleta salada, galleta de sal	salted cracker
empanadilla de papa, cebolla y carne	Cornish pasty
hogaza	loaf of bread (country style)
lonche (Mex)	submarine sandwich
masa, amasijo	dough
masa con levadura	yeast dough
masa dulce	sweet dough
masa fermentada, masa agria	sourdough starter
migas, migajas	crumbs
migas de pan, migajas de pan	breadcrumbs
muffin, mantecada (Mex)	muffin
muffin sin grasa	fat-free muffin
muffin sin trigo	wheat-free muffin
pan	bread
Corte el pan.	Slice the bread.
Lleve el pan a la mesa número ___.	Take bread to table number ___.
pan ácimo hindú	chapati, chapatti
pan árabe, pita	pita bread
pan blanco, pan blanco tajado, pan de molde (Cu), pan blanco rebanado (Ur)	white bread
pan con mantequilla y ajo	garlic bread
pan de cebolla	onion bread
pan de centeno, pan negro, pan centeno (Ch)	rye bread
pan de jengibre	gingerbread
pan de maíz	corn bread
pan de masa agria	sourdough bread

pan de molde, pan lactal (Arg), pan tajado
(Col), pan cortado (CR), pan de sandwich
(DR), pan de caja (Mex), pan especial
(PR), pan en rodajas (Ven) . . . .   sliced bread
pan dulce . . . .   sweet bread
pan dulce (Mex), danesa (Pan), pastelillo de
fruta y nueces . . . .   danish, sweet roll
pan duro, pan tierno . . . .   stale bread
pan francés . . . .   French bread, bread stick
pan integral, pan de trigo . . . .   whole wheat bread
pan moreno . . . .   brown bread
pan sin azúcar . . . .   sugar-free bread
pan sin gluten . . . .   gluten-free bread
pan sin trigo . . . .   wheat-free bread
panecillo, pancito, bolillo (Mex) . . . .   roll
panecillo con semillas de amapola . . . .   Kaiser roll
panecillo de canela . . . .   cinnamon roll
panecillo de canela y pasas . . . .   cinnamon raisin roll
panecillo de cebolla . . . .   onion roll
panecillo duro . . . .   hard roll
panecillo media luna . . . .   crescent roll
panecillo primavera . . . .   spring roll
panquec, panqueque, panqueca (Ven),
panqué (AmC, Col), pancake (Cu, DR, Pan,
PR), crepa (Mex) . . . .   pancake, flapjack, hotcake
masa, masa de panquec . . . .   pancake batter
pan rallado . . . .   bread crumbs
pan tostado, tostada . . . .   toast
pan tostado a la francesa, tostada francesa . . .   French toast
pan tostado con mantequilla . . . .   toast with butter
pan tostado seco, tostada seca . . . .   dry toast
papas fritas, papas a la francesa, patatas
fritas (Sp), papitas fritas (DR) . . . .   French fries
pasta de hojaldre, hojaldre, masa de mil hojas
(Ch, Arg), milhoja (Ven), champechana
(Mex) . . . .   puff pastry
rollito primavera . . . .   spring roll
rollo, brazo de gitano (Sp), rosca (Ur), bollo de
pan (Ven) . . . .   Swiss roll
rosca de pan, bagel . . . .   bagel
sándwich, emparedado, bocadillo (Sp) . . . .   sandwich
sándwich caliente . . . .   hot sandwich
sándwich caliente, bocadillo tostado . . . .   toasted sandwich
sándwich club, sándwich de dos pisos . . . . . .   club sandwich
sándwich frío . . . .   cold sandwich
sándwich hecho con una barra entera de
pan, lonche (Mex) . . . .   submarine sandwich
scone, bísquet . . . .   scone
tortillas fritas, chips . . . .   chips
papitas, papas fritas . . . .   potato chips
totopos, tortillas tostadas . . . .   tortilla chips

tostada con queso derritido . . . . Welsh rarebit
waffle, gofre, barquillo (Col), wafle (Gua) . . . . waffle

platos preparados
Prepared Dishes

biryani de pollo . . . . chicken biryani
carne estofada, carne guisada, estofado de
    carne, guisado de res (Mex) . . . . beef casserole
cazuela . . . . casserole (noodle, dumpling, potato, etc.)
ensalada . . . . salad
    ensalada al lado, ensalada al costado . . . . . .   side salad
    ensalada César . . . .   Caesar salad
    ensalada de chef, ensalada de cocinero,
       ensalada grande . . . .   chef salad
    ensalada de Cobb . . . .   Cobb salad
    ensalada de jardín . . . .   garden salad
    ensalada de pasta . . . .   pasta salad
    ensalada de pollo . . . .   chicken salad
    ensalada de tres clases de frijoles . . . .   3-bean salad
    ensalada Niçoise . . . .   Niçoise salad
    ensalada para la cena . . . .   dinner salad
estofado de pollo y verduras cubiertas de
    masa hojaldrada . . . . chicken pot pie
frijoles cocidos . . . . baked beans
guiso, guisado . . . . casserole (meat based), stew
guiso de atún . . . . tuna casserole
ossobuco, ossobuco de cordero . . . . ossobuco
papas al gratén, patatas al gratén . . . . au gratin potatoes
papas gratinadas, papas al gratén, patatas al
    gratén . . . . scalloped potatoes
papas y cebolla doradas en la sartén . . . . hashed brown potatoes, hashed browns,
                                hash brown potatoes
pastel de papas . . . . shepherd's pie
plato de carne y verduras picadas y doradas . . hash
pollo a la cacerola, pollo a la cazuela, guisado
    de pollo . . . . chicken casserole
puré de papas . . . . mashed potatoes

postres
Desserts

Alaska al horno . . . . baked Alaska
arroz con leche . . . . rice pudding
baklava . . . . baklava
banana split . . . . banana split
barra de chocolate, tableta de chocolate . . . . . . chocolate bar, bar of chocolate
base . . . . crust
    base de galleta integral . . . .   graham cracker crust
    base de masa, tapa de masa, base de
       masa para pasteles . . . .   pie crust, pie shell

base de masa individual . . . .   single pie crust
base de migas . . . .   crumb crust
base y tapa de masa . . . .   double pie crust
bizcocho, queque (AmL), bizcochuelo,
    ponqué (Col, Ven) . . . .   sponge cake
bocadito de nata, profiterole . . . .   profiterole
bolla de crema . . . .   cream puff
bombón . . . .   bonbon
    bombones surtidos . . . .   assorted bonbons, mixed bonbons
budín, pudín, pudding . . . .   pudding
    budín al vapor . . . .   steamed pudding
    budín de manzana . . . .   apple pudding
    budín de pan . . . .   bread pudding
    budín horneado . . . .   baked pudding
    budín inglés . . . .   fruitcake
caramelo, dulce, golosina dulce . . . .   candy
caramelo de limón . . . .   lemon drop
chicle, goma de mascar . . . .   chewing gum
chiffón . . . .   chiffon
compota . . . .   compote
compuesto de gelatina, crema de maizena . . . .   blancmange
crema bávara . . . .   Bavarian cream
crema de chocolate, budín de chocolate . . . . . .   chocolate pudding
crema de limón . . . .   lemon curd
crema pastelera . . . .   pastry cream
dónut, rosquilla . . . .   doughnut
dulces . . . .   sweets
    Me gustan los dulces. . . . .   I like sweets.
flan . . . .   custard, crème caramel
galleta, macita (Arg), galletita (CR, PR, Ur),
    pasta (Sp), galletica (Cu) . . . .   cookie
    galleta de jengibre . . . .   gingerbread cookie
    galletas surtidas . . . .   assorted cookies
galleta dulce de mantequilla, galletas de
    manteca (Arg) . . . .   shortbread
galleta integral . . . .   graham cracker
golosina . . . .   sweet snack, candy confectionery
helado, nieve . . . .   ice cream
helado con fruta, crema, jarabe y nueces,
    sundae . . . .   ice cream sundae
helado con jarabe de chocolate caliente,
    sundae con jarabe de chocolate caliente . . . .   hot fudge sundae
helado con salsa de frutas y nueces, sundae . .   sundae
helado en molde . . . .   bombe
jarabe de chocolate caliente . . . .   hot fudge
macarrón . . . .   macaroon
manzana acaramelada . . . .   candy apple
mazapán . . . .   marzipan
menta . . . .   mint
    pastilla de menta para el aliento . . . .   breath mint
merengue . . . .   meringue
mousse, espuma . . . .   mousse
    mousse de chocolate . . . .   chocolate mousse
    mousse de frambuesa . . . .   raspberry mousse

mousse de limón	lemon mousse
pastel, parva	pastry
pastel, tarta, queque (Bol, CR, Per), cake (Cu), dulce (Pan), bizcocho (DR, PR), ponqué (Ven, Col)	cake
pastel de ángel	angel food cake
pastel de boda, torta de casamiento (Arg) ...	wedding cake
pastel de chocolate	chocolate cake
pastel de cumpleaños	birthday cake
pastel de queso, cheescake	cheesecake
pastel para el café	coffee cake
pastel, tarta, tartaleta (Ven), pai (sl)	pie
pastel con fruta	cobbler
pastel de calabaza	pumpkin pie
pastel de crema de chocolate	chocolate cream pie
pastel de durazno, pastel de melocotón	peach pie
pastel de fresas	strawberry pie
pastel de frutas secas y especias	mince pie, mincemeat pie
pastel de limón con merengue	lemon meringue pie
pastel de manzana, pay de manzana (Mex), kuchen de manzanas (Ch)	apple pie
pastel de pacana	pecan pie
pastel horneado	baked pie
pastel Selva Negra	Black Forest cake
pastel relleno de crema, palo de nata (Sp)	éclair
pastelito	cupcake
pastelito de chocolate	brownie
petit-four, pastelillo	petit-four
picadillo de frutas secas, grasa y especias	mincemeat
postre	dessert
Guarde los pasteles que sobren, ...	Save the leftover desserts.
Me quedó sin postre	I didn't get any dessert.
Saque el postre del refrigerador.	Take the dessert out of the refrigerator.
postre helado	parfait
relleno del pastel	pie filling
relleno de calabaza	pumpkin pie filling
relleno de durazno	peach pie filling
relleno de fresas	strawberry pie filling
relleno de manzana	apple pie filling
relleno de natillas	custard pie filling
relleno de pacana	pecan pie filling

pastelito

cupcake

repolla, bolla de crema (Bol, ElS, Gua, Hon),
    repollito (Ch) . . . . cream puff
salsa . . . . sauce
    salsa de caramelo, caramelo . . . .   caramel sauce
    salsa de chocolate . . . .   chocolate sauce
    salsa de limón . . . .   lemon sauce
sorbete, helado de agua, nieve (Cu, Mex, PR) . . . sherbet, sorbet, sorbete
    sorbete de limón . . . .   lemon sorbet
suflé . . . . soufflé
tarta, kuchen (Ch), dulcito relleno (DR),
    pastelito (Gua) . . . . tart (large)
    tarta de chocolate . . . .   chocolate tart
    tarta de ciruela . . . .   plum tart
    tarta de fresas . . . .   strawberry shortcake
    tarta de fruta . . . .   fruit tart
    tarta de limón . . . .   lemon tart
    tarta de manzana . . . .   apple tart
    tarta de pera . . . .   pear tart
tarta de queso . . . . cheesecake
tartaleta, tarteleta (RPI) . . . . tart (small), tartlet
trufa, trufa de chocolate . . . . truffle (chocolate)
turrón . . . . nougat

productos básicos
Basics

abarrotes, alimentos . . . . groceries
aderezo, adorno, guarnición, toques . . . . garnish
alimentos enlatados, latas de conservas (Ch),
    comida enlatada (Col, Cu, DR, Pan) . . . . canned food
almidón . . . . starch
carbohidrato . . . . carbohydrate
carnívoro . . . . carnivore
clorofila . . . . chlorophyll
conservas . . . . canned goods
cuajada, requesón . . . . curd
espinas de pescado . . . . fish bones
guarnición, acompañamiento . . . . fixings, condiments
hueso, cuesco, semilla, carozo (CS), pepa
    (Col) . . . . pit
huesos . . . . bones
    huesos de carne . . . .   meat bones
    huesos de pescado, espinas . . . .   fish bones
    huesos de pollo . . . .   chicken bones
    huesos de sopa . . . .   soup bones
nutriente . . . . nutrient
productos . . . . products
proteína . . . . protein
    rico en proteínas . . . .   protein-rich
ralladura . . . . zest
salmonella . . . . salmonella
    intoxicación por salmonella, salmonelosis . . .   salmonella poisoning
toques de bebidas . . . . garnish (drinks)

vitaminas .... vitamins
   rico en vitaminas .... vitamin-rich

adjetivos asociados con la comida
Common Food Adjectives

aceitoso, grasiento, grasoso .... oily
ácido .... acid
agridulce .... sweet and sour
agrio, acre .... sour, tart
aguado .... watery
ahumado .... smoked
al vapor .... steamed
amargo .... bitter
antiadherente .... nonstick
apetecible, apetitoso .... appetizing
asada .... roasted
asado .... grilled, broiled
avinagrado .... vinegary
bien cocido, bien hecha, bien asada .... well-done
buen gusto .... tasteful
caliente .... hot (temperature of food)
chamuscado, sellado .... seared
cocido .... cooked, boiled (ham)
cocinado, cocido .... cooked
   poco cocida, poco hecha, semicocida ...... undercooked
   Le falta un poco todavía. .... It's not quite cooked yet.
cocinado a punto medio .... medium (meat)
comida preparada conforme a la ley judía,
   kosher .... kosher
con baño de fondant .... iced (covered in, a cake)
con crema .... creamy (containing cream)
confitado .... candied
congelado .... frozen
correoso, duro, latigudo (Ch, sl) .... chewy (meat)
cremosa .... creamy (consistency)
crocante .... crispy
crudo .... raw
cubierto de azúcar .... sugar-coated
cubierto de harina .... floury (bread, roll, etc.)
culinario .... culinary
de agua dulce, de agua fresca .... freshwater
de dieta .... diet
de granja .... free-range
de grano grueso .... coarse-grained
delicioso, sabroso .... delicious
   ¡Qué delicioso! .... So delicious!
demasiado cocido .... overcooked
desabrido .... tasteless, bland
dietético .... dietetic
delicioso .... mouth-watering
dulce, azucarado .... sugary (sweet), sweetened, sweet
duro .... hard, hardboiled

duro, viejo .... stale
   pan duro, pan viejo .... stale bread
empalagoso, almibarado .... saccharine
empanado, empanizado .... breaded
encurtido, escabechado, en vinagre .... pickled
en puré................................ pureed
escalfado .... poached
espeso .... thick (sauce)
espumoso .... foamy
estropeado, podrido .... spoiled, turned
famélico, hambriento .... famished
feculento, lleno de almidón .... starchy
   dieta feculenta .... starchy diet
fermentación .... fermentation
fermentado............................ fermented
fibroso .... chewy
fina .... thin (a slice of tomato, etc.)
   tomates en rodajas finas .... thinly sliced tomatoes
fresco .... fresh
frío .... cold, chilled
   Esto está muy frío. .... This is too cold.
   La sopa está fría. .... The soup is cold.
   Se le está enfriando la comida. .... Your dinner is getting cold.
frito .... fried
   frito en mucho aceite, frito en aceite
      abundante .... deep-fried
fritura .... fried food
frondoso............................... leafy
garapiñado, cubierto de azúcar .... sugar-coated
gelatinoso .... gelatinous
glaseado .... glazed, iced (covered in, a cookie)
golpeada .... bruised
   fruta golpeada, fruta machucada .... bruised fruit
gourmet, gastrónomo .... gourmet
grasoso .... greasy
grueso .... thick (bread, etc.)
   Él corta el pan demasiado grueso. .... He cuts the bread too thick.
guisado, cocido, horneado, cocinado .... baked
harinoso .... mealy
hecho al horno .... oven-baked
helado .... iced (chilled), ice-cold
hervido .... boiled (rice, potato, etc.)
hojaldrado .... flaky
húmedo .... moist
inodoro .... odorless
insípido .... bland
jugoso .... juicy
lechoso .... milky
licuado .... blended
ligeramente volteado .... over-easy
listo para el horno .... oven-ready
lleno de harina, enharinado .... floury (hands, face, etc.)
maduro .... ripe
   demasiado maduro .... overripe

no maduro, no madurada . . . .   not ripe, underripe
maloliente . . . . smelly
manjar . . . . delicacy
   El caviar es un verdadero manjar. . . . .   Caviar is a real delicacy.
mantecoso . . . . buttery
   un sabor a mantequilla . . . .   a buttery taste
masticable . . . . chewy (candy)
mediano completo, casi cocido . . . . medium-well
medio al rojo, casi crudo . . . . medium-rare
mohoso . . . . moldy
molido . . . . ground
muy condimentado, muy sazonado . . . . spicy (highly seasoned)
natural . . . . natural
orgánico . . . . organic
pasado por agua . . . . soft-boiled
pasteurizada, pasterizada . . . . pasteurized
pelado . . . . peeled
picadito . . . . minced
picado . . . . shredded, chopped
   finamente picado . . . .   finely chopped
picante . . . . spicy (hot), hot (spicy)
poco cocida, casi cruda, poco asada . . . . rare
podrido . . . . rotten, spoiled
precocido . . . . precooked
quemado . . . . burned
raja . . . . slice (of melon)
rallado . . . . grated
rebanada . . . . slice (of bread)
rebanado . . . . sliced
relleno . . . . stuffed
revuelto . . . . scrambled
sabor . . . . flavor
   El sabor dura más. . . . .   The flavor lasts longer.
sabroso, gustoso . . . . tasty, savory, flavorful, tastiness
   muy sabroso . . . .   so tasty
salado . . . . salty
salteado . . . . sautéed
sazonado, condimentado . . . . seasoned
   muy sazonado . . . .   highly seasoned
secado . . . . dried
seco . . . . dry
serrado . . . . serrated (knife)
sin azúcar . . . . sugar-free
sin grasa . . . . fat-free
sobrante . . . . leftover
suave . . . . soft
tajada . . . . slice (of meat)
tajada, loncha, lonja, feta (RPI) . . . . slice (of ham, salami, etc.)
tibio . . . . warm
tiene mucho ajo . . . . garlicky
   Su aliento olía a ajo. . . . .   His breath was very garlicky.
trozo, pedazo . . . . slice (of cake)
vegetariano . . . . vegetarian
totalmente vegetariano, vegetariano estricto . . . vegan

vegetariano que come verduras, huevos y
   lácteos .... ovo-lactovegetarian
vegetariano que come verduras y lácteos ..... lactovegetarian
vencido .... out of date, expired
   La leche está vencida. .... The milk is out of date.
volteado medianamente .... over medium

bebidas
Beverages

licor y alcohol
Liquor & Spirits

alcohol, licor .... alcohol
  alcohol de granos, alcohol etílico .... grain alcohol
agua mineral .... soda water
agua tónica .... tonic water
aguardiente .... fire water
aperitivo .... aperitif
bebida, trago, licor, bebida con alcohol, copa
  (sl), bebida alcoholica .... drink (the, alcohol)
  bebida alcohólica, alcohol, licor, alipús
    (Mex), trago (Arg, Ch) .... booze (the), alcoholic beverage
  bebida caliente .... hot drink
  bebida combinada .... mixed drink
  bebida de whisky y agua, jaibol (Mex) ...... highball
  bebida fresca .... cold drink
  bebida mezclada .... blended drink
  bebida refrescante .... cooling drink
  bebida sin alcohol .... nonalcoholic drink, nonalcoholic
                    beverage
borgoña, vino de borgoña .... burgundy
botella grande de cerveza, caguama (Mex) .... beer, large bottle of
bourbon, whisky americano .... bourbon
brandy, coñac .... brandy
comagua .... liter of beer
cerveza, birra, birria (Mex, Nic, PR), préla (sl),
  cheve (sl), chela (sl), chevecha (sl),
  serpentina (sl) .... beer, malt liquor, ale
  cerveza agriada .... stale beer
  cerveza blanca .... pale beer
  cerveza de barril .... draft beer
  cerveza de cervecería pequeña .... micro-brewery beer
  cerveza de jengibre .... ginger beer
  cerveza de menos calorías, cerveza ligera ... low-calorie beer
  cerveza doméstica, cerveza del país,
    cerveza hecha en el país .... domestic beer
  cerveza en botella .... bottled beer
  cerveza importada .... imported beer
  cerveza light, cerveza de bajo contenido
    calórico .... light beer
  cerveza oscura .... dark beer
  cerveza que contiene poco lúpulo .... lager beer
  cerveza rubia .... lager, light ale
  cerveza sin alcohol .... nonalcoholic beer
champaña, champagne, champán .... champagne
cóctel .... cocktail
cóctel de whisky con menta, cóctel de brandy
  con menta .... mint julep

coñac	cognac
cordial	cordial
crema de cacao	crême de cacao
crema de menta	crême de menthe
escocés	scotch
ginebra	gin
gotas amargas aromáticas, agrias	bitters
grog	grog
licor, trago, bebida alcohólica, alcohol	liquor
licor espirituoso, licor fuerte, bebida alcohólica fuerte	hard liquor
licores de contrabandistas	bootleg liquor
licoroso	generous wine
limón enrollado	lemon twist
moscatel	muscatel
oporto, vino de oporto	port
ponche	punch
ponche de huevos y licor, rompope (Mex), ponchecrema (Ven)	eggnog
ron	rum
ron blanco	white rum
ron oscuro	dark rum
sangría	wine punch, sangría
sidra	hard cider
tequila	tequila
tónica	tonic
una copa	liquid refreshment
vermut	vermouth
vino	wine
buena cosecha de vino	good vintage
Me gustaría una copa de vino blanco.	I would like a glass of white wine.
Me gustaría una copa de vino tinto.	I would like a glass of red wine.
un vino tinto bastante aceptable	a fairly drinkable red
vino blanco	white wine
vino clarete	claret
vino con cuerpo	strong-bodied wine
vino con sabor de fruta	fruity wine
vino con sabor fuerte	big wine
vino de agujas, vino fuente	sharp wine
vino de borgoña, borgoña	burgundy
vino de California	California wine
vino de cocinar	cooking wine
vino de frutas	fruit wine
vino de Jerez	sherry
vino de la casa	house wine
vino del país	local wine
vino de mesa, vino común	table wine
vino de oporto, oporto	port
vino doméstico	domestic wine
vino dulce, vino doncel	sweet wine
vino espumante, vino espumoso	sparkling wine
vino francés	French wine
vino importado	imported wine
vino italiano	Italian wine

vino rojo, vino tinto	red wine
vino rosado, vino clarete	rosé, rosé wine
vino seco	dry wine
vino joven	young wine
vinoteca	wine collection
vodka	vodka
whisky, escocés	whiskey
whisky escocés, güisqui escocés	scotch whiskey
whisky de centeno	rye whiskey
whisky de maíz	corn whiskey
whisky de malta	malt whiskey
whisky destilado ilegalmente	moonshine
whisky irlandés, whisky americano, güisqui ...	Irish whiskey

bebidas sin alcohol
Nonalcoholic Beverages

agua	water
agua caliente	hot water
agua caliente con limón	hot water with lemon
agua del grifo	tap water
agua de Seltz	soda water, Seltzer water
agua destilada	distilled water
agua dulce	fresh water
agua dura	hard water
agua embotellada	bottled water
agua fría	cold water
agua helada, agua con hielo	ice water
agua mineral	mineral water
agua mineral con gas	mineral water with gas
agua mineral sin gas	mineral water without gas
agua potable	drinking water
agua purificada	purified water
agua salada	salt water
agua tónica	tonic water
bebida	drink, beverage
bebida caliente	hot drink
bebida de verduras	green drink
bebida dietética	diet drink
bebida fresca	cold drink
bolsita de té	tea bag
café, cofiro (sl)	coffee
café americano	American coffee

café
___
coffee

café con cafeína	caffeinated coffee
café con crema	coffee with cream
café con crema y azúcar	coffee with cream and sugar
café con leche	white coffee
café descafeinado, café sin cafeína	decaffeinated coffee
café helado	iced coffee
café instantáneo	instant coffee
café molido	ground coffee
café solo, café negro, café tinto, café puro (Ch)	black coffee
café turco	Turkish coffee
esencia de café	coffee essence
Yo soy adicto al café.	I am a coffee addict.
café latte	café latte
café latte con hielo	ice café latte
cappuccino	cappuccino
cappuccino con hielo	iced cappuccino
cappuccino hecho con leche descremada	nonfat cappuccino
chocolateada, leche con chocolate	chocolate milk
chocolate caliente, cocoa	hot chocolate
mezcla para chocolate caliente	hot chocolate mix
chocolate en polvo	drinking chocolate
cristales de café	coffee crystals
cristales de café descafeinado	decaffeinated coffee crystals
expreso	espresso
expreso descafeinado	decaffeinated espresso
gaseosa de jengibre	ginger ale
granos enteros de café, semillas de café tostadas	coffee beans
granos enteros de expreso	espresso beans
hielo	ice
cubos de hielo, cubitos de hielo	ice cubes
hielo en cubitos	cubed ice
hielo molido	crushed ice
jugo, zumo	juice
jugo de arándano agrio	cranberry juice
jugo de carne	meat juice
jugo de frutas frescas, jugo natural	fresh fruit juice
jugo de limón verde, jugo de lima	lime juice
jugo de manzana	apple juice
jugo de naranja	orange juice
jugo de tomate, jitomate (AmC)	tomato juice
jugo de toronja, jugo de pomelo	grapefruit juice
jugo de zanahoria	carrot juice
jugo fresco exprimido, jugo recién exprimido	fresh-squeezed juice
leche	milk
helado hecho con leche	ice milk
leche chocolatada, leche con chocolate, chocolatada	chocolate milk
leche descremada, leche desnatada, leche sin grasa	nonfat milk, skim milk
leche en botella	bottled milk

leche entera	whole milk
leche homogeneizada	homogenized milk
leche orgánica	organic milk
licuado de fruta	smoothie
limonada	lemonade
malta, malteada	malt
malta de chocolate	chocolate malt
malta de vainilla	vanilla malt
malteada, merengada, batido	shake
malteada, licuado, batido de leche	
malteada	milk shake
naranjada	orangeade
poso, café molido	coffee grounds
recambio	refill (the)
gratis al recambios	free refills
no hay recambios gratis	no free refills
¿Son gratis los recambios?	Are refills free?
soda, gaseosa, refresco	pop, soda, soft drink
soda dietética	diet soda
soda efervescente mezclada con helado	ice cream soda
suero de la leche	buttermilk
tacita de café, tacita (Col), pocillito de café	
(PR), pocillo (Arg)	demitasse
té	tea
té caliente	hot tea
té con leche	tea with milk
té con limón	tea with lemon
té de manzanilla	chamomile tea
té descafeinado	decaffeinated tea
té frío, té helado, té con hielo	ice tea
té herbal, té de hierba, infusión	herb tea, herbal tea
té negro	black tea
té verde	green tea
zumo, jugo	cider
zumo de manzana	apple cider

mantenimiento y transporte
Maintenance & Transportation

mantenimiento
Maintenance

control de insectos y roedores
Pest Control

cagarrutas de rata, trampa para ratas	rat trap
cagarrutas de ratón	mouse droppings
contra los insectos	pest control (insects)
contra ratas y ratones, desratización	pest control (rats/mice)
cucaracha	cockroach
matamoscas	fly swatter
matarratas, raticida	rat poison
mosca de la fruta	fruit fly
pesticida	pesticide
rata	rat
ratón	mouse
ratonera	mousetrap
roedor	rodent
tira matamoscas	flypaper
trampa (tenderle la)	set a trap (to)
trampa para hormigas	ant trap

mantenimiento
Maintenance

abrillantar	shine (to)
aspirar, pasar la aspiradora	vacuum (to)
Aspire la alfombra. Pase la aspiradora en la alfombra.	Vacuum the carpet.
bajar	lower (to)
barrer	sweep (to)
Barra detrás la estufa y al lado.	Sweep behind and next to the stove.
Barra el piso.	Sweep the floor.
Barra el vidrio roto.	Sweep up the broken glass.
Barra esta área.	Sweep this area.
Tiene que barrer.	You have to sweep.
basura	trash, garbage
Tire las cajas en la basura.	Put the boxes in the trash.
Vacíe la basura. Tire la basura. Bote la basura.	Empty the trash.
cambiar	change (to)
Cambie las toallas.	Change the towels.
descargar	unload (to)
desinfectar	disinfect (to)
desmanchar	destain (to)
destapar, desatrancar	plunge (to)
Destape el inodoro. Desatranque el escusado.	Plunge the toilet.

enjuagar	rinse (to, plates)
enjugar	wipe clean (to)
fijar	fix (to)
fregar	scrub (to)
Por favor, friegue la ___.	Please scrub ___.
fregar el suelo	scrub the floor (to)
Necesita fregar el suelo.	You need to scrub the floor.
fregar los platos, lavar los platos, lavar los trastes	do the dishes (to)
fumigar	fumigate (to)
funcionar	flush (to)
El inodoro no funciona.	The toilet won't flush.
gotera	leak (the)
gotear, pedir	leak (to)
instalar	install (to)
lavar, bañar	wash (to), hose (to wash)
Lave el patio.	Hose down the patio.
Lave esto.	Wash this.
Lave las ventanas.	Wash the windows.
Lave los tapetes del piso. Lave las esteras.	Wash the floor mats.
lavar con manguera	hose down (to)
lavar los platos, fregar los platos (Cu)	wash dishes (to)
Lave los platos.	Wash the dishes.
levantar	lift (to)
llevar	carry (to)
Lleve el balde.	Carry the bucket.
limpiar	bus (to)
Limpie la mesa.	Bus the table.
limpiar, pasar el trapo	wipe down (to)
limpiar, lavar	clean (to), clean up (to), clear (to), wipe out (to)
Limpie el horno.	Clean inside the oven.
Limpie el refrigerador.	Clean inside the refrigerator.
Limpie esto.	Clean this.
Limpie las mesas.	Clear the tables.
Limpie los baños.	Clean the bathrooms.
Limpie lo que se derramó.	Clean up that spill.
Limpie los inodoros. Limpie los escusados.	Clean the toilets.
limpiar a fondo	deep clean (to)
mantenimiento	maintenance
mantenimiento preventivo	preventative maintenance
mugre	filth, grime
polvo	dust (the)
polvo (quitar el), sacudir, polvorear	dust (to)
Hay mucho polvo.	There is a lot of dust.
Sacuda los mostradores.	Dust the counters.
pulir	polish (to)
quitar	unplug (to, a toilet, sink, etc.)
reciclando	recycling
reciclar	recycle (to)
Reciclamos cartón.	We recycle cardboard.
Reciclamos papel.	We recycle paper.
Reciclamos vidrio.	We recycle glass.

regar . . . . water (to), hose (to water)
    Riegue las plantas. . . . .   Water the plants.
reparar . . . . repair (to)
    Por favor, repare Ud. esto. . . . .   Please repair this.
reponer . . . . replace (to)
    Reponga las toallas de papel. . . . .   Replace the paper towels.
romper . . . . break (to)
    Si algo se rompe, recoja con cuidado todos   If anything breaks, carefully pick up
      los pedazos. . . . .   all the pieces.
romperse . . . . break down (to)
    La lavadora se rompió. La lavadora se
      descompuso. . . . .   The washing machine broke down.
roto (estar) . . . . broken (to be)
    El excusado está roto. . . . .   The toilet is broken.
    El lavaplatos está roto. . . . .   The dishwasher is broken.
sacudir . . . . whisk (to, clean)
tapar . . . . plug (to become)
    El inodoro está tapado. . . . .   The toilet is plugged.
tirar de la cadena, jalarle la cadena . . . . flush the toilet (to)
trapear . . . . mop (to)
    Trapee el piso. . . . .   Mop the floor.
vaciar . . . . empty (to)
    Vacíe el ___. . . . .   Empty the ___.

provisiones de mantenimiento
Maintenance Supplies

abrillantador para el suelo, abrillantador de
    suelos, abrillantador de piso (AmL) . . . . floor polish
Ajax . . . . Ajax
almohadilla restregadora . . . . scouring pad
amonia, amoníaco . . . . ammonia
blanqueador, desmanchador, agua de Cuba . . . bleach
bolsa de aspiradora . . . . vacuum bag
bolsa de la basura . . . . garbage bag, garbage sack, trash bag
bolsa de la basura, forro de latas de basura . . . trash can liner
bombilla, foco, bombita de luz (Arg),
    ampolleta (Chi) . . . . light bulb
    Cambie la bombilla fundida. Cambie el foco
      fundido. . . . .   Change the burned-out light bulb.
cera . . . . wax

bombilla
___

light bulb

cera para acero inoxidable .... stainless steel polish
cera para el suelo, cera para el piso (AmL) .. floor wax
cera para muebles, lustramuebles (CS) ...... furniture wax
cloro .... Chlorox
crema para lustrar, abrillantador, cera .... polish
cera para muebles, lustramuebles .... wood polish, furniture polish
crema para lustrar bronce .... brass polish
crema para lustrar platería .... silver polish
desinfectante .... disinfectant
desinfectante, disinfectante para la barra ...... bar rinse
destapador de cañerías .... drain opener
cristales para destapar cañerías .... crystal drain opener
detergente .... detergent
detergente de lavaplatos automático .... dishwasher detergent
detergente para el lavado a mano de ollas
y sartenes .... hand wash pot and pan detergent
enjuague, suavizante para la ropa .... fabric softener
esponja .... sponge
esponja metálica, brillo (sl) .... scrubbing pad
estropajo .... pot scrubber
fregadero, almohadilla, esponga .... scrubber
fregadero para la plancha de cocina,
almohadilla para la plancha de cocina,
esponja para la plancha de cocina .... griddle scrubber
fregadero para ollas y sartenes .... pot and pan scrubber
guantes .... gloves
guantes de goma .... rubber gloves
guantes de látex .... latex gloves
jabón .... soap
barra de jabón, pastilla de jabón .... bar of soap
jabón para lavaplatos, jabón para la
máquina lavaplatos .... dishwashing soap
jabón para las manos, jabón de tocador ..... hand soap
jabón para la máquina de lavaplatos,
detergente para lavaplatos .... dishwasher soap
Ponga el jabón allí a dentro................. Put the soap in there.
jabonaduras, espuma de jabón .... suds
jabón líquido .... liquid soap
jabón líquido para manos .... liquid hand soap
limpiador .... cleaner
limpiador de horno .... oven cleaner
limpiador desengrasador, líquido para
quitar la grasa .... degreaser
limpiador líquido de inodoros .... toilet bowl cleaner, bowl cleaner
limpiador para alfombras .... carpet cleaner
limpiador para ollas de freír .... deep-fat-fryer cleaner
limpiador para vidrios y superficies duras .... glass and hard surface cleaner
limpiador para lavaplatos líquido, lavavajillas,
detergente .... dishwashing liquid
limpiametales .... metal polish
líquido para destapar cañerías .... liquid drain opener
líquido para limpiar espejos .... glass cleaner, Windex, window cleaner
líquido para limpiar vidrios .... mirror cleaner
paño de cocina, repasador, limpión (Col) ...... dishcloth

papel higiénico, papel higiénico de calidad,
    papel de baño, papel tualet (sl) . . . . toilet paper
    Ponga papel higiénico en los baños. . . . .   Put toilet paper in the bathrooms.
papel sutil, klinex, toallitas de papel para la
    cara . . . . facial tissue, Kleenex, tissue
polvo para limpiar . . . . cleanser
protector para el inodoro de papel, protector
    de papel para el inodoro . . . . toilet seat cover
provisiones para la limpieza . . . . janitorial supplies
removedor de cera . . . . floor stripper
solución para limpiar, líquidos preparados
    para limpiar, líquidos preparados para el
    limpieza, líquido limpiador (Mex) . . . . cleaning solution
suministros de limpieza . . . . cleaning supplies
toalla, paño . . . . towel
    toalla de barra . . . .   bar towel
    toalla de cocina, repasador, limpión (Col) . . . .   dish towel, kitchen towel
    toallas de papel, papel absorbente . . . .   paper towels
    Ponga toallas de papel en los baños. . . . . . .   Put paper towels in the bathrooms.
trapo, paño . . . . rag

equipo de mantenimiento
Maintenance Equipment

almohadilla limpiadora para planchas de freír . . griddle polishing pad
aspiradora, aspirador . . . . vacuum, vacuum cleaner
aspiradora de mano . . . . dust buster
balde, tubo, cubeta . . . . bucket
basurero, caneca, bote de la basura, balde de
    la basura, lata para basura . . . . trash can, garbage can
    El basurero está lleno. . . . .   The trash can is full.
    Vacíe el basurero. . . . .   Empty the garbage can.
cepillo . . . . brush
    cepillo para botellas . . . .   bottle brush
    cepillo para el excusado . . . .   toilet brush
    cepillo para fregar, cepillo para el fregadero . . .   scrub brush
charola, bandeja . . . . dish tray
clavo . . . . nail
comprimidor de basura . . . . trash compactor
contenedor . . . . dumpster
desechador, vertedero, triturador . . . . garbage disposal
    No ponga huesos en el desechador. . . . .   Don't put bones in the garbage
                                             disposal.
destornillador . . . . screwdriver
destapador del inodoro, sopapa (Arg) . . . . toilet plunger
dispensador de jabón . . . . soap dispenser
enceradora . . . . floor polisher
equipo de limpieza . . . . cleaning equipment
escalera . . . . ladder
    escalera de mano, escalera doble . . . .   step ladder
escoba . . . . broom

escobilla

whisk broom

escobilla	whisk broom, small broom
escurridor	mop wringer
escurridor de goma, enjuagador de goma	squeegee
esponja para el griddle, rastrillo para limpiar la plancha de concina, almohadilla para limpiar la plancha de cocina	griddle block
jabonera	soap dish
lámpara portátil	flashlight
llave para las tuercas	wrench
limpio como una patena, limpio y ordenado, limpísimo, reluciente	spic-and-span
malla para plancha de cocina	griddle screen
manguera	hose
máquina de lavar platos, máquina lavaplatos, lavavajillas (Arg), lavadora de platos	dishwasher
máquina para lavar alfombras	rug shampooer
martillo	hammer
papelero, papelera	waste paper basket
plumoro	feather duster
portapapel de baño	bathroom tissue dispenser
raspador	scraper
recogedor, pala de recoger basura	dustpan
rejilla	dishwasher rack
taladro de mano, taladro (Ch), taladro manual (Mex, Col)	drill (the)
tapetes para el piso, tapetes para el suelo	floor mats
Lave los tapetes del piso. Lave las esteras....	Wash the floor mats.
tapetes de goma para el piso, estera de goma	rubber floor mat
tobo, cubeta	water pail
triturador de basura, vertedero, desechador	disposal (garbage)
trampa de grasa, altrapagrasas	grease trap
trapeador, fregona (Sp), mopa, lampazo (AmS)	mop, floor mop

adjetivos asociados con el mantenimiento
Common Maintenance Adjectives

afilado	sharp
agrietado	cracked
cochambroso, mugriento, muy sucio	filthy

¡Qué cochambre de cocina! ¡Qué cocina
   tan sucia! .... The kitchen is filthy.
corroído .... corroded
dañado .... damaged
desagüe, aguas sucias .... sewage
desecho .... scum
desperdicios .... waste
jabonosa .... soapy
   agua jabonosa .... soapy water
limpieza .... cleanliness
   Dele una repasadita. (fam) .... Just give it a quick cleaning.
   Necesita una buena limpieza. .... It needs a good cleaning.
limpio .... clean
limpio como una patena, limpio y ordenado ... spic-and-span
lleno .... full
manchado .... stained
mugriento .... grimy
perdido .... lost
rasgado .... torn
rayado .... scuffed
ruinas .... ruined
sucio .... dirty
vacío .... empty

transportación
Transportation

abolladura .... dent (the)
accidentarse .... accident (to have an)
accidente .... accident (the)
accidente automovilístico, accidente de
   automóvil .... automobile accident
aceite .... oil
   Compruebe el nivel del aceite. .... Check the oil.
aceite de automóviles .... motor oil
acelerador, pedal de la gasolina, pedal de
   gasolina .... gas pedal, accelerator
aceleración .... speed up
acelerar .... accelerate (to)
agresión en la carretera .... road rage
asiento del conductor, asiento del piloto (Ch),
   asiento del chofer (Cu) .... driver's seat
atropellar a, derribar a .... run down (to), run over (to)
   Él atropelló a un peatón. .... He ran over the pedestrian.
autobús, ómnibus (Arg, Per), bus (Arg, Col,
   Pan), colectivo (Bol), micro (Ch), buseta,
   guagua (Cu, DR, PR), camioneta (ElS, Gua)... bus (the)
autobús (ir en) .... ride the bus (to)
autoescuela, escuela de conducir .... driving school
automóvil, automovilístico .... automobile

autopista, camino real, vía rápida (Mex) . . . . expressway, freeway, highway
auxilio en carretera, ayuda en carretera . . . . roadside repairs
badén, guardia tumbado, tope (Mex) . . . . speed bump
bajarse del auto . . . . car (to get out of a)
batería . . . . battery
bicicleta . . . . bike
    bicicleta de repartos, bicicleta para
        pedidos, bicicleta de servicio a domicilio . . . delivery bike
boleto de autobús, billete de autobús, pasaje . . . bus fare
    ¿Tiene Ud. un pasaje de autobús? . . . . Do you have bus fare?
borde de la carretera, borde del camino . . . . roadside
    al borde de la carretera, al borde del
        camino . . . . at the roadside
cabriolé, taxi, cabina, cabin, libre (Mex) . . . . cab, taxi, taxi cab
calle, carretera, vía, camino, ruta, li (sl) . . . . road, street
    calle de una mano, vía única (Ch), calle de
        un solo sentido (Col, Mex, Per), calle de
        dirección única (Sp) . . . . one-way street
    calle sin salida, calle cerrada . . . . dead-end street
calle (tomar una) . . . . go down the street (to)
callejón . . . . alley
cambiar la velocidad, hacer un cambio (Arg),
    cambiar de marcha (Sp) . . . . shift gears (to)
camionero . . . . truck driver
camioneta, camioneta pickup (Mex, Ven) . . . . . . pickup truck
camioneta, furgoneta, carro de carga . . . . van
    camioneta de repartos . . . . delivery van
    camioneta de servicio . . . . service van
carril, línea (Cu) . . . . lane
carro, coche, automóvil, bólido (Sp) . . . . car (the)
    A veces tengo problemas con mi carro. . . . . . Sometimes I have trouble with my car.
    ¿Tiene Ud. carro? . . . . Do you have a car?
cárter . . . . oil pan
centro de la calle, isla de tráfico, bandejón
    (Ch), camellón (Mex), carril del centro (PR),
    mediana (SP) . . . . median, median strip
chocar, estrellar (Col) . . . . crash (to)
cinturón de seguridad, cinto de seguridad . . . . . safety belt, seat belt
    Use siempre el cinto de seguridad. . . . . Always wear your safety belt.
colisión, choque . . . . collision
    choque de frente, choque frontal (Sp, Ur),
        colisión frente a frente (Col) . . . . head-on collision
compartir coches, hacer pool (Arg), compartir
    viajes en carro (Col), turnarse alternando
    coches (Mex), ir juntos en un carro (Ven) . . . . carpool (to)
conductor . . . . driver
    buen conductor . . . . good driver
    mal conductor, dominguero (sl) . . . . bad driver
conductor de autobús, chofer, guagüero (Cu),
    camionero (Mex), busero (Pan) . . . . bus driver
conductor de taxi, taxista . . . . taxi driver

congestionamiento, embotellamiento (Arg,
  Per, Ur), trancón (Col), atasco (CR, Sp),
  presa (CR), tanque (Cu, Pan) . . . . traffic jam
control de carretera . . . . road block
correa del ventilador, banda del ventilador
  (Mex) . . . . fan belt
dar una vuelta . . . . ride (to go for)
derecho de vía, prioridad, derecho de paso
  (Arg, Cu, PR) . . . . right of way
desviarse . . . . detour (to)
desvío, desviación . . . . detour (the)
disminuir la velocidad, reducir la velocidad,
  desacelerar (Col, Cu) . . . . decelerate (to)
embrague, clutch, cloche (Col, Ven) . . . . clutch (the)
  ¿Sabe manejar un vehículo con transmisión
    manual? . . . . Do you know how to drive a clutch?
entrada para vehículos . . . . driveway
espejo lateral . . . . side-view mirror
estación, bomba de gasolina . . . . gas station
  ¿Dónde hay una estación de servicio? . . . . . . Where is the gas station?
estacionamiento, parqueo . . . . parking
  estacionamiento para empleados . . . . employee parking, staff parking
  estacionamiento valet, estacionamiento
    exclusivo . . . . valet parking
  estacionamiento privado . . . . private parking
faros, focos, luces, faroles delanteros (Col) . . . . headlights
frenar . . . . brake (to)
freno . . . . brake (the)
freno de mano . . . . parking brake
garaje, marquesina (DR) . . . . garage (storage)
garaje, taller mecánico (Arg) . . . . garage (repair)
gasolina, nafta (Arg) . . . . gas
  ¡Apresúrese! . . . . Step on the gas!
gato . . . . jack
girar . . . . turn (to)
  prohibido girar a la izquierda . . . . no left turn
giro, vuelta . . . . turn (the)
giro de 180 grados . . . . U turn
giro ilegal . . . . illegal turn
giro legal . . . . legal turn
grúa . . . . tow truck
hora de máximo tránsito, hora pico, hora de
  tráfico, hora del tapón (RP), hora punta (Sp) . . . rush hour
indicador del nivel de aceite . . . . oil gauge
indicador del nivel de aceite, varilla de aceite
  (Ven) . . . . dipstick
instinto de conductor . . . . road sense
intermitente, luz intermitente, guiño (Arg),
  guiñador (Bol), luz direccional (Pan), luz de
  cruce (Ven) . . . . blinker
ir . . . . ride (to as passenger)
letrero de carretera, aviso vial (Col), cartel
  (Arg) . . . . road sign

licencia para manejar, licencia de conducir, permiso de conductor (Arg), carnet de conductor (Arg), pase para conducir (Col), carnet (Sp) .... driver's license, driving license

¿Cuál es el número de su licencia de conducir? .... What is your driver's license number?

Enséñeme su licencia. .... Show me your driver's license.

Necesito el número de su licencia para manejar. .... I need your driver's license number.

¿Tiene Ud. licencia para manejar de los Estados Unidos? .... Do you have a U.S. driver's license?

limpiaparabrisas, limpiavidrios (DR), limpiabrisas (Col) .... wipers

llanta, neumático, goma (Mex) .... tire

llanta de repuesto, rueda de repuesto, goma de auxilio (Arg), llanta de refracción (Mex) .... spare tire

llaves .... keys

caja de llaves .... key box

llaves del carro .... car keys

Yo dejé las llaves en el carro. .... I left the keys in the car.

llenar el tanque con gasolina .... gas up (to)

llevar en autobús, transportar en autobús .... bus (to)

llevar en coche a alguien .... ride (to give someone a)

limusina .... limousine

líquido de frenos .... brake fluid

líquido de limpiaparabrisas .... wiper fluid

líquido de transmisión .... transmission fluid

líquido hidráulico .... hydraulic fluid

luz direccional, aguiño (Arg), luz del indicador (Ch), luz para doblar (Col), pidevías (Gua), señal intermitente (Ur), señal de luces (Ven) .... turn signal

maletero, cajuela (Mex) .... trunk

manejar, conducir (Ch, Col, Pan, Sp), guiar (PR) .... drive (to)

Maneje con precaución. .... Drive carefully.

¿Maneja Ud.? .... Do you drive?

¿Puede Ud. manejar un camión? .... Can you drive a truck?

¿Puede Ud. manejar un vehículo con transmisión manual? .... Can you drive a manual transmission? Can you drive a stick?

¿Sabe manejar un vehículo con transmisión manual? .... Do you know how to drive a clutch?

¿Sabe manejar vehículos? .... Do you know how to drive?

manejar borracho, manejar en estado de embriaguez (DR), conducir borracho (Sp), conducir ebrio (Sp) .... drive drunk (to)

marcha atrás (hacer) .... back up (to)

¿Sabe dar marcha atrás al camión? .... Do you know how to back up a truck?

marchas, velocidades, cambios (PR, Arg, Ch, Cu, DR, Pan) .... gears

metro, subterráneo (RPI), subte (Arg) .... subway

montar .... ride (to, a bicycle)

motor .... engine

motorista, automovilista .... motorist
multa .... ticket
multa, infracción (Mex), boleta (Ven) .... traffic ticket
multa por estacionamiento indebido .... parking ticket
multa por exceso de velocidad, infracción por
   exceso de velocidad, boleta por velocidad
   (Pan) .... speeding ticket
palanca de cambios, marcha (CR), cambio
   manual (Sp) .... stick shift
parabrisas .... windshield
parada de autobús, parada de bús, parada de
   lata (CR), parada del ómnibus (Arg, Per, Ur),
   parada de bus (CR) .... bus stop
parada de taxi, parada de libres (Ven), sitio
   (Mex) .... taxi stand
parking, estacionamiento .... parking garage
parqueadero, estacionamiento, aparcamiento
   (Sp) .... parking lot
parquear, aparcar, estacionar .... park (to)
   Parquee los carros allá. Estacione los
     carros allá. .... Park the cars over there.
parquímetro .... parking meter
pase de abordar (Mex) .... boarding pass
pase de autobús .... bus pass
paso a desnivel .... underpass
paso de patrones, cruce peatonal (Col), acera
   (Cu), cruce de peatones (DR) .... crosswalk
paso elevado .... overpass
pinchar una llanta .... flat tire (to get)
   Llegué tarde porque se me pinchó una
     llanta. .... I arrived late because I got a flat.
pinchazo, llanta desinflada, llanta reventada,
   pinchadura (Mex), goma pinchada (Arg,
   DR), llanta pinchada (Bol), neumático
   pinchado (Ch), flat (Pan), goma vacía (PR) ... flat tire (the)
plataforma rodante, doli, dolly .... dolly
pozo, bache (Mex, Sp, Cu, Arg, Gua) .... pothole
puesto del valet .... valet stand
reventarse .... blow out (to)
   Se le reventó la llanta. .... His tire blew out.
seguridad en la carretera .... road safety
seguro .... insurance
   seguro contra todo riesgo .... comprehensive insurance
   seguro de automóvil .... automobile insurance
   seguro de conductores sin seguro de
     automóvil .... uninsured motorist insurance
   seguro de responsabilidad social .... liability insurance
señal de tráfico, señal de tránsito, semáforo,
   señal vial .... traffic light
servicio de valet .... valet service
tanque de gasolina, tanque de nafta (Arg),
   depósito de gasolina (Sp) .... gas tank
tráfico, tránsito (Ch, CR, DR) .... traffic
traiga (fam), una dejada .... ride (a)

¿Me llevaría a ___?	Would you give me a ride to ___?
¿Tiene quien lo traiga y lo lleve?	Do you have a ride to and from work?
transmisión	transmission
transmisión automática, cambio automático (Sp)	automatic transmission
transmisión manual	manual transmission
¿Puede Ud. manejar un vehículo con transmisión manual?	Can you drive a manual transmission? Can you drive a stick shift?
tranvía	streetcar, trolley car
troque, camión	truck
camión de entrega, camión de servicio a domicilio	delivery truck
camión de mantenimiento	maintenance truck
un automovilista que se da la fuga	hit-and-run driver
vehículo	vehicle
velocidad	speed (the)
velocidad (ir a toda)	speed (to)
velocidad (irse a toda)	speed off (to)
Él se fue a toda velocidad.	He sped off.
velocidades, marchas, cambios (PR, Arg, Ch, Cu, DR, Pan)	gears
velocidad máxima, límite de velocidad	speed limit
velocímetro, cuenta kilómetros (Ch), cuenta kilómetros (Cu)	speedometer
volante, manubrio (Ch), timón (Col, Cu, Gua, Pan), guía (PR, DR)	steering wheel
voltear	turn (to)
zona de parqueo	parking zone
zona de no parqueo, prohibido estacionar	no-parking zone
zona de parqueo de emergencia solamente	emergency parking zone
zona de parqueo para discapacitados solamente	disabled parking zone
zona de parqueo restringido	restricted parking zone

vocabulario básico
Basic Vocabulary

hablando y llamando
Speaking & Calling

acordarse, recordar	remember (to)
¿Se acuerda Ud. de ___?	Do you remember ___?
¡Adiós! ¡Qué le vaya bien! ¡Chau! ¡Chao! (Ch),	
¡Ciao! (Col)	Goodbye!
Muchas gracias y adiós.	Thanks and goodbye.
cabina telefónica, cabina de teléfono	telephone booth, phone booth
código de área	area code
celular, teléfono móvil	mobile telephone, mobile
conservar la serenidad	keep cool (to)
consultar	check with (to)
Consúlteme antes de salir.	Check with me before you leave.
contacto	contact
¿Cómo podemos ponernos en contacto con Ud.? ¿Cómo podemos contactarlo a Ud.?	How can we contact you?
contestar	answer (to)
Conteste en español.	Answer in Spanish.
Conteste en inglés.	Answer in English.
conversación	conversation (the)
conversación (entablar una)	conversation (to strike up a)
decir	tell (to), say (to), mean (to)
¿Cómo se dice ___?	How do you say ___?
Dígame.	Tell me.
¿Qué quiere decir Ud.?	What do you mean?
¿Quién le dijo eso?	Who told you that?
Yo voy decirle como ___.	I am going to tell you how to ___.
¿Dígame? ¿Hola? ¡Oigo! (Cu), ¿Bueno? (Mex) . . .	Hello? (on the telephone)
dirigirse, llamar	address (to, a person)
Diríjase a sus empleados con respeto.	Address your employees with respect.
Hable a sus empleados con respeto.	(in person)
Llame a sus empleados con respeto.	Address your employees with respect. (on the phone)
discusión, disputa	argument
encontrar, conocer	meet (to), find (to)
Encantado de conocerlo.	Nice to meet you.
Un placer de conocerlo.	It is a pleasure to meet you.
entender, comprender	understand (to)
¿Entiende Ud.?	Do you understand?
¿Me entiende Ud.?	Do you understand me?
Ya entiendo.	Now I understand.
entrar en disputas	argument (to get into)
escuchar	listen (to)
Escuche por favor.	Please listen.
esperar	wait (to)
Por favor, espere un momento.	Please wait a moment.

guía telefónica	phone book
hablar	speak (to), talk (to), speak out (to)
de habla hispana	Spanish speaking
de habla inglesa	English speaking
Fue un placer hablar con Ud.	It was a pleasure talking with you.
Habla ___.	This is ___.
¿Habla Ud. español?	Do you speak Spanish?
¿Habla Ud. inglés?	Do you speak English?
Hable claramente.	Speak clearly.
Hable con el dueño.	Speak with the owner.
Hable con el gerente.	Speak with the manager
Hable con el jefe.	Speak with the boss.
Hable despacio, por favor.	Speak slowly please.
Háblelo con su jefe.	Discuss it with your boss.
Hablo poquito español.	I speak a little Spanish.
¿Hay alguien allí que hable inglés?	Is there someone there who speaks English?
No hablo español, , ...	I do not speak Spanish.
No hablo inglés.	I do not speak English.
Por decirlo.	So to speak.
¿Puedo hablar con el encargado?	May I talk to the headwaiter?
¿Quién habla? ¿De parte de quién?	Who is speaking?
hablar de	discuss (to)
hablar inglés con dificultad	speak broken English (to)
hablar más alto	speak up (to)
Hasta la vista.	See you again.
Hasta luego.	See you later.
Hasta mañana.	See you tomorrow.
¡Hola, ¡Qué habo! (sl)	Hello! (in person)
larga distancia	long distance
Por favor, no haga llamadas de larga distancia.	Please do not make long-distance calls.
línea telefónica	telephone line
llamada	call (the)
llamada personal	personal call
llamada telefónica	telephone call
no llamadas personales	no personal calls
Por favor, haga sus llamadas breves.	Please keep all calls short.
Tiene una llamada.	You have a phone call.
llamador, marcador, buscapersonas, bip (Mex), bíper (Mex)	beeper, pager
llamar, telefonear, llamar por teléfono	call (to), phone (to), telephone (to)
Él llamó ___ veces.	He called you ___ times.
Llamaré más tarde.	I will call back later.
¿Llamó alguien hoy?	Did anyone call today?
Por favor, llame si está enfermo. Llame cuando esté enfermo.	Please call in if you are sick.
¿Quién está llamando? ¿Quién llama?	Who is calling?
¿Quién llamó?	Who called?
llamar por altavoz	page (to, voice)
llamar por ausencia de enfermedad	call in sick (to)
llamar por buscapersona	page (to, a device)

marcar . . . . dial (to)
mensaje . . . . message
   Por favor, escriba todos los mensajes. . . . . . . Please write down all messages.
   ¿Puedo dejar un mensaje? . . . . May I leave a message?
   ¿Puedo tomar un mensaje? . . . . May I take a message?
   ¿Tengo mensajes? . . . . Do I have any messages?
mensaje por teléfono . . . . telephone message
   ¿Tengo algún mensaje? . . . . Do I have any telephone messages?
número de teléfono . . . . number, telephone number, phone
                   number
   ¿Cuál es su número de teléfono? . . . . What is your telephone number?
   número de celular, número de teléfono
     móvil . . . . mobile number
   número de llamador, número de
     buscapersona . . . . pager number
   número del teléfono de trabajo . . . . work number
   número de teléfono de casa . . . . home number
   Voy a estar en este número de teléfono. . . . . I will be at this number.
oír . . . . hear (to)
   Disculpe, no le oí. . . . . Excuse me, I didn't hear you.
   ¿Me oye? . . . . Did you hear me?
Qué lo pase bien. . . . . Have a good time.
salir en defensa de . . . . speak up for (to)
sí . . . . yes
¡Sí, Señor! . . . . Yes Sir!
¡Sí, Señora! . . . . Yes Ma'am!
sinceramente . . . . sincerely
telefonear . . . . telephone (to), call (to)
teléfono . . . . telephone, phone (the)
   Conteste el teléfono. . . . . Answer the telephone.
   ¿Dónde está el teléfono? . . . . Where is the telephone?
   Puede usar el teléfono. . . . . You may use the telephone.
   teléfono móvil, celular, mobile . . . . mobile telephone
   teléfono público . . . . pay telephone, public phone
   ¿Tiene Ud. teléfono? . . . . Do you have a telephone?
tutearse . . . . first-name basis (to be on)
   Se tutean. . . . . They are on a first-name basis.

pronombres personales, etcétera
Personal Pronouns, Etcetera

abuela . . . . grandmother
abuelo . . . . grandfather
abuelos . . . . grandparents
adolescencia . . . . teens
adolescente . . . . teenager
alguien . . . . someone
comadre, chismosa (sl) . . . . tattletale
cuñada . . . . sister-in-law
cuñado . . . . brother-in-law
de él . . . . his
él . . . . he
ella . . . . she

esposa .... wife
esposo .... husband
familia .... family
   ¿Tiene Ud. familia? .... Do you have a family?
   ¿Tiene Ud. familia aquí? ¿Vive aquí su
    familia? .... Do you have family here?
gente .... people
hermana .... sister
hermano .... brother
hija .... daughter
hombre, caballero .... man
la, de ella .... hers
lo, de el .... his
lo .... it
mío .... mine
madre .... mother
madrina .... godmother
muchacha, niña .... girl
muchacho, niño .... boy
mujer, señora .... woman
  señorita .... young woman
mujeriego .... womanizer
nieta .... granddaughter
nieto .... grandson
niño .... child
niño, bebé, bambino, guagua (Ándes) .... baby
niño, chamaco (sl), guagua (sl), pibe (Arg sl) ... kid
novia .... girlfriend
novio .... boyfriend
nuera .... daughter-in-law
nuestros .... ours
padre .... father
padres .... parents
padrino .... godfather
parientes, familiares .... relatives
persona .... person
primo .... cousin
señora, señorita .... lady
sobrina .... niece
sobrino .... nephew
suegra .... mother-in-law
suegro .... father-in-law
suyo .... theirs
tía .... aunt
todo el mundo, todos .... everybody
tú .... you (familiar)
tuyo .... yours
Ud. .... you (formal)
un Don Juan, mujeriego .... lady-killer
viudo .... widower
yo I

vocabulario variado
Miscellaneous Vocabulary

acabar con	put an end to it (to)
a causa de, debido a	because of
adelante de, delante de	before (in front of)
a donde	whereat
algún, alguno	some
allá, allí	there
por allá, allá	over there
Vamos allá.	Let's go over there.
apurarse	hurry up (to)
aquí, acá	here
aquí adentro	in here
aquí mismo	right here
Están esperando aquí adentro.	They are waiting in here.
Pasó aquí adentro.	It happened right here.
asunto	business (affair)
Eso no me atañe. Nada tengo que ver con	
eso.	It is not my business.
No es asunto suyo.	It is none of your business.
¿Qué lo trae por aquí? ¿Qué le trae a Ud.	
aquí?	What is your business here?
atrás	behind (direction)
ayudar	help (to)
Ayúdeme, por favor.	Help me please.
¿Puedo ayudarlo en algo?	May I help you?
¿Quiere que lo ayude?	Do you want me to help you?
bastante, suficiente	enough
beneficio	benefit
bienvenido	welcome (in presence)
no es bienvenido, persona no grata	not welcome (in presence)
calmarse	calm down (to)
cerca	near
circunstancias	circumstances
¿Cómo?	How?
¿Cómo es posible?	How come?
¿Cómo está Ud.?	How are you?
¿Cómo ha estado?	How do you do?
¿Cómo le fue hoy?	How did it go today?
¿Cómo le gusta la carne?	How do you like your meat?
¿Cómo le va?	How are you doing?
¿Cómo se llama Ud.? ¿Cuál es su	What is your name? (How do you say
nombre?	your name?)
con	with
conmigo	with me
con nosotros	with us
contigo	with you
correcto, razón	right (correct)
Tiene Ud. razón.	You are right.
creer	believe (to)
No lo creo.	I don't believe it.
criticar, encontrar defectos en	find fault with (to)

¿Cuál?	Which? Which one?
¿En cuál dirección voy?	Which way do I go?
culpa	fault
La culpa es suya.	It's your fault.
culpable (ser el), tener la culpa	be at fault (to)
cumplido, piropo (sl)	compliment (the)
de, desde	from
___ pies de la entrada.	___ feet from the entrance.
de lo cual	whereof
de ningún modo, en ningún caso	under no circumstances
dadas las circunstancias, en estas circunstancias	under the circumstances
¿De quién?	Whose?
¿De quién es esta bolsa?	Whose bag is this?
derecha	right (direction)
derecho de vía	right of way
derribar	knock down (to)
Derribó la puerta.	He knocked down the door.
después de eso	thereafter
donde	where (not in a question)
en ningún parte	no where
¿Dónde?	Where?
¿Dónde estaba Ud.?	Where were you?
¿Dónde estaba Ud. ayer?	Where were you yesterday?
¿Dónde va a parar esto?	Where will it all end?
echar, expulsar	throw out (to)
Lo echamos del club.	We threw him out of the club.
encontrar	find (to)
No lo encuentro.	I can't find it.
equivocación, error	mistake
Lo hice por equivocación	I did it by mistake.
ése, ésa, eso, que	that
Eso no me atañe. Nada tengo que ver con eso.	It is not my business.
No puedo creer que Ud. haya llegado tarde otra vez.	I cannot believe that you're late again.
Use ese plato.	Use that plate.
Eso es.	That's it.
está bien, por supuesto, bastante bien	okay, OK
éste, ésta, esto	this
de esta manera	this way, like this
Esto es lo que quiero.	This is what I want.
Esto no estaba aquí ayer.	This wasn't here yesterday.
¿Qué es esto?	What is this?
exacto	exactly
faltar a, dejar a	fail (to)
Faltó a la cita.	He failed to show up for his appointment.
felicitar	compliment (to)
fin	end
frente	front
en frente de	in front of
Gracias.	Thank you.
Bien, gracias.	Fine, thank you.
Muchas gracias.	Thank you very much.

No, gracias.	No, thank you.
Sí, gracias.	Yes, thank you.
hacia adelante	forward
hacia atrás	backwards
hacia a donde, por dónde	whereabouts
hasta la muerte	to the bitter end
hechos	facts
Por favor, deme los hechos.	Please give me the facts.
igual, mismo	same
incorrecto	wrong
izquierda	left (direction)
lejos	far
material	matter
mayoría, más	most
es todo lo que puedo hacer, lo más que puedo hacer	the most I can do
mejor	better
método infalible	foolproof method
mucho	much
no mucho	not much
muchos	many
ninguno	none
no	no
No importa.	It doesn't matter.
ocupado	busy
ocuparse de, encargarse de	take care of (to)
Se ocupó de la problema.	He took care of the problem.
otro	another
pertenecer a	belong to (to)
por ahí, por allá, por allí	thereabout
por donde	whereby
por equivocación	by mistake
por favor	please
por lo general, por regla general	in general
por lo que	wherefore
porque	because
¿Por qué?	Why?
¿Por qué no me llamó?	Why didn't you call?
por todas partes, en todas partes	everywhere
problema	problem
pronto	quickly
que	what (not in a question)
¡Qué lastima!	What a pity!
¿Qué?	What? (in a question)
¿Para qué es eso?	What is that for?
¿Qué es eso?	What is that?
¿Qué hace? ¿Qué hay de nuevo?	What's new?
¿Qué hay? ¿Qué pasa?	What's the matter?
¡Qué horrible!	How awful!
¿Qué lo trae por aquí?	What is your business here?
¿Qué mosca le ha picado?	What has gotten into him?
¿Qué necesita?	What do you need?
¿Qué pasa? ¿Qué transas? (sl) ¿Qué onda? (sl)	What's up?
¿Qué pasó? ¿Qué sucedió?	What happened?

¿Qué sucede? ¿Qué pasa?	What is the matter?
¿Qué tiene Ud.? ¿Qué le pasa?	What's the matter with you?
quedar	left (to be)
Es todo lo que me queda.	It is all I have left.
¿Quién?	Who?
¿Quién es el dueño?	Who is the owner?
¿Quién es el jefe? ¿Quién es el manager? . . .	Who is the manager? Who is the boss?
¿Quién es el supervisor?	Who is the supervisor?
¡Quién sabe!	Who knows!
¿Quién? ¿Cuál? ¿Qué?	Whom?
¿A quién vio?	Whom did you see?
quizás	maybe
rápido	fast
rebajar	knock off (to)
Rebajo el precio diez dólares.	He knocked ten dollars off of the price.
mandado, recado (Sp)	errand
mandado (enviar a un)	errand (to send on an)
Le he enviado a hacer un mandado.	I have sent him on an errand.
mandado (hacer un)	errand (to run an)
seguro	sure
No estoy seguro.	I am not sure.
Si es Ud. tan amable ___. Si me hace el favor	
de ___.	Would you please ___.
sin	without
sólo, solamente	only
tanto	so
tener	have (to)
Tengo muchas cosas que hacer.	I have many things to do.
¿Tiene Ud. que ___?	Do you have ___?
todo	everything
Todo está orden.	Everything is in order.
todos	all
un margen de confianza	benefit of the doubt
útil (ser)	benefit (to be of)
Nos será útil.	It will be of benefit to us.
verdad	truth (the)
Por favor, diga la verdad.	Please tell the truth.
vigilar a	keep an eye on (to)
Vigile a ese camarero.	Keep an eye on that waiter.
volver a hacer	do over (to)
Volvió a hacer el trabajo.	He did the work over.

saludos, expresiones y exclamaciones
Salutations, Expressions & Exclamations

¡Adiós! ¡Qué le vaya bien! ¡Chau! ¡Chao! (Ch),	
¡Ciao! (Col) ¡Bye! (DR)	Bye! Goodbye! So long!
¡Allá voy!	I'm coming!
¡Apúrese!	Hurry!
¡A su salud!	To your health.

¡Buenos días! ¡Buen día! . . . . Good day! Good morning!

¡Buenas noches! ¡Hasta mañana! (Ecu) . . . . Good night! Good evening!

¡Buenas tardes! . . . . Good afternoon!

¡Buena suerte! . . . . Good luck!

¡Buen provecho! . . . . Bon Appétit!

¡Cállense! . . . . Be quiet!

¡Caramba! . . . . Darn! Heck!

Creo que sí. . . . . I think so.

¡Cuidado con caerse! . . . . Be careful not to fall!

¡Cuidadoso! . . . . Careful!

  ¡Tenga cuidado! . . . .   Be careful!

Dele mis saludos. . . . . Send my regards.

De nada. Para servirle. Por nada. Muy
  amable. No hay de qué. Con mucho gusto.

  A la orden. . . . . You're welcome.

Depende de Ud. . . . . It is up to you.

¡Dios mío! . . . . My God! My goodness!

Discúlpeme. Con permiso. Perdón. Perdone.
  Perdóname. . . . . Excuse me.

¡Enhorabuena! ¡Felicitaciones! ¡Felicidades! . . . . Congratulations!

Espero que sí. . . . . I hope so.

Estoy bromeando. . . . . I'm kidding.

¡Feliz Dia de Acción de Gracias! ¡Feliz Día de
  Gracias! ¡Acción de Gracias! . . . . Happy Thanksgiving!

¡Feliz Año Nuevo! . . . . Happy New Year!

¡Feliz cumpleaños. . . . . Happy Birthday!

¡Feliz Día de Fiesta! . . . . Happy Holiday!

¡Feliz Navidad! . . . . Merry Christmas!

¡Feliz Pascua! . . . . Happy Easter!

¡Hasta luego! ¡Hasta más tarde! . . . . See you later!

¡Hola! . . . . Hi!

¡Largo de aquí! . . . . Get out!

Lo siento. Disculpe. . . . . I'm sorry.

más o menos . . . . so-so

¿Me permite? . . . . Do you mind?

No sea tonto. . . . . Don't be silly.

No se preocupe. . . . . Don't worry.

No peleen. . . . . Don't fight.

perdone, perdón, lo siento . . . . sorry

Por el amor de Dios. . . . . For heaven's sake.

¡Por supuesto! . . . . Of course!

¡Qué va! ¡Claro! ¡Cómo No! . . . . No way!

¡Qué horrible! . . . . How awful!

¡Qué lástima! . . . . What a pity!

¡Quién sabe! . . . . Who knows!

¡Salud! . . . . Bless you!

Sin resentimientos. . . . . No hard feelings.

Tenga un buen día. Qué tenga un buen día. . . . Have a nice day.

¡Tómelo con calma! . . . . Take it easy!

¡Un momento! . . . . Hold it!

¡Vamos! . . . . Let's go!

¡Venga ahora! . . . . Come right now!

¡Vaya con cuidado! . . . . Go safely!

días de la semana
Days of the Week

lunes . . . . Monday
martes . . . . Tuesday
miércoles . . . . Wednesday
jueves . . . . Thursday
viernes . . . . Friday
sábado . . . . Saturday
domingo . . . . Sunday

meses del año
Months of the Year

enero . . . . January
febrero . . . . February
marzo . . . . March
abril . . . . April
mayo . . . . May
junio . . . . June
julio . . . . July
agosto . . . . August
septiembre, setiembre . . . . September
octubre . . . . October
noviembre . . . . November
diciembre . . . . December

estaciones del año
Seasons

primavera . . . . spring
verano . . . . summer
   verano de San Martín, veranillo de San
      Martín . . . . Indian summer
otoño . . . . autumn, fall
invierno . . . . winter

días de fiesta
Holidays

Año Nuevo . . . . New Year
Cuaresma . . . . Lent
cumpleaños . . . . birthday
día de fiesta . . . . holiday
Día del Año Nuevo . . . . New Year's Day
Día de las Madres . . . . Mother's Day
Día de la Raza . . . . Columbus Day
Día del Cumpleaños de la Reina . . . . Queen's Birthday
Día de los Enamorados . . . . Valentine's Day
Día del Padre . . . . Father's Day

Día del Presidente Washington	Washington's Birthday
Día del Trabajador	Labor Day
Día de Nuestra Madre de Guadalupe	Our Lady of Guadalupe's Day
Día Primero de mayo	May Day
Domingo de Ramos	Palm Sunday
el Año Nuevo Judío	Rosh Hashanah
el Día de Acción de Gracias, Día de Gracias	Thanksgiving
el Día de Navidad	Christmas Day
el Día del Perdón, Yom Kippur	Yom Kippur
el último lunes de mayo	Memorial Day
Hora de verano	Daylight Saving Time
Januká, Hanukkah	Hanukkah
Navidad	Christmas
La Navidad está próxima.	Christmas is almost here.
Nochebuena	Christmas Eve
Nochevieja	New Year's Eve
Pascua	Easter
Pascua Judía	Passover
Viernes Santo	Good Friday

palabras y expresiones sobre el tiempo
Words & Expressions about Time

a cualquier hora, en cualquier momento	anytime
a eso de las	at about
Venga a eso de las cuatro.	Come at about 4 P.M.
ahora	now
¡Hágalo ahora!	Do it now!
por ahora	for the time being
a hora fija	at a set time
ahora mismo	right now
a la hora, a tiempo	on time
a la hora acostumbrada	at the usual time
a la vez, al mismo tiempo	at once
a más tardar	at the latest
Venga mañana a más tardar.	Come tomorrow at the latest.
año	year
año bisiesto	leap year
año pasado	last year
el año entrante, el año que viene, el próximo año	next year
este año	this year
anochece, crepúsculo	dusk, nightfall
al anochecer	at nightfall
años	years
anteayer	day before yesterday
antes de	before (time)
antes de tiempo	prematurely
atardecer	late afternoon
a última hora	at the last minute
a veces	at times
ayer	yesterday
anteayer	day before yesterday

ayer por la mañana, ayer en la mañana .... yesterday morning
cada mañana .... every morning
   esta mañana .... this morning
   por la mañana, en la mañana .... in the morning
cada vez .... each time
con anticipación, con anterioridad, de
   antemano .... ahead of time
con la mayor brevedad, cuanto antes .... as soon as possible
cotidiano .... day-to-day
¿Cuándo? .... When?
de aquí en adelante .... from now on
de la noche a la mañana .... overnight
dentro de poco .... shortly
dentro de un momento, dentro de poco, a
   horita .... in a little while
desde entonces .... from that time on
después, más tarde .... later
   un poco después, un poco más tarde ...... a little later
después de, después que .... after
después de la hora .... after hours
de última hora .... last minute
día .... day
   cada día .... each day
   de día en día .... from day to day
   día laboral .... business day
   hace dos días .... two days ago
   mediodía.......................... noon
   todos los días .... everyday
   un día de éstos .... one of these days
día por terminado (dar el) .... call it a day (to)
día tras día .... day-in-and-day-out
diario .... daily
en cuanto, así que .... as soon as
   En cuanto comamos, iremos. .... As soon as we eat, we will go.
en el tiempo libre .... in one's spare time
entonces, luego .... then
   desde entonces .... since then
   hasta entonces .... until then
Es la una. .... It is one o'clock.
fecha .... date
   ¿Qué día es hoy? .... What day is today?
finalmente, al fin, por fin .... at last
fin de semana .... weekend
   este fin de semana .... this weekend
   próximo fin de semana .... next weekend
fuera de temporada .... off season
hace poco, un momento .... a little while ago, short time ago
hace tiempo .... long ago
   ¿Hace cuánto tiempo? ¿Hace cuánto? ...... How long ago?
hora .... hour
   ¿A qué hora? .... At what time?
   ¿Qué hora tiene Ud.? .... What time do you have?
   ¿Qué hora es? ¿Qué horas son? .... What time is it?
horario .... hourly
horas libres .... free time

hoy .... today

inmediatamente .... immediately

  ¡Hágalo inmediatamente! .... Do it immediately!

madrugada, alba, amanecer .... early morning, daybreak, dawn

mañana .... tomorrow, morning

  a última hora de la mañana, muy entrada

    de la mañana .... late in the morning

  esta mañana .... this morning

  mañana por la mañana .... tomorrow morning

  mañana por la noche .... tomorrow night

  pasado mañana .... day after tomorrow

  Venga mañana a más tardar. .... Come tomorrow at the latest.

matar el tiempo, pasar el rato .... kill time (to)

medianoche .... midnight

mediodía .... midday

mensual, por mes .... monthly

mes .... month

  a mediados del mes .... toward the middle of the month

  el mes pasado .... last month

  el próximo mes, el més que viene .... next month

  este mes .... this month

mientras tanto .... meanwhile

minuto .... minute

momento .... moment, time

  No es el momento de sacar el tema. .... This is not the time to bring it up.

noche .... night

  anoche .... last night

  cada noche .... every night

  de la noche a la mañana .... overnight

  esta noche .... tonight

  por la noche, en la noche .... at night

otra vez, una vez más .... again

pasarlo bien, divertirse .... have a good time (to)

por esos días, por esa epoca .... around that time

principio .... beginning

pronto, dentro de poco .... soon

próximo, siguiente .... next

puesta del sol, ocaso .... sunset

quedarse .... go (to, remaining)

  Le quedan cinco minutos antes de que   You have five minutes to go before

    abramos. .... we open.

quincena .... bimonthly, fortnight

reloj .... clock, watch

repentinamente .... suddenly

salida del sol .... sunrise

segundos .... seconds

  sesenta segundos .... sixty seconds

semana .... week

  día de semana .... weekday

  esta semana .... this week

  hace dos semanas .... two weeks ago

  la próxima semana .... the following week

  la semana entrante, la semana que viene, la

    próxima semana .... next week

  la semana pasada .... last week

por semana, semanal	weekly
Son las tres.	It is three o'clock.
tarde	afternoon
por la tarde, en la tarde	in the afternoon, throughout the afternoon
todas las tardes, cada tarde	every afternoon
tarde, anochecer, víspera	evening
cada tarde, cada noche	every evening
esta tarde, esta noche	this evening
término	end
tiempo	while (time)
a última hora de la mañana, muy entrada de la mañana	late in the morning
esta mañana	this morning
tiempo, ahora	time (the)
a su tiempo	in due time
el algún tiempo, un tiempo	at one time
Ella no tiene tiempo.	She does not have time.
El tiempo es oro. Tiempo es dinero.	Time is money.
hace mucho tiempo, tanto más o menos	a long time
justo a tiempo	just in time
tiempo (costar)	take time (to)
tiempo (darle)	have time (to)
tiempo (llegar a)	on time (to be)
tiempo (perder)	waste time (to)
tiempo de (medir el)	time (to)
tiempo libre	spare time
todavía no	not yet
última hora de la mañana, muy entrada en la mañana	late in the morning
último	latest
una vez	once
vez	time (occasion)
¿Cuántas veces?	How many times?
de vez en cuando	from time to time
dos veces	twice
víspera	eve
ya mismo, enseguida, ahora mismo	right away

expresiones del clima
Expressions of Weather

aguacero, tromba de agua, chubasco	downpour
aguantar	weather (to endure)
brillo del sol	sunshine
brisa	breeze
capear el temporal	weather the storm (to)
chaparrón, tromba de agua	rain shower, shower, cloudburst
ciclón	cyclone
condiciones atmosféricas	weather conditions

copo de nieve

snowflake

copo de nieve	snowflake
erosionar	weather (to wear)
escarcha	frost
granizo	hail
hacer calor, estar templado	warm (to be), hot (to be)
Hace mucho calor.	It is very warm. It is very hot.
hacer frío	cold (to be, weather)
Hace mucho frío.	It is very cold.
helada	freeze (a)
helado, congelado	frozen
hielo	ice
humedad	humidity
húmedo	humid
Hoy hay humedad. Hoy está húmedo.	It is humid today.
huracán	hurricane
impermeable	weatherproof
llover	rain (to)
Está por llover. Va a llover.	It is about to rain.
llover a cántaros	rain cats and dogs (to)
lloviendo	raining
¿Está lloviendo?	Is it raining?
llovizna	drizzle
lluvia	rain
bajo la lluvia	in the rain
gota de lluvia	raindrop
zona de lluvias	rainbelt
nevada	snowfall
nieve	snow
nubarrón	rain cloud
nube	cloud
nublado	cloudy
Hoy está nublado.	It is cloudy today.
precipitación	rainfall
predecir, pronosticar	forecast (to)
predicción, pronóstico	forecast (the)
¿Cuál es el pronóstico del clima para hoy?	What is today's forecast?
predicción del tiempo	weather forecast
relámpago	lightning
rocío	dew

sequía . . . . drought
sol . . . . sun
temperatura . . . . temperature
templado . . . . temperate
tiempo, clima . . . . weather (the)
   buen tiempo . . . . fine weather
   ¿Cómo está el tiempo? ¿Cómo está el
     clima? ¿Qué tiempo hace? . . . . What is the weather like?
   con semejante tiempo . . . . in such weather
   El mal tiempo nos retuvo en casa. . . . . The weather kept us in.
   si el tiempo no lo impide, si el tiempo lo
     permite . . . . weather permitting
   tiempo variable . . . . changeable weather
torbellino . . . . whirlwind
tormenta eléctrica . . . . thunderstorm
trueno . . . . thunder
viento . . . . wind
   ráfaga de viento . . . . gust of wind
   viento suave . . . . light wind

colores
Colors

amarillento . . . . yellowish
amarillo . . . . yellow
   amarillo limón . . . . lemon yellow
azul . . . . blue
azulado . . . . bluish
beige . . . . beige
blanco . . . . white
blanco y negro . . . . black and white (TV, photos)
blancuzco . . . . whitish
blanquinegro . . . . black and white (color)
castaño . . . . chestnut
claro . . . . light
color . . . . color
   ¿De qué color es? . . . . What color is it?
color naranja, anaranjado . . . . orange
color salmón . . . . salmon
color violeta . . . . violet
dorado . . . . gold
durazno, color melocotón . . . . peach
   durazno blanquillo . . . . white peach
gris . . . . gray
lila . . . . lilac
marrón, color café, pardo . . . . brown
morado, púrpura . . . . purple
negro . . . . black
negruzco . . . . blackish
oscuro . . . . dark
pálido . . . . pale
plateado . . . . silver
rojizo . . . . reddish

rojo, colorado . . . . red
  rojo cereza . . . .   cherry red
rosa, rosado . . . . pink
rubio . . . . blonde
verde . . . . green
  verde esmeralda . . . .   emerald green
verdoso . . . . greenish

40117423